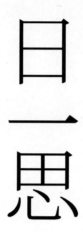

一日一思

생각의 힘을 키워 살아가는 힘을 기른다

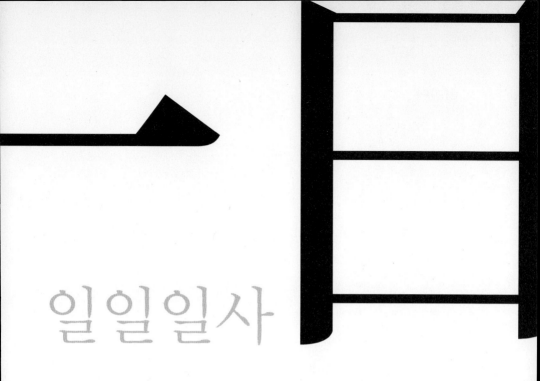

일일일사

생각의 힘을 키워 살아가는 힘을 기른다

양창삼 지음

이담
Books

머리말

사람은 누구나 생각을 한다. 어느 땐 촌철과 같은 작은 생각들이 나의 허를 찌르기도 하고, 휘어잡기도 한다. 당황한 나는 지금까지 놓치지 않으려 애썼던 것을 순식간에 놓아버리고 그것에 손을 들고 만다. 여기에 모여 있는 글 가운데 상당수가 나를 그렇게 만들었던 것들이다. 이 생각의 편린들이 나를 더 나은 사람으로 만들어갈 것이다. 아니 생각하는 사람으로 만들 것이다.

몇 년 전부터 하루에 한두 가지 좋은 생각을 쓰며 살기로 했다. 이것은 나 자신과의 약속이기도 하다. 그래서 열심히 내 책상에 쌓여 있는 자료들을 들춰가며 정리해나가기 시작했다. 지금까지 학자로 살아왔으니 무엇을 정리하는 것에는 익숙한 편이다. 그러나 좋은 생각을 써나간다는 것은 논문을 쓰는 것과는 다르다. 이론적으로 따지고 합리적으로 설명을 해야만 하는 것이 아니기 때문이다. 오히려 감성을 동원해 공감의 폭풍을 일으키고 이따금 눈물을 자아내는 일이다. 하지만 이 일이 어디 쉬운가. 그래도 몇몇 분들이 감성이 조금 섞인 나의 글을 읽고 공감했다는 점이 오히려 나를 놀라게 했다. 아니, 용기를 얻었다. 그래선지 나도 글에서 다소 혁명을 일으킬 수 있겠다 싶다. 그것은 사실 나 자신의 자그마한 변화다.

이런 작업의 첫 단계로 『생각의 교양학』을 내놓았고, 그 뒤를 이어 이 책을 내게 되었다. 이번에는 이웃과의 관계에서 보다 나은 삶을 위해 인간관계에 투자하도록 하고, 자신의 성격을 이해하며, 좌절로부터 일어설 수 있도록 용기를 불어넣고, 삶의 불꽃을 조절하며, 스스로 노력하고, 보다 의미 있는 삶을 추구

2 생각을 바꾸면 길이 보인다

3 하늘에 있다고 다 별이 아니다

4 의미가 달라지면 삶의 모습도 달라진다

5 기회는 생각을 바꾸는 사람에게 온다

4 의미가 달라지면 삶의 모습도 달라진다

5 기회는 생각을 바꾸는 사람에게 온다

생각의 힘을 키워
살아가는 힘을 기른다

하고 많이 거둔다"고 주장한다.

　인간관계나 매너도 80 대 20 법칙이 적용된다. 조금만 매너에 신경을 쓰면 인간관계에서 많은 성과를 거둘 수 있기 때문이다. 카네기멜론 대학의 조사에서 직장에서의 성공은 능력보다 인간관계가 80% 이상 작용한다는 것이 이를 증명하고 있다. 인간관계에 조금만 투자하면 인생이 달라진다. 사람들은 당신을 좋아하게 될 것이다.

　인간관계는 주로 감성관계이기 때문에 체력이나 지력보다 심력이 강해야 한다. 심력이 강하면 웃는 얼굴에 칭찬과 덕담을 하고, 걸음걸이도 신나며, 상대의 장점을 빨리 알아내고, 긍정적 사고와 대화를 하고, 감사하는 마음을 가진다. 심력이 강하면 삶의 태도가 달라지고, 인간관계도 원활해진다.

　인간관계를 맺다 보면 자연히 사람을 많이 접촉하게 된다. 그래서 어떤 이는 사람을 많이 알고, 인맥을 넓게 형성한 것을 자랑스럽게 생각하기도 한다. 그러나 많은 사람과 관계를 맺고 있다는 것은 그만큼 자신의 몸가짐에도 책임을 져야 한다는 것을 의미한다. 인간관계에서 책임과 의무를 생각하지 않는다면 그만큼 위험이 높아진다.

　인간관계에서 중요한 것 중 하나가 깊이이다. 인간관계라고 해서 다 깊은 것은 아니다. 겉만 번지르르한 인간관계가 더 많다. 깊이가 없는 인간관계는 오래가지 못한다. 아는 사람이 많다고 해서 다 좋은 것도 아니다. 한 사람을 알더라도 깊이 있는 것이 중요하다. 넓고 표면적인 인간관계보다는 작지만 깊이 있는 인간관계를 지향할 때 보다 의미 있는 관계를 맺을 수 있다.

　"사람들의 좋은 회상 속에 자주 있는 자가 가장 위대하다."

　우리가 어떤 사람을 회상하게 될 때 그 회상 중에는 좋은 것도 있고, 나쁜 것도 있다. 그럴 때 우리는 좋은 회상을 남길 수 있어야 한다.

명성이 높고 훌륭하다고 해서 다 인간관계가 좋은 것은 아니다. 오히려 그 반대일 가능성도 있다. 똑똑한 당신, 혹시 인간관계가 어렵고 가끔 엉뚱한 말로 남에게 고통을 줘 고민한 적 있는가? 그렇다면 아스퍼거 증후군Asperger syndrome을 의심해볼 필요가 있다.

로렌스 서머스L. H. Summers, 그는 MIT에 다닐 때 뇌에 초고속 엔진을 달았다고 할 정도로 천재였다. 그리고 28세에 하버드대 사상 최연소 정교수가 되었다. 그의 부모 모두 예일대 경제학자였고, 큰아버지 폴 새뮤얼슨과 외삼촌 케네스 애로 모두 노벨경제학상을 받았다. 서머스는 클린턴 대통령 시절 재무장관을 거쳐 하버드대 27대 총장이 되었다. 승승장구였다.

그러나 총장 재임 시 대인관계 문제로 제동이 걸렸다. 질문을 하면 바보 같은 질문이라 쏘아붙여 비호감 인물이 되기 시작했다. 과학교육을 강화하겠다는 그가 과학과 수학 영재 중에 여성이 적은 것은 남녀의 선천적 차이라 말해 여성비하 파문으로 곤욕을 치르기도 했다. 그와 갈등하던 교수들이 늘어가면서 신뢰도 잃었다. 이사회마저 총장으로서 덕망이 부족하다며 등을 돌렸다. 그는 결국 하버드대 역사상 최단기 총장이라는 불명예를 안았다. 천재도 인간관계는 어렵다.

이런 그를 놓고 아스퍼거 증후군이 거론되었다. 천재라는 말을 들었지만 독단적이어서 기초적 사회관계가 어렵기 때문이다. 이 명칭은 이 증상을 발견한 오스트리아의 의사 한스 아스페르거Hans Asperger의 이름을 딴 것이다. 이 증후군은 신경정신과적 장애로 일종의 자폐증이다. 따라서 아스퍼거 장애Asperger disorder라 하기도 한다.

이 장애를 가지면 특정 주제에 대해 관심이 높고, 그 주제에 대해 듣는 사람의 느낌이나 반응에 전혀 신경 쓰지 않고 혼자 이야기를 한다. 다른 사람이 말하려면 자기 이야기만 고집한다. 장황하고 말이 많으며, 갑작스럽게 대화의 주제를 바꾸고, 자기 자신에게만 의미가 있는 은유를 사용한다. 친구를 사귀는 데 어려움이 있고 혼자 지내기도 한다. 때론 독특한 행동을 보일 수 있다.

서머스만 이 증후군으로 의심받은 것은 아니다. 더블린에 있는 트리니티대학교 교수 마이클 피츠제럴드는 소크라테스, 다윈, 뉴턴, 아인슈타인, 팝 아티스트 앤디 워홀, 『이상한 나라의 앨리스』의 작가 루이스 캐럴, 시인 W. B. 예이츠 같은 천재들도 아스퍼거 증후군을 겪었을 것으로 보았다.

이 증후군을 겪을 경우 사회관계부터 정상화해야 한다. 자신의 생각만 내세우기보다 상대를 배려하는 힘을 길러야 한다. "부러지는 것보다 굽는 것이 낫다Better is to bow than break"는 말이 있다. 말로 상처를 주면 인간관계가 단절되고 쉽게 회복되지 않을 수 있다. 상처를 주는 것은 쉬워도 그 상처를 싸매고 치유하는 것은 어렵다. 이 사실만 알아도 말이 달라질 것이다.

아스퍼거 증후군을 겪는다고 낙심만 할 일은 아니다. 예이츠는 사회에서 떨어져 있을 때 오히려 왕성한 상상력을 발휘했다. 혹시 당신이 인류를 위해 놀라운 창조성을 발휘할지 어찌 알겠는가. 장애도 좋은 방향으로 사용되면 놀라운 결과를 낳을 수 있다.

『끌리는 사람은 1%가 다르다』 이민규의 책 제목이다. 인간관계는 끌림이 좌우한다는 말이다. 모든 선택은 반드시 끌림이 있다. 끌리는 사람은 뭔가 남과 다른 점이 있다. 그는 이를 1%가 다르다고 말한다. 반대로 끌리지 않는 사람도 1%가 다르다. 그만큼 부족하다는 말이다. 그런데 이 자그마한 1%의 차이가 물과 수증기의 차이만큼이나 크다는 데 문제가 있다. 그래서 그는 특별한 1% 프로젝트에 도전하라고 한다. 자신을 업그레이드하라는 말이다.

이 도전 프로젝트는 사실 엄청난 것이 아니다. 조금만 관심을 기울이고 실행에 옮기면 된다. 그중 몇 가지를 소개한다.

먼저 사람의 마음을 움직이도록 한다. 이것에 1:2:3의 법칙이 있다. 1분 동안 말했다면, 그 두 배인 2분 동안은 귀를 기울여 듣고, 그 2분 동안에 최소한 3번은 맞장구를 치라는 것이다. 자기 말만 하기보다 상대의 말을 더 경청하고 그 말에 동의하라. 당신을 보는 눈이 달라질 것이다.

칭찬의 방법을 바꾼다. 무엇보다 식상한 칭찬보다 남달리 감동을 주는 칭찬을 하도록 한다. 막연한 칭찬보다 구체적이고 근거가 확실한 칭찬을 한다. 본인도 몰랐던 장점을 찾아 칭찬한다. 칭찬하는 법만 바꿔도 주는 감동이 다르다.

흔히 "퍼주고 망한 장사 없다"는 말을 한다. 농부가 어떻게 씨앗을 뿌리는가에 주목하라. 거기에도 씨앗의 법칙이 있다. 인간관계도 마찬가지다. 상대에게 먼저 씨를 뿌려라. 원하는 것을 얻으려면 먼저 주어야 한다. 어떤 씨앗도 뿌린 후 금방 거둘 수는 없다. 제공했다고 해서 즉각 그 결과가 있기를 기대하지 마라. 10개 뿌렸다고 해서 10개 모두 수확할 수는 없다. 모든 일에 반대급부를 기대하지 마라. 모든 씨앗에서 수확을 못 해도 결국 뿌린 것보다는 많이 거둔다. 너무 이해타산에 급급하지 마라. 다른 사람에게 손해를 끼치면 손해를, 이익을 주면 이익을 얻는다. 심는 대로 거둔다. 수확한 씨앗 중 일부는 종자로 남겨둔다. 받았으면 되갚아라.

당연한 일에서도 감사할 일을 찾아라. 감사는 고마워하기를 선택한 사람만 느낄 수 있는 의도적인 감정이다. 그냥 저절로 느껴지는 것이 아니라 선택해야 하는 것이고, 배우면서 훈련해야 한다. 누군가를 당연하게 생각하면 우리 역시 그런 존재로 취급당한다. 감사할 줄만 알아도 당신은 이미 다른 사람이다.

이외에도 상대를 믿어주고 밀어주라는 주문도 있다. 프로이트도 어머니의 신뢰가 삶에 큰 의지가 되었다. 위대한 사람에게는 그를 믿어준 사람이 있다. 당신도 그런 사람이 필요하지 않은가.

이민규의 말대로 삶은 선택이다. 선택은 의사결정이다. 자기는 자기가 경영하는 것이다. 그런데 그가 제시한 선택은 대부분 먼저 손해 보라는 것이다. 경청, 칭찬, 퍼주기, 감사, 상대에 대한 신뢰 모두 자기 자신보다 상대를 더 배려한다. 손해 보기 싫다고? 그렇다면 당신은 더 이상 끌리지 않을 것이다. 삶은 주는 것이다. 1% 프로젝트에 도전하라. 1%가 달라지면 세상이 바뀐다. 세상은 주는 자에게 주목한다.

또 한 가지 중요한 것이 있다. 좋은 인간관계를 원한다면 다른 사람을 변화시킬 것이 아니라 먼저 자기 자신을 변화시켜야 한다.

"남들에게 존중을 받고 싶다면 먼저 스스로를 존중하라."

도스토옙스키의 말이다. 자기를 존중하지 못하면서 남을 존중할 순 없지 않은가.

2 고프먼
인간은 남에게 잘 보이려는 인상관리자

"처음의 큰 웃음보다 마지막의 미소가 더 좋다Better the last smile than the first laughter"는 말이 있다. 미소가 주는 인상이 크게 남기 때문이다. 사람마다 주는 인상도 다르고, 기억되는 인상도 다르다. 그러나 그 사람을 생각할 때마다 기억되는 인상이 좋다면 그것은 늘 잔잔한 미소로 남을 것이다.

고프먼E. Goffman에 따르면 인간은 남에게 잘 보이게 하려는 인상관리자다. 왜 그럴까? 인상이 인간관계에 영향을 미치기 때문이다. 셰익스피어도 인간은 사회라는 무대에 선 배우와 같다고 했다. 만남에서 첫인상이 관계를 좌우하므로 인상을 좋게 하기 위해 애쓰고, 그 좋은 인상을 계속 유지하기 위해 노력한다. 그래서 인간은 태어나면서 죽는 순간까지 인상관리를 해야 하는 사회적 동물이다.

인생에 대한 접근법으로 고흐적 접근법과 피카소적 접근법이 있다. 누가 더 훌륭한 예술가인가의 논의는 불필요하다. 모두 다 천재이고 유명하기 때문이다. 고흐는 가난 속에서 살다가 좌절 속에서 죽어갔다. 피카소는 자신을 표현하고 사람들의 주목을 받으며, 쇼맨십과 아이디어를 팔며, 뛰어난 커뮤니케이터로 잘 살았다. 요즘 셀프 마케팅이 유행이다. 이 마케팅의 구호는 단순하다. "자기를 팔아라!"

그렇다고 쉽게 셀프 마케팅이 되는 것은 아니다. 사람마다 인상이라는 것이 있기 때문이다. 첫인상을 결정짓는 요소로 흔히 외모 80%, 목소리 13%, 인격 7%라 말한다. 비율은 조사에 따라 차이가 있을 수 있다. 하지만 이러한 요소들이 인상을 형성하는 데 중요한 것은 사실이다.

사람은 사람을 판단한다. 인상이 좋다, 험하다, 나하고 안 맞을 것 같다 등등. 사람들은 말한다. "난 사람 단박에 알 수 있어." 그 단박의 길이는 어느 정도일까? 몇 분도 아니다. 그럼 몇 초일까? 어떤 이는 1, 2초만으로도 족하다고 한다. 물론 가능하다. 척 보면 아니까. 사람은 그만큼 느낌이 빠르다.

사람을 만나 첫인상이 어떻다는 결정을 할 때까지 걸리는 시간은 실제 얼마나 될까? 타인의 얼굴을 보고 그의 매력이나 호감도, 신뢰도 등에 대한 판단을 하는 데 드는 시간은 불과 0.1초라는 연구 결과가 나왔다. 프린스턴대학 심리학 연구팀이 성인 200명을 대상으로 조사한 결과 이 같은 결론을 내렸다. 너무 짧은 것이 아닌가? 결과가 맞다면 인간의 인지능력은 너무 빠르다.

연구팀은 피실험자들에게 여러 장의 얼굴 사진을 보여준 뒤 매력, 호감도, 신뢰도, 능력, 공격성 등을 평가해보라고 했다. 놀랍게도 0.1초 뒤의 판단과 0.5초, 1초 뒤에 내린 결론에 별 차이가 없었다. 이렇게 형성된 첫인상을 바꾸기 위해서는 상당히 오랜 시간 접촉이 필요한 것으로 나타났다. 좀 더 오래 관찰한다고 해서 타인의 얼굴에 대한 사람들의 판단이 달라지는 것은 아니다. 관찰 시간이 길어질수록 자신의 최초 판단을 더욱 확신하게 될 뿐이다. 외모와 성격은 별 관련이 없는데도 우리는 상대와 말 한마디 나눠보지 않고 그들의 성격을 빨리 판정해버린다.

상대를 평가하는 데 단지 몇 초밖에 걸리지 않는 것은 좀 심하지 않나 싶다. 판단이 뭐 그리 급한가. 그래도 상대와 몇 마디 오간 뒤에 해도 늦지 않으리라. 니콜라스 부스먼은 『인간관계를 혁신하는 90초 기술』에서 90초를 강조한다. 왜 하필 90초냐고? 그것은 1, 2초만으로는 승부를 내지 말자는 것이다. 적어도 90초는 허락할 이유가 충분하기 때문이다. 90초도

짧을 수 있다. 그렇지만 사람의 마음이 급한데 어쩌랴. 그 90초마저 인간관계를 좌우한다는 점에서 매우 중요한 시간이다.

90초 동안 상대는 당신의 첫인상을 살피고, 첫말이 무엇인지 따지며, 당신의 태도에서 얼마나 매너가 있는지 꼼꼼히 살펴볼 것이다. 강한 믿음은 첫인상 위에 세워진다. 따라서 당신의 임무는 좋은 첫인상을 주는 데 있음을 잊지 마라. 부스먼은 보다 나은 관계를 위해 만남, 교감, 그리고 소통에 각별히 행동하라고 한다. 이 모두가 90초에 이뤄질 수 있다면 당신은 놀랄 것이다. 그만큼 우리의 생각은 빠르게 움직인다.

90초 기술은 만남에서 시작된다. 만날 땐 밝은 표정과 명랑한 인사를 한다. 먼저 손을 잡아주며 반가움을 표시한다. 자신의 직업과 나이 등을 서로 이야기 나누는 가운데 자연스럽게 소개한다. 그다음 교감으로 간다. 사람의 마음을 여는 90초 기술은 교감에 있다. 상대가 좋아지는 이유는 여러 가지가 있겠지만 하나만으로도 좋아질 수 있다. 그중에 손쉬운 방법은 상대방에게 도움을 주는 태도를 취하는 것이다. 상대에 대한 긍정적인 태도가 관계를 결정한다. 만남에서 중요한 것은 소통이다. 할 수 있다면 유머를 사용한다. 유머는 첫 대면의 어색함을 순간에 누그러뜨릴 수 있다. 소통이 자연스럽게 이뤄지면 그다음은 어렵지 않다.

인상형성에서 상대에 대한 이런 나의 태도가 중요한 것은 사실이다. 하지만 이에 못지않은 것이 있으니, 그것은 바로 자기 자신에 대한 태도이다. 자기 자신을 존중하지 않으면 그것이 말과 행동으로 드러날 것이고, 이로 인해 나는 결국 존중의 대상에서 멀어질 수밖에 없다. 상대에게 좋은 인상을 주고 존경을 받고자 한다면 먼저 자기 자신을 존중하라. 당신은 특정 부분에서 남보다 특별한 재능을 타고났을 수 있다. 하지만 만일 당신 스스로 자신의 가치를 높이 평가하지 않는다면 당신에 대한 상대의 평가도 낮아질 수밖에 없다. 그러므로 먼저 자신에 대해 자신감을 갖고, 당신을 그 중요한 90초에 자연스럽게 드러내라. 그러면 당신이 생각한 것보다 나은 인상을 주게 된다. 인상관리에도 여러모로 혁신이 필요하다.

이래저래 사람들은 첫인상 관리를 통해 가급적 호감이 가는 사람이 되고자 한다. 이를 위해서 여러 비법이 등장한다. 먼저, 상대와 같은 생각을 가지며 당신을 좋아한다는 것을 보여준다. I like you는 I am like you와 같다. 동조현상이 호감을 줄 수 있다. 그다음 상대방으로부터 신뢰받는 사람이 되기 위해 노력한다. 이를 위해 자신의 심장을 보여준다. 심장을 보여준다는 것은 상대에 대해 열린 마음을 갖는 것을 말한다. 그리고 성숙한 대화를 할 수 있는 기법을 터득한다. 무엇보다 열린 대화를 한다. 그저 "안녕하세요" 하면 상대로부터 "안녕하세요"라는 대답을 얻을 뿐이다. 더 깊게 대화하면 상대도 더 깊게 나온다.

나아가 지속적인 인상관리가 필요하다. 사람을 움직이는 세 가지 열쇠는 멋진 모습(시각), 붙임성 있는 말과 호소력(청각), 그리고 융통성 있는 말과 모습(감각)이다. 이것들이 친근감을 준다. 상대를 읽고 코드를 맞춰라. 상대방의 관심이 무엇인지 알아내고, 그것에 초점을 맞추어 지속적으로 대화하라. 그러면 관계가 달라진다. 지나친 공손은 오히려 거리감을, 지나친 보살핌은 무관심과 마찬가지로 자존심에 상처를 준다. 따라서 적절한 매너가 중요하다.

명심할 것은 인상관리는 단순한 외모관리가 아니라는 것이다. "외모는 속임수이다Appearances are deceptive"라는 말이 있다. 외모로만 인상관리를 하는 것은 자신뿐 아니라 상대를 속이는 것이다. 인상관리, 생각보다 쉽지 않다. 타고나지 않았다면 노력하는 길 외에 없다. 그것이 인생이다.

3Ɽ 켄 블랜차드
칭찬과 격려에도 전략이 필요하다

지그 지글러에 따르면 지구에서 30억의 인구가 매일 밤 굶주린 배를 움켜쥐고 잠자리에 든다. 그러나 그보다 많은 40억의 인구가 매일 밤 따뜻한 격려의 말 한마디를 아쉬워하며 잠자리에 든다. 그만큼 칭찬과 격려가 필요하다는 말이다.

사람은 칭찬과 격려를 먹고 산다. 칭찬을 들으면 기분이 좋고 신이 난다. 하지만 칭찬은 하는 것도 받는 것도 쉽지 않다. 실컷 격려를 한다고 했는데 막상 상대가 짜증을 내거나 투덜대면 금방 할 말을 잃는다. 진심 없는 칭찬은 금방 아부라는 딱지가 붙는다. 그렇다고 칭찬과 거리를 두고 살면 냉혈한이라 한다. 그러니 안 할 수도 없다. 그래서 칭찬에는 기술이 필요하다는 말들을 한다. 그러나 칭찬도 칭찬 나름이다. 무엇보다 감동을 주는 칭찬이어야 한다.

켄 블랜차드는 고래를 춤추게 하는 칭찬은 따로 있다고 말한다. 무엇보다 중요한 것은 초점을 맞추는 일이다. 사람들에게 동기를 부여하고, 밝게 하며, 에너지를 한데 모으기 위해서는 초점을 변화시켜야 한다. 칭찬과 격려에도 목적과 전략이 필요하다는 말이다.

칭찬 이전에 사람들이 하는 일에 대해 긍정적인 감정을 공유한다. 그리고 계속해서 일을 잘해나가도록 격려한다. 고래 반응은 당신이 성실하고 정직할 때만 가능하다는 사실을 잊지 마라.

칭찬할 일이 생겼을 때 즉시 칭찬한다. 칭찬에도 타이밍이 있다. 고래 반응을 얻기 위해서는 즉각적으로 칭찬한다. 지난 다음에 한 칭찬은 철 지나 피는 꽃이자 식은 칭찬이다. 칭찬도 따끈따끈할 때 한다. 칭찬할 땐 사랑하는 사람을 대하듯 하면 스트레스도 녹인다.

막연하게 하지 말고 잘한 점을 구체적으로 칭찬한다. 긍정의 눈으로 상대를 조목조목 관찰해보면 칭찬거리가 보인다. 잘했거나 대체로 잘해 낸 일에 대해 명확하게 말한다. 구체적이고 근거가 있는 것에 대해 확실하게 집어 칭찬을 하면 칭찬 그 자체뿐 아니라 당신에 대한 믿음도 배가된다.

칭찬에도 여러 기술이 동원된다. 사실 그대로, 본대로, 느낀 대로 칭찬한다. "목소리가 참 좋습니다." 단순찬사법이다. 입은 옷이 어울리면 "옷이 멋지네요" 한다. 소유물 찬사법이다. 같이 온 딸의 눈이 아름다워 보이면 딸 칭찬도 해보라. "어쩜, 따님의 눈이 오드리 헵번 같아요." 유명인에 빗댄 비유 찬사법이다. "어쩜!", "역시!" 감탄 찬사법이다. 사실과 약간 다르더라도 대담하게 칭찬을 한다. "선생님, 오늘 정말 멋있습니다." 대담 찬사법이다. 약간 위험이 따를 수 있다. 실제로는 아니지만 "박사님", "사장님" 하며 칭찬한다. 호칭 변형 찬사법이다. "선생님, 소문이 자자하시더군요." 소문이나 남의 이야기를 이용한 간접 찬사법은 생각보다 효과가 있다. 별것 아닌 것 같지만 서먹함을 없애는 데 효과적이다.

칭찬을 하기 전에 이 말이 과연 적절한지, 상대가 어떻게 생각할지 생각해본다. 칭찬의 말을 했는데 금방 잘못했다 후회하는 일이 적지 않기 때문이다. 경우에 맞지 않는 칭찬이나 부적절한 칭찬은 피한다. 애써 한 칭찬이 거북함으로 돌아온다면 하지 않음만 못하다.

칭찬거리를 찾되 본인 자신도 인식하지 못했던 좋은 점이나 잘한 점을 찾아 칭찬한다. 그런 칭찬을 받으면 나에게 그런 점이 있었는지 곰곰이 생각하고 기뻐하며 당신의 식견에 감탄하게 된다. 상대가 잘한 경우 "정말 대단하다"며 거짓 없이 진실한 마음으로 칭찬하라. 칭찬뿐 아니라 그 일에 대해 감탄하고 존경하는 마음과 태도가 필요하다. 자기를 신뢰하고 자기의 한 일에 대해서 감탄하고 존경하는 사람이 있을 때 삶의 보람을 느끼고 의욕을 갖게 된다. "잘했어요", "훌륭해요" 이 작은 말들이 사람의 마음을 움직인다.

차별화된 방식, 즉 남다른 방식으로 칭찬한다. 되도록 남다른 내용을 찾아 남다른 방식으로 칭찬하되 같은 내용이라도 남다르게 하라. 칭찬 방식도 달리 해보라. 때론 말로, 때론 편지로, 때론 문자메시지로 칭찬을 하라. 칭찬 방식이 다르고 풍성하면 당신을 특별하게 기억한다.

상대방에게 지속적인 신뢰와 확신을 표현한다. 그리고 긍정적인 반응이 나오도록 유도한다. 이때 필요한 것은 결과보다는 과정을 칭찬하는 것이다. 결과에 집중하면 칭찬의 효력이 떨어진다. 성과에만 초점을 맞추지 말고 노력하는 과정에 초점을 맞춰 칭찬하면 더욱 분발하게 된다. 내가 긍정적으로 반응하지 않으면서 상대가 올바로 행동하기를 바라서는 안 된다.

가능한 한 공개적으로 칭찬하거나 제3자에게 전달한다. 남들 앞에서 듣는 칭찬이나 제3자에게서 전해들은 칭찬이 기쁨과 자부심을 더해주며 오래간다. 칭찬을 할 땐 상대방 앞에서 칭찬하기보다 뒤에서, 곧 다른 사람들에게 그를 칭찬하는 것이 좋다. 잠언에 이런 말씀이 있다. "타인이 너를 칭찬하게 하고 네 입으로는 하지 말며 외인이 너를 칭찬하게 하고 네 입술로는 하지 말지니라(잠 27:2)." 그 칭찬이 오히려 값지다.

잘못된 일이 생기면 관심을 다른 방향으로 유도하라. 씨월드의 조련사들은 재전환redirection이라는 방법을 사용한다. 조련사들이 원하지 않는 방향으로 범고래가 행동할 경우 즉시 고래들의 관심을 원하는 방향으로 유도하는 것이다. 재전환은 부정적인 반응을 긍정적인 방향으로 유도하는

데 목적을 두고 있다. 잘못된 일에 쓰인 에너지를 긍정적인 결과를 얻을 수 있는 에너지로 재전환하는 것이다. 이것은 새로운 여건을 만들어내는 것이기 때문에 그리 쉬운 일이 아니다. 나름대로 전략을 사용한다. 이것은 인간관계에서도 마찬가지다. 재전환을 위해 잘못이나 문제점을 가능한 한 빨리, 정확하게, 책망하지 않으면서 설명한다. 잘못된 일의 좋지 않은 영향도 알려준다. 업무를 자세히 설명하고 바로 이해했는지 확인한다. 책망하지 않고 잘 설명해주는 것도 칭찬이다. 칭찬에도 목적이 있다 하지 않았는가. 예상외의 상황에서 칭찬하는 것도 한 방법이다. 질책을 예상했던 상황에서 문제를 지적한 다음 칭찬으로 마무리 지으면 예상외로 효과가 크다.

칭찬받았을 땐 얄밉지 않게 행동한다. 지나치게 겸손할 필요는 없지만 칭찬을 당연하게 생각하거나 너무 좋아하는 내색을 하면 밉게 보일 수 있다. 칭찬을 하면 먼저 쑥스러운 표정으로 겸손하게 감사 표현을 한다. "이렇게 칭찬해주시니 정말 감사합니다." 사의 감사법이다. 아니면 "정말 그렇습니까?" 되묻는다. 반문 감사법이다. 무엇보다 작은 것에도 깊이 감사하라.

인간에게 관심은 햇살과 같다. 어떤 행동에 관심을 가지면 가질수록 그 행동은 더 향상된다. 반대로 무시하게 되면 사그라진다. 그러므로 우리가 해야 할 일은 잘되어가야 할 것에 관심을 갖고 긍정적으로 말하는 것이다. 탈무드에 "남을 칭찬하는 사람이야말로 정말 칭찬을 받아야 할 사람이다"라는 말이 있다. 이 세대가 칭찬에 인색하다면 칭찬을 하는 당신은 정말 귀중한 사람이 아니겠는가. 일이 잘 풀리지 않을 때 더욱 격려하라. 남뿐 아니라 때론 자기 자신도 칭찬하라. 당신의 언어로 세상을 따뜻하게 하라. 격려 한마디가 힘든 세상을 편하게 만든다.

4 존중
존중에는 마음이 담겨야 한다

우리도 모르게 부지중에 하는 말이 있다. "벽창호 같으니라고", "숙맥이네" 이런 소리를 들으면 그날 하루는 기분이 우울할 것이다. 남모르게 자신이 존경받지 못하고 있다는 것을 느끼기 때문이다.

말이 나왔으니 이 말이 무슨 뜻일까 살펴보자. 벽창호는 흔히 고집이 세고 무뚝뚝한 사람을 일컫는 말이다. 벽에 창문을 내고 벽을 친 벽창호壁窓戶, 곧 창 모양으로 된 벽 부분일까 생각하기 쉽지만 이것과는 상관이 없다. 이 단어는 벽창우碧昌牛에서 나왔다. 벽이나 창호와는 전혀 상관없는 소에서 나온 것이다.

벽창우는 평안북도의 벽동과 창성에서 나는 소를 말한다. 크고 억세기로 이름이 났다. 그래서 고집이 세고 무뚝뚝한 사람을 벽창우라 했고, 나중에 벽창호라 부르게 되었다. 벽창우가 벽창호로 바뀌게 된 데는 빈틈없이 꽉 막힌 벽이 우둔하고 고집이 센 사람을 연상시키기 때문이라는 설도 있다.

숙맥은 어리석은 사람, 바보라는 뜻으로 사용되는 단어다. 정작 숙맥菽麥의 한자는 콩과 보리다. 그런데 이것이 어떻게 어리석은 사람으로 해석되는 것일까? 그것은 중국의 춘추해설서인『좌씨전左氏傳』에 '불능변숙맥不能辨菽麥'이라는 말에서 유래되었다. 이 글에 따르면 주자에게는 형이 있었는데 지혜가 없는지 지능이 낮은지 좀처럼 콩과 보리를 구분하지 못했다. 콩과 보리는 확실히 다른데 그것조차 구분을 못 하다니. 그래서 사리분별을 못 하는 어리석고 못난 사람을 가리켜 숙맥이라 했다.

맹자의 뒤를 이은 동양 최고의 유학자인 주자에게 이런 형이 있었다니, 이런 생각을 했다면 잘못 아는 것이다. 여기서 주자는 성리학을 집대성한 남송시대의 주자, 곧 주희를 말하는 것이 아니라 춘추시대 진나라의 왕 도공을 말한다. 잘못 말하다 도리어 숙맥 될라.

아무리 힘들어도 면전에 대고 욕하는 것은 도리가 아니다. 성경에 이런 말씀이 있다. "형제에게 노하는 자마다 심판을 받게 되고 형제를 대하여 라가바보라 하는 자는 공회에 잡혀가게 되고 미련한 놈이라 하는 자는 지옥 불에 들어가게 되리라(마 5:22)." 남을 비하하거나 사랑의 마음이 담겨 있지 않다면 사용해서는 안 될 것이다.

사람은 모두 존중받기를 좋아한다. 존중은 다양한 모습으로 드러난다. 그 첫째가 인사다. 인도나 네팔 사람들은 "나마스떼Namaste!"라 인사한다. 문자적으로는 "당신에게te 정중한 인사namah를 드립니다astu."라는 뜻. 그러나 의미는 "내 안에 있는 영이 당신 안에 있는 영을 존중합니다the spirit in me respects the spirit in you"이다. 인사에 있어서 상대방에 대한 존중과 상대의 영을 귀하게 보는 마음이 있는지 생각하게 한다. 평안을 비는 인사와는 성격이 다르다.

존중은 지위에서도 나타난다. 프레스티지prestige는 흔히 위신, 위세라 부른다. 조직에서 이 말은 개인의 지위status에서 나오는 인정을 나타내는 단어다. 예를 들어 교육 정도가 높고 정신을 많이 사용하며 지위가 높은 인물을 가리켜 프레스티지가 높다고 말한다. 반대의 경우 낮게 평가된다.

지위에 따라 존칭尊稱이 달라진다. 존칭은 스스로를 낮추고 상대를 높여 부르는 것을 말한다. 지금은 사극에서나 볼 수 있는 존칭들도 있고, 고위층에서나 부를 수 있는 것도 있으며, 격하된 존칭도 있고, 국적이 없는 존칭도 있어 뒤섞인 상태. 조금씩 바로잡아 사용할 필요가 있다.

존칭 중 가장 높은 존칭은 무엇보다 폐하陛下다. 폐陛는 천자가 집무하는 용상으로 오르는 돌계단을 말한다. 천자는 황제에게만 쓰는 존칭이다. 자신은 그 돌계단 아래 있다는 말이다. 하下는 자신을 낮출 때 사용하는 말이다.

전하殿下는 왕이나 왕세자에 대한 존칭이다. 전은 왕이 집무하는 궁전의 전각殿閣을 말한다. 자신은 그 아래 있다는 말로 왕을 존대한다. 이따금 왕세자에게 저하邸下라는 칭호를 쓰기도 하는데 이때 저邸는 전각보다 낮은 집이란 뜻에서 사용된 것이다. 고종이 황제에 오르면서 주상전하가 '대군주폐하'로, 왕세자는 저하에서 '왕세자 전하'로 불리면서 저하라는 말이 없어졌다.

각하閣下 또는 합하閤下는 정승에 대한 존칭이다. 각閣 또는 합閤은 나라를 다스리는 정승들이 집무하는 다락문이다. 황희 정승에게 황합黃閤, 상진 정승에게 상합尙閤이라 했다. 흔히 대통령을 각하라 하는데 이것은 일본의 영향을 받은 것이다. 일본의 경우 왕이 직접 임명하는 칙임관文官이나 육군 소장 이상의 무관에게 이 칭호를 붙였다. 우리나라에선 이 칭호를 격상시켜 대통령에게 붙여 사용하고 있다.

마하麾下는 장군에 대한 존칭이다. 마麾는 장군을 상징하는 대장기를 말한다. 곡하轂下는 사신에 대한 존칭이다. 수레를 타고 오간다 하여 붙인 것이다.

슬하膝下는 부모에 대한 존칭이다. 부모님의 무릎 아래 있다는 말이다. 족하足下는 서로 다정한 친지에 대한 존칭이다. 친지를 높이고 자신을 낮추는 존칭이다. 그런데 이 족하가 근래 형제의 아들이나 딸을 가리키는 '조카'로 변해 그 위상이 격하되었다. 잘못된 칭호가 된 것이다. 조카라는 말이 너무 널리 쓰여 다시 바로잡기 힘들 것으로 보인다.

귀하貴下는 편지에 주로 사용하는 존칭이다. 귀貴는 상대를 귀하게 보는 것으로, 하$_下$는 스스로 낮추는 것을 뜻한다. 그러나 사실 국적이 없는 존칭으로 알려져 있다. 그래서 귀하라는 용어보다 '~님께'로 하는 것이 바르다. 그 외에도 궤하$_机下$, 좌하$_座下$가 있다. 궤하는 책상의 아래라는 뜻으로 편지에서 상대방의 이름 밑에 붙여 쓴다. 좌하 또한 편지에서 상대방을 높여 그의 이름 아래 쓰는 말이다. 영어의 Esquire, Mr. 정도다.

지금까지 여러 칭호를 살펴보았지만 대부분 옛 용어들이다. 어떤 것은 생소하기까지 하다. 가장 좋은 것은 우리가 자주 사용하는 '님'이 아닐까 싶다. 선생님, 부모님, 형님, 아우님. '님'이 임이 될 때 더 친근하고 그립지 아니하랴. 존칭은 무엇보다 마음이 담겨야 한다.

지위는 어쩔 수 없다 해도 사람 됨됨이를 평가할 때 그 사람의 지위만을 따지는 것은 문제가 있다. 그래서 존중감$_{esteem}$이라는 척도를 사용한다. 이것은 직무수행의 질에 배경을 두어 그 사람을 존경할 때 사용하는 말이다. 비록 지위나 프레스티지 면에서 낮게 평가를 받는다 해도 그 역할을 성실히, 그리고 흠 없이 해냈을 때 그에 대한 존중감은 아주 높다. 지위가 높다 해도 업무의 질이 떨어진다면 그에 대한 존중감은 낮아질 수밖에 없다.

역시 사람을 만나면 서로 존중을 해주고, 지위가 낮다 하더라도 최선을 다하는 그에게 그에 합당한 예우를 해준다면 살맛이 나지 않겠는가. 사람을 평가함에 있어서 지위가 영향을 주는 것은 사실이다. 하지만 지위보다 주어진 역할에서 최선을 다하는 사람에 대한 존중이 먼저다. 그러므로 지위가 높다고 교만하지 말 것이며, 그것이 낮다고 속상할 것 없다. 오늘 자신에게 맡겨진 일을 기뻐하고 그 일에 최선을 다하면 사람들은 당신을 존중의 눈으로 볼 것이다. 존중은 최선을 다한 당신에게 주는 훈장이다.

만일 당신이 최선을 다했음에도 불구하고 누구도 알아주지 않을 땐 당신 자신이 당신을 인정할 필요가 있다.

"그래 잘했어, 오늘. 그렇게 하는 거야. 남이 안 알아주면 어때, 나 자신이 자랑스러워."

자기 존중self-esteem이다. 당신 자신에게 좋아하는 음료 하나를 선사하라. 그리고 그렇게 남을 알아주고 존중하라. 상대가 몹시 기뻐할 것이다.

5 에즈라 파운드
사람을 꽃으로 보라

세일품목을 사러 백화점에 가면 이미 다 팔려 낭패를 보기도 한다. 한정판매일 경우 다음 세일을 기다릴 수밖에 없다. 그러나 미국의 경우 소비자는 그리 속상해하지 않는다. 고객서비스센터에 가서 레인체크rain check, 곧 예약구매증을 발행해달라고 하면 한정판매가 아닌 한 기꺼이 해주기 때문이다. 나중에 상점에 품절된 물건이 다시 들어왔을 때 물건과 함께 레인체크를 제시하면 당시 할인가격으로 물품을 구매할 수 있다.

레인체크는 갑작스러운 비로 야구 경기가 취소되었을 때 경기를 보러 온 관중에게 다음 경기를 볼 수 있도록 발행한 티켓, 곧 우천 교환권에서 유래된 것이다. 레인체크는 다소 여유를 갖게 한다. '할 수 없지 뭐, 다음 기회가 있잖아.'

세일물품이나 운동경기에는 레인체크가 있다. 하지만 우리 삶에는 레인체크가 없다. 한 번으로 끝나기 때문이다. 지나간 시간도 다시 돌아오지 않는다. 그러니 현재가 얼마나 귀한가. 현재가 선물이라는 말이 실감난다. 또한 지금 만나는 사람도 내일 만난다는 보장이 없다. 그러니 오늘 만난 사람도 얼마나 귀중한가. 레인체크가 있다는 것과 없다는 것은 삶의 태도를 다르게 만든다. 지금, 이곳, 그리고 한 사람 한 사람이 달리 보인다. 레인체크를 할 수 없는 당신이다.

에즈라 파운드는 런던 전철에서 우산을 쓰고 나오는 사람들을 보며 꽃과 같다 했다. 그는 이 시를 15줄로 썼다가 7줄가량으로 줄이고, 다시 두 줄로 압축했다.

"사람을 꽃으로 보라."

이 또한 사람을 경이롭게 보는 것 아닌가. 시인의 마음이 여유롭다. 당신 가까이 있는 사람을 귀히 보라.

이웃을 꽃으로 보는 사람은 말이 다르다. 특히 상대에 대한 긍정의 말은 사람을 살린다. 외과의사에게 필요한 것이 세 가지 있다. 사자와 같은 강한 심장lion's heart, 독수리와 같은 예리한 판단력eagle's eye, 아름다운 여성의 섬세한 터치lady's hand이다. 수술에 임할 때 강한 마음가짐과 섬세한 손놀림, 그리고 그때그때 예리한 판단력이 절대 필요하다는 말이다. 수술에 관한 한 이 조건을 무시할 수 없다. 그러나 의사에게 필요한 것은 이게 다가 아니다.

히포크라테스에 따르면 의사는 세 가지 무기를 가지고 있어야 한다. 첫째는 말이고, 둘째는 메스이고, 셋째는 약과 침이다. 첫째가 왜 말일까? 그 이유는 간단하다. 환자에게 희망의 말을 들려주느냐, 절망의 말을 들려주느냐에 따라 그 환자가 살기도 하고 죽기도 하기 때문이다. 환자나 가족에게 따뜻한 희망의 말을 하는 것이 좋다. 극단적인 상황이 올 경우 "마음의 준비하세요"보다 "최선을 다해보겠다"는 말이 더 좋다.

이해인도 그의 시 「향기로운 말」에서 긍정의 말을 하도록 부탁한다.

매일 우리가 하는 말은
향기로운 여운을 남기게 하소서
상대방의 입장을 헤아리는
사랑의 말을 하게 하시고
남의 나쁜 점보다는 좋은 점을 먼저 보는
긍정적인 말을 하게 하소서

매일 정성껏 물을 주어
한 포기의 난초를 가꾸듯
침묵과 기도의 샘에서 길어 올린
지혜의 맑은 물로
우리의 말씨 가다듬게 하소서
겸손의 그윽한 향기
그 안에 스며들게 하소서

긍정의 말, 그것은 삶에서 우리 모두에게 필요한 약과 같다. 그 약을 먹을 때 우리 삶도 긍정 쪽으로 움직이고 건강해진다. 늘 긍정의 말을 할 수 있을 정도로 우리의 삶이 호락호락한 것은 아니다. 하지만 그 말이 꼭 필요한 사람, 꼭 필요한 때가 있다. 그땐 언어의 자비를 베풀라. 말의 향기로 인해 넘어진 자가 일어난다면, 긍정의 말이 그 영혼을 살린다면 당신이 바로 의사다. 상대를 꽃으로 보고 우리 모두 말씨를 가다듬을 때다.

6 래리 킹
화술을 바꾸면 인생이 바뀐다

에리히 프롬 시대에 다음과 같은 농담이 널리 퍼져 있었다.

어느 작가가 친구를 만나 오랫동안 자신에 대해 이야기하다가 이렇게 말했다.

"너무 내 얘기만 했군. 이젠 자네 얘기 좀 하세. 자넨 이번에 나온 내 책에 대해서 어떻게 생각하나?"

사람은 누구나 자기 이야기를 좋아한다. 교인들도 예외는 아닌가 보다. 다음은 어느 설교자의 설교 가운데 한 토막이다.

"우린 아침에 떠오르는 태양을 보며 말한다. '저 태양은 나만을 사랑한다.' 이 말도 맞다. 나를 향해 지금도 따뜻한 광선을 비춰주기 때문이다. 하나님을 바라보며 생각한다. '하나님은 나를 특별히 사랑한다.' 이 말도 맞다. 어제나 오늘이나 나를 귀히 여기고 사랑하시기 때문이다."

이것은 무엇을 말할까? 물론 위로를 주기 위한 말일 수 있다. 하지만 한마디로 사람은 자기를 먼저 생각한다는 것을 보여준다. 사람은 그만큼 이기적이다. 태양은 오늘도 많은 사람에게 빛을 주고, 하나님은 피조물 모두에게 사랑을 주신다는 것을 왜 애써 외면하려 할까.

사람들은 대화할 때도 자기에 관한 말이 나올 때 가장 귀를 기울이고, 자신에 대한 그들의 말을 저울질한다. 사람은 그 누구보다 자기에 대해 관심이 많다.

커뮤니케이션에서 경청을 강조한다. 왜 그럴까? 그것은 사람들이 자기 말에 귀 기울여주는 사람을 가장 좋게 여기기 때문이다. 대화할 때 자기 말만 하고 남의 얘기를 들어주지 않는 사람을 가리켜 경청의 자세가 전혀 되어 있지 않은 사람이라 한다. 그런데 그런 사람일수록 상대방에게는 경청을 강요한다. 상대방이 조금 입을 열어 말하려면 '그건 그렇고'라든가 아예 관심조차 주지 않는다. 그리곤 "내 말 좀 들어봐" 하며 계속 자기 말만 한다. 지금까지 들어줬는데. 자기밖에 없고, 자기 생각만 옳다. 남은 안중에 없다. 아이러니가 아닐 수 없다. 대화를 한다는데 많은 사람이 진정한 의미의 대화가 없는 대화결핍증을 앓고 있다.

인간의 이 이기적인 모습을 고칠 수 없을까? 조금 자제시킬 수는 있겠지만 완전히 고친다는 것은 불가능하다. 그럴 땐 어떻게 해야 할까? 그 사람 입이 아프도록 들어주면 된다. 그러다 스스로 결론을 내리고 어느 순간 대화를 종결한다. 그러곤 말한다. "너하곤 정말 대화가 통해." 당신의 인내가 마침내 끝나는 순간이다.

대화는 결코 쉽지 않다. 다음은 즐거운 대화를 위한 6가지 포인트이다.

- 혼자서만 이야기하지 마라.
- 잘난 체하지 마라.
- 발림 말이나 독설을 피하라.
- 투덜대거나 자랑만 일삼는 것은 금하라.
- 무조건 찬성이나 무조건 반대는 삼가라.
- 경어를 소홀히 하지 마라.

래리 킹이 쓴 책으로 『화술을 바꾸라, 인생이 바뀐다』가 있다. 그는 이 책에서 말 잘하는 사람의 8가지 공통점을 다음과 같이 제시했다.

첫째, 사물을 새로운 시각에서 바라본다. 그들은 모든 일을 새로운 시각에서 살필 줄 안다. 아주 익숙한 일일수록 남들이 생각하지 못한 방향에서 바라본다.

둘째, 시야를 넓힌다. 그들은 넓은 시야를 가지고 있다. 자기 자신의 일상생활을 벗어난 영역과 관심 분야에 대해 생각해보고 이야기를 나눈다.

셋째, 열의를 가지고 대화에 임한다. 자신들이 살아가면서 하는 일에 열정을 갖는 동시에 남이 하는 이야기에도 관심을 보인다.

넷째, 당신 자신의 이야기만 하게 되면 금방 지루해진다. 언제나 자기 자신에 관해서만 말하려 들지 않는다.

다섯째, 호기심이 많다. "왜 그러느냐?"는 질문을 자주 한다. 당신이 그들에게 말할 때면 그들은 당신이 하는 이야기에 관해 좀 더 알고 싶어 한다.

여섯째, 상대방의 입장에서 생각한다. 상대방의 형편에서 상대를 이해한다. 상대의 형편에 서서 상대가 하는 말과 직접 관련을 맺어보려 한다.

일곱째, 유머감각이 있다. 그들은 자기 자신에 관한 농담도 꺼리지 않는다. 말을 잘하는 사람일수록 자기 자신에 관한 이야기도 유머 있게 잘 표현한다.

끝으로, 자신만의 스타일이 있다. 각자 말하는 데 자기 나름의 스타일을 가지고 있다.

말을 잘하는 것은 좋다. 그러나 모든 사람이 꼭 말을 잘해야 하는 것은 아니다. 하지만 킹이 지적한 것들을 따라 배우고 싶다. 다른 사람을 배려하고 삶에 열정을 가지게 하기 때문이다. 나름대로 내 삶의 스타일을 가지는 것은 어떨까. 삶이 재미있어질 것 같다.

7 사과결핍증
'미안하다' 말하는 당신이 아름답다

　　박은주에 따르면 한국 남자들이 입 밖으로 내는 것을 매우 두려워하는 말이 있다. '미안하다', '잘못했다', 이 짧은 네 자의 말이다. '미안하다' 한마디 하면 큰일 나는지, 아니면 자신이 못나지 않았음을 보여주려는 것인지 끝까지 버틴다. 입 꾹 다문 모습에 아내의 속이 뒤집어진다. 그는 이것을 선천성 사과謝過결핍증이라 했다. 선천성이란 말에 신경이 쓰인다. 그만큼 고치기 어렵다는 것 아니겠는가.

　어느 작가가 친구를 만나 오랫동안 자신에 대해 이야기하다가 이렇게 말했다.

　더그 워체식Doug Wojcieszak은 1998년 신시내티의 한 병원에서 의료진의 과오로 친형을 잃었다. 그가 바란 것은 담당의사의 책임 인정과 진심 어린 사과, 그리고 자세한 설명이었다. 그러나 병원은 그렇게 하지 않았다. 사과로 인한 책임이 두려웠기 때문이다. 사과결핍증은 개인에 국한되지 않는다.

　결국 법정 소송까지 가서 승소했고 보상금도 받았다. 하지만 돈보다 진실한 사과가 먼저라는 생각에서 그는 NGO 단체 '소리 웍스Sorry Works'를 만들었다. 사고가 나면 의사든 환자든 진실만 말하고, 철저한 조사가 이루어진 다음, 잘못한 쪽이 제대로 사과하도록 하는 것이다. 이 프로그램은 하버드대, 스탠퍼드대, 일리노이대 등 주요 대학병원에서 운용되고 있다. 이로 인해 병원에 대한 소송도 상당히 줄었고, 신뢰도도 높아졌다.

　우리는 모두 약점을 가지고 있고, 실수할 수 있는 연약한 인간이다. 세상에 완전한 인간은 없다. 잘못을 알았을 때 상대방에게 용서를 구하는 마음으로 '미안해요'라고 하면 듣는 사람의 마음도 펴진다. 내가 먼저 미안하다는 말을 하면 악용되지 않을까 두려울 수도 있다. 하지만 세상이 늘 악하지만은 않다. 악용하는 사람에게 더 문제가 있다.

사과하려면 시원하게 하는 것이 좋다. 마지못해서, 억지로 미안하다 하면 수용하기 어렵다. '유감스럽게 생각한다', '비판을 겸허하게 인정하고 수용하겠다'고 돌려 말하는 것도 오만하다는 느낌을 줄 수 있다. 오히려 '미안합니다. 죄송합니다'가 단순하고 깨끗하다.

"잘못은 그것을 통하여 우리가 발전할 수 있는 훈련이다Error is the discipline through which we advance."

이미지 메이킹 전문가들은 "미안합니다, 고맙습니다, 감사합니다 하는 말을 입에 붙이고 살라"라고 한다. 이 말이 이미지에 크게 영향을 주기 때문이다.

이것이 어찌 이미지 때문이겠는가. '미안해요', '죄송해요'라는 말을, 어떤 이는 하늘나라의 언어라 한다. 그만큼 품격이 달라진다. 그럼에도 불구하고 이 언어를 쓰는 것을 두려워하고 쑥스럽게 여긴다. 체면이 구겨진다고 생각하기 때문이리라. 그래서 진한 용기가 필요하다. 하지만 이것은 이 땅의 언어라기보다 하늘나라 언어라는 것을 기억하라. 이 땅에서 사용할수록 그 나라 사람이 되지 않겠는가. '미안하다'고 솔직히 말하는 당신이 아름답다.

스리랑카의 웨따족은 원시생활을 하고 있다. 밀림에서 자연산 목청인 벌꿀을 따 먹고산다. 타지 사람들이 그 마을에 들어가기 위해서는 승낙을 받아야 한다. 허락을 받으면 서로 두 손을 맞잡고 흔들며 말한다. "혼다마이! 혼다마이!" 상대를 인정한다는 말이다.

그런데 그 말은 다양하게 사용된다. 인사할 때도, 함께 물고기를 잡았을 때도, 괜찮다고 격려하는 때도 그 말을 한다. 다용도인 셈이다. "안녕하십니까?" "잘하십니다." "괜찮습니다." "미안합니다." 그 사회에선 '혼다마이'만 잘 사용해도 편히 살 수 있을 것 같다.

웨따족이 기분 좋게 웃는다. 다른 사람도 웃는다.

"혼다마이!"

"혼다마이!"

우리 사회에서 한마디 말로 막힌 담을 확 뚫는 말은 없을까? 부럽다. 도시가 아니면 어떤가. 높은 건물과 문명의 이기가 없으면 어떤가. 서로를 긍정하고 격려하는 사회가 아름답다. "혼다마이!" 혼을 다해 마음을 이어가라.

부부싸움

⑧ 부부싸움에도 원칙과 기술이 있다

남성을 화성Mars에서 왔다 하고, 여성을 금성Venus에서 왔다 한다. 한마디로 남자와 여자는 다르다는 말이다. 어떻게 다르기에 같은 별이 아니라 하는가.

가장 두드러진 차이는, 남성은 목표 지향적임에 반해 여성은 관계 지향적인 데 있다. 남성은 능력, 효율, 업적을 중시하며 자신의 권한과 지위를 드러내 보이기를 원한다. 이에 비해 여성은 사랑, 친밀, 대화, 아름다움에 더 높은 가치를 둔다. 화성인 남자는 보고식 리포트 토크report-talk를 한다. 사실과 정보와 의견을 나눌 뿐 아니라 문제를 해결하기 위해 대화를 한다. 이에 비해 여성은 관계형성의 라포르 토크rapport-talk를 한다. 감정을 나누고 공감을 얻고자 한다.

예를 들어보자. 여성은 기분이 우울할 때 믿는 사람을 찾아가 자기 문제를 속 시원히 이야기하고 싶어 한다. 감정의 공감대가 형성되면 한결 기분이 좋아진다. 이것이 여성의 기분전환 방법이다. 여자들이 자신이 스트레스받은 일을 얘기할 때 남자들은 이 해결책을 제시해주어야 한다고 생각하며 끊임없이 해결책을 생각하고 제시한다. 해결책을 제시함으로써 대화를 끝내려 하는 것을 보며 여자는 기분이 나빠진다.

부부갈등도 마찬가지다. 갈등의 가장 큰 요인으로 의사소통 문제가 있다. 남편은 단정적이고 명령형이고 위협적이다. "음식 좀 제대로 만들어 봐." "그래서 어떻게 됐다고, 결론만 말해." 이런 말 듣고 속상하지 않을 부인은 없다. 이때 여자는 감정을 이용해 싸우려 하고, 남자는 그런 여자의 말을 그때그때 정의 내리려 한다. 갈등전문가들은 남편에게 나-전달

법I-Message을 사용하도록 한다. "당신이 뭘 알아"가 아니라 "여보, 내 생각은……"으로 커뮤니케이션 방식을 바꾸는 것이다. 그러면 대화가 달라진다. 말만 바꾸는 것이 아니라 태도도 바꿔야 한다.

또한 남녀 간에는 구조적으로 다른 면이 있다.

신문을 보던 남편이 아내를 부른다.

"여보, 기사를 보니까 글쎄 여자들이 남자보다 두 배나 말을 많이 한다는 거야. 남자는 하루에 1만 5,000단어를 사용하는데 말이지, 여자들은 3만 단어나 사용한다는 거야. 정말 비교된다. 비교돼."

아내가 곧장 답한다.

"그거야 남자들이 여자 말을 워낙 안 들으니까 그렇지. 꼭 두 번 말해야 알아듣는다니까."

조금 뒤 남편이 묻는다.

"당신 뭐라 했지?"

남편은 왜 아내의 말을 잘 알아듣지 못할까? 이유가 있단다. 연구조사에 따르면 남자의 뇌는 여자의 말을 들을 때 마치 음악을 감상하는 것처럼 복잡한 메커니즘이 요구된다. 하지만 남자의 말을 들을 때는 훨씬 더 간단한 과정을 통해 듣는다. 이유는 남자와 여자의 성대, 후두 등의 구조가 다르고, 여성 음성의 멜로디가 남자보다 그 파장이 더 크기 때문이다.

남자와 여자가 다른 것처럼 커뮤니케이션도 다르다. 오죽하면 남자는 화성, 곧 전쟁의 신 Mars를 붙이고 여성은 금성, 곧 사랑의 여신 Venus를 붙였을까. 남녀 간 차이가 있다는 것을 인식하고 서로 이해하고 보듬는 것이 중요하다.

싸움이 어떤 큰일에서 벌어지는 것으로 생각하기 쉽다. 그러나 인간관계에서 대부분의 싸움은 작은 일들이 쌓여 어느 순간에 폭발하는 것이다.

켄터키 주 루이빌대학 연구팀이 330여 명의 성인 남녀를 대상으로 조사한 결과에 따르면 배우자 또는 애인과의 싸움은 무척 사소하지만 참을 수 없는 온갖 나쁜 습관들에서 비롯된다. 사소하고 불쾌한 습관들은 새 불평거리를 제공한다. 배우자의 못된 습관이 처음엔 약한 반응을 불러오지만 반복될수록 반응이 강화되어, 결국 상대에 대한 혐오로 발전하게 된다.

다음은 대표적인 예이다.

- 쓰고 난 젖은 수건을 욕실 바닥에 놓기
- 천박하게 웃기
- 포크로 등 긁기
- 남 앞에서 유치하게 알랑방귀 뀌기
- 미리 맞춰놓은 자동차 라디오 채널을 맘대로 바꾸기
- 이웃과의 저녁 식사 때 없는 얘기 꾸며내기
- 진지한 얘기 중에 딴짓하기
- 코 후비고 트림하기
- 여행(나들이) 때 짐을 너무 많이 싸기
- 쇼핑시간 한없이 길어지기
- 자기 농담에 자기만 웃기
- 상대의 옷차림 흉보기
- 이런 모든 습관을 흉보는 것

사소하다고? 절대 사소하지 않다. 비록 사소하게 보인다 할지라도 일단 문제가 발생하면 더 이상 사소한 일이 아니다. 그러니 평소 사소한 일에 주의하라. 나쁜 습관은 말할 나위 없다.

세상에 부부싸움을 하지 않은 사람은 없다. 싸움을 전혀 하지 않는다 말하는 사람도 손찌검을 하지 않았을 뿐 심리적으로 갈등한 적은 많다. 그래서 건강한 부부싸움을 위해선 원칙을 세우고 철저히 지켜야 한다고 말한다. 다음은 일반적인 원칙들이다.

- 싸움의 본질에서 벗어나지 않는다. '의제'를 하나만 설정한다.
- 지난 일은 들추지 않는다. 24시간 경과한 사안은 공소시효가 지난 것이다.
- 상대의 약점을 찌르지 않는다. 평생 아물지 않는 상처가 된다.
- 상대방의 가족 등 제삼자는 거론하지 않는다.
- 아이들 앞에선 싸우지 않는다.
- 시간도 중요하다. 식사 전이나 식사 중, 늦은 밤이나 출근 전은 피하고 주말 오후 둘만 있는 시간을 활용한다.
- 폭력 쓰지 않기, 물건 부수지 않기는 두말하면 잔소리다.
- "내가 다 잘했다는 건 아냐", "당신 힘들다는 것 알아" 같은 말을 아끼지 말자.

다음은 부부대화법 십계명이다. 이 정도면 부부관계에서 어떤 원칙이 존재하는가를 알 수 있다.

- 헤어져 있다 만날 때는 미소로 맞아라.
- 작은 일을 칭찬해라.
- 피곤하거나 흥분해 있을 때는 심각한 주제로 토론하지 마라.
- 상대가 진정으로 하고 싶은 말을 할 때까지 인내하는 마음으로 기다려라.
- 상대의 이야기 중간 중간에 "알아요", "이해해요", "네"와 같은 말로 동의해줘라.
- 대답할 차례가 됐을 때는 충분히 대답하되 지나치지 않게 하라.
- 상대방의 말을 이해하지 못했다면 다시 한 번 말해주길 요청해라.
- 자신이 바라는 것을 구체적이고 실질적인 언어로 표현해라.
- 쪽지, 휴대전화 문자메시지, e메일을 활용해 일상 속 대화를 공유하라.
- 부부가 공유하는 취미를 만들어라. 애깃거리가 많아진다.

부부가 살아 있음에 항상 감사하며 부부싸움의 원칙과 기술을 연마할 일이다.

9日 헤라클레스
건드리면 커지는 것이 있다

　　　헤라클레스는 힘의 왕이다. 누구라도 그를 넘보지 못한다. 누가 감히 나를 막으랴.

　그런데 어느 날 아주 좁은 길을 가는데 길 한가운데 사과 크기의 이상한 물건이 하나 놓여 있었다. 그는 냅다 발길질을 해댔다. 조그만 물건이 뭘 잘못했다고. 그런데 이게 무슨 일이람. 사과만 했던 것이 금방 수박만 해졌다.

　"어, 어찌 된 거야. 날 놀리려는 거야. 그런 거야?"

　헤라클레스는 흥분하기 시작했다. 화가 난 것이다. 힘을 다해 찼다. 그러자 금방 문제가 커지기 시작했다. 수박만 하던 것이 바위만큼 커진 것이다. 열이 오른 헤라클레스, 이번엔 그의 비장의 무기 쇠몽둥이를 대령했다.

　"그래, 네까짓 것 한 방에 날려버릴 거야. 암, 한 방이면 되고말고."

　그런데 무슨 일인가. 전보다 두 배나 커져 길까지 떡 막았다. 화가 머리 끝까지 오른 그는 아예 웃옷을 벗었다. 그리고 그것을 집어 멀리 던지려 했다.

　"내 이걸 바다 깊숙이 던져버려?"

　하지만 그가 화를 내면 낼수록 더 커지더니 마침내 산처럼 되었다. 눈이 휘둥그레졌다. 그 순간 그 앞에 아테네 여신이 나타났다.

　그녀는 산이 되어버린 그 물건 앞에서 미소를 지었다. 그리고 아름다운 노래를 불러주었다. 그러자 그 산이 점점 작아지더니 결국 원래의 사과 크기로 되돌아왔다. 헤라클레스는 놀라지 않을 수 없었다.

　"아니, 어떻게 된 일이오? 비법이 과연 무엇이오?"

아테네는 웃으며 말했다.

"그것을 건드리지 마세요. 그것은 마치 마음속의 화와 같답니다. 건드리지 않고 그냥 두면 작아지지만 건드릴수록 자꾸만 커진답니다."

화를 내지 않고 사는 사람이 과연 있을까. 이런저런 일로 화가 난다. 세상 돌아가는 꼴을 보면 화가 나고, 남이 나에게 하는 짓을 보면 화가 난다. 그런데 화는 낼수록 커진다. 화는 종기와 같다. 만질수록 악화된다.

그럴 땐 어떻게 해야 할까? 아테네의 충고를 따를까? 화가 나면 한 템포 쉬어 가라. '그럴 수도 있지.' 발로 차지 말고, 함부로 몽둥이 휘두르지 마라. 조용히 마음을 누르고 가라앉히라. 참고 참으면 작아지고 결국 잊히리라. 참는 것이 이기는 것이다. 이것은 우리가 늘 하는 말이다.

그런데 더 높은 차원이 있다. 할 수 있다면 아테네처럼 미소 지으며 노래를 불러주는 것이다. 과연 그것이 가능할까? 그렇다. 인간으로선 불가능하다. 그러나 불가능을 가능하게 하면 화는 당신을 기꺼이 존경할 것이다. "달라지셨네. 아주 달라지셨어." 오늘 난 과연 그렇게 할 수 있을까? 헤라클레스여, 대답 좀 해다오.

세상에 화 안 내고 살기 어렵다. 세상이 어디 뜻대로 되던가. 속이 뒤집히고, 참기 어려운 일이 한두 가지가 아니다. 그런데 서울대 의대 인구의학연구소 허윤미 팀의 조사에 따르면 화를 잘 내는 성격의 3분의 1은 유전자에 의해 결정된다. 통계분석 결과 화를 잘 내는 성격을 결정하는 데 34%가 유전적 요인이라는 것이다. 나머지는 환경요인이 결정하지만 여기에도 상당 부분 유전적 요인이 작용하는 것으로 분석됐다. 과학적으로 볼 때 유전형질을 무시할 수 없다는 얘기다.

그렇다면 화를 다스려나가는 수밖에 없다. 어떤 이는 "도저히 참기 힘들거든 심호흡을 크게 하고 퇴계수행법에 따라 '아–에–이–오–우'를 반복하라" 한다. 어떤 이는 "물을 마셔라. 물을 입에 담고 참으라" 한다. 무작정 걸으라는 사람도 있다. 화 다스리는 법도 가지가지다.

목사이자 카운슬러인 알랜 로이 맥기니스는 『사랑과 우정의 비결』에서 '화를 내는 다섯 가지 기술'을 가르쳐준다. 대체로 친구 사이에 말다툼이 날 때 이렇게 하라는 것이다.

첫째, 상대방을 비난함이 없이 당신의 감정만을 말하라.

둘째, 한 가지 문제만 끄집어내라. 묵은 불평거리를 꺼내지 않아도 한 번에 한 문제씩 해결하는 일은 그것만으로도 충분히 어렵다.

셋째, 상대방이 반응할 기회를 주라. 논쟁 중에 나가버리는 사람이야 말로 치사한 사람이다. 당신이 친구와 다툴 경우 당신은 그 감정을 표현 할 권리가 있다. 마찬가지로 당신 또한 계속 머물러 앉아 그 친구의 말을 귀담아 들어줄 의무가 있다.

넷째, 말다툼의 목적은 감정해소이지 상대방을 정복하려는 것이 아니다. 말을 이어가다 보면 그 과정에서 두 사람의 감정이 씻긴다. 서로의 생각을 알게 되면서 서로에게 품고 있던 악의도 씻겨 내려간다. 결국 두 사람은 사랑으로 다시 묶인다. 그런 말다툼에는 승자도 패자도 없다.

끝으로, 비판할 때는 그와 똑같은 애정을 쏟아 부어 우정에 균형을 잡 아라. 친구에게 화를 낼 때면 그와 맞먹는 양의 사랑을 표시함으로써 분노와 사랑의 균형을 맞춰야 한다.

한마디로 화내는 것도 기술이라는 말이다. 화가 나는가? 유전인자 탓만 하면 유전자에 진다. 나름대로 터득한 기술을 발휘하라. 화에 걸려 넘어지지 않도록 스스로 자신을 다스려라. 자신을 이기는 길 이외에 다른 방법은 없다.

사랑의 차 조리법
차를 가슴으로 마셔야 할 때가 있다

10日

　　　　엘리베이터 한쪽 벽에 '가슴으로 마시는 사랑의 차 조리법'
이라는 제목의 글을 보았다. 처음엔 그냥 보통 차 조리법인 줄 알았는데
자세히 보니 인간관계에 대한 교훈이 담겨 있었다. 그 내용은 재료준비에
서 차 끓이는 법, 그리고 마시는 법까지 망라되어 있었다.

　먼저 재료준비에서 세 가지 작업이 필요하다. 성냄과 불평의 뿌리는
잘라내어 잘게 다진다. 교만과 미움의 속은 빼내고 깨끗이 씻어놓는다.
그리고 짜증의 껍질을 벗기고 반으로 토막 내 넓은 마음으로 절여둔다.

　끓이는 법은 두 가지다. 주전자에 실망과 아픔을 한 컵씩 붓고 씨를 잘
빼낸 다음 불만을 넣고 푹 끓인다. 미리 준비한 재료에 인내와 기도를 많
이 첨가하여 재료가 다 녹고 쓴맛이 없어질 때까지 충분히 달인다.

　마시는 방법은 한 가지다. 기쁨과 감사로 잘 젓고 미소를 몇 개 띄운 뒤
깨끗한 마음으로 잔에 부어서 따뜻하게 마신다. 미소니 얼마나 좋은가.
그 향이 은은하고 좋을 것 같다.

　사람의 얼굴에는 80여 개 근육이 있고, 그 근육으로 7,000가지 표정을
만들 수 있다고 한다. 한 사람이 7,000가지 얼굴을 가질 수 있다는 말이
다. 그런데 일반적으로 10가지 이상 활용하는 사람이 드물다 한다. 그만
큼 우리 표정이 한정되어 있다. 경직에 무표정 일색이라면 문제가 아닐
수 없다. 사회도 그만큼 경직될 것이기 때문이다.

　얼굴은 크게 천국얼굴과 지옥얼굴로 나눈다. 그 기준은 미소다. 천국
얼굴에는 미소가 있지만 지옥얼굴에는 미소가 없다. 이미지를 연구하는
사람들은 미소를 이미지 메이킹의 첫 번째 요소로 꼽는다. 그만큼 중요하

다는 말이다.

세상 돌아가는 것을 보면 미소 지을 일이 별로 없다. 그렇다고 늘 지옥얼굴을 하며 산다면 더 처량해진다. 세상이 그렇다 해도 우리 모두 마음을 다스리며 천국을 소유할 필요가 있다. 다음은 천국미소를 가지기 위한 몇 가지 팁이다.

미소는 무엇보다 마음이 담겨 있어야 한다. 어두운 마음을 버리고, 보다 긍정적인 마인드, 다른 사람을 배려하는 마음을 가진다. 마음이 달라질 때 미소가 자연적으로 발생한다. 마음이 담긴 미소가 최고의 미소다.

이것이 안 된다면 손가락으로 입꼬리를 올려 하회탈 미소를 지어본다. 이때 입만 웃는 것이 아니라 눈도 함께 웃어야 한다. 반복 연습을 통해 그 미소를 자신의 것으로 삼는다. 눈꺼풀을 올렸다 내렸다 하면 반가워 어쩔 줄 모르는 모습으로 바뀐다. 눈이 반가워하는데 상대가 어쩌겠는가. 발성법을 통해 입꼬리 근육을 단련시킨다. 거울을 보며 "위스키", "와이키키"라 하거나 "하, 헤, 히, 호, 후"를 반복한다. 미소가 선명해지고, 얼굴 모습이 달라진다.

벤치마킹 방법도 있다. 평소 닮고 싶은 사람, 사랑하는 사람의 모습을 생각하거나 사진 속 그들의 표정을 따라 해본다. '나도 당신 같은 사람이 되고 싶어요.' 그러면 마음까지 달라지지 않겠는가.

미소 지을 마음이 전혀 없다면 억지로 하지 마라. 그냥 지옥얼굴로 지내라. 하지만 지옥생활을 벗어나고 싶을 때가 있을 것이다. 그 기회마저 차버리지 마라. 마음을 바꾸고, 미소로 반응하면 상대는 당신의 미소에 그만 넋을 잃을 것이다. "그 사람 달라졌네. 내가 잘못 본 것 아니야." 당신의 천국미소, 좋은 변화의 시작이다. 스마일 바이러스 팍팍 퍼뜨려라. 세상이 달라질 것이다.

알고 보니 '가슴으로 마시는 사랑의 차 조리법'은 이미 여러 곳에서 인용하고 널리 애송하는 구절이었다. 사람은 누구나 인간관계의 어려움을 호소한다. 오늘 아침 전철에서 팔순 할머니의 소리가 들렸다.

"사람은 같아 보이지만 다 달라요. 성격도 다르고, 생각도 다르고. 같은 줄 알았는데 다르니 화가 나고, 그래서 사람도 죽이게 되는 거예요."

사람 사는 것이 쉬워 보이지만 때로 관계가 틀어지면 속이 상하고 때로 야수가 된다. 그래서 가슴으로 마시는 사랑의 차 조리법이 나온 것이 아닐까 싶다.

혹시나 싶어 용혜원의 시 「사랑으로 마시는 커피」를 읽어보았다. 그 시엔 연인끼리 사랑을 담아 마시는 커피여서 인간관계의 아픔은 담아 있지 않았다. 물론 그런 차도 있을 것이다. 그러나 지금 인간관계로 마음이 아픈 이들에겐 언제나 가슴으로 마실 차 한 잔이 필요하다. 누구에게나 차를 가슴으로 마셔야 할 때가 있다. 하지만 그 차를 마시기가 얼마나 어려운가를 다른 사람들은 모른다. 그래서 격려가 필요하다.

해리엇 브레이커
남을 기쁘게 해주려는 것도 병이다

교수로 있으면서 학생상담실에서 오랫동안 학생들을 대상으로 상담을 해왔다. 그런데 돌이켜보면 상담을 한 시간보다 상담을 어떻게 잘할 수 있을까 준비하는 시간이 더 많았던 것 같다. 상담실에서는 거의 매 학기 상담교수를 대상으로 여러 상담 기법을 배우고 실습하는 시간을 가졌다. 그 시간을 통해 자신을 반성하고 남을 이해하는 폭이 늘게 되었다. 여러 경험을 통해 상담자의 자세를 몇 가지 돌이켜본다.

무엇보다 상담자와 내담자와의 관계가 원만해야 한다. 상담자든 내담자든 모두 인간이므로 상담도 인간관계로 출발한다. 두 사람의 마음과 마음이 서로 통하는 것이 관건이다. 서먹함을 줄이고 마음의 문을 열 수 있도록 한다. 이것을 촉진적 관계, 곧 라포르rapport 형성이라 한다. 이것이 잘 형성되면 성공이 눈앞에 보인다.

상담자는 내담자를 존중해야 한다. '내담자는 항상 옳다the client always right'는 입장에서 접근한다. 혹시라도 상담자가 권위를 내세워 지시나 충고를 하려 들거나 상담자의 말이 옳지 내담자의 말이 옳지 않다는 선입견으로 접근하면 내담자를 이해하는 정도가 떨어지고, 상담의 질도 떨어질 수밖에 없다. 있는 그대로, 그 모습 그대로 수용하면서 존중의 자세를 잃지 않는다.

사람마다 다르다는 것을 잊어서는 안 된다. 내가 가진 눈으로 상대를 봐서는 안 된다. 나무마다 성격이 다르다고 한다. 하물며 사람이랴. 겨울에 나무를 잘 손질하는 것은 얼어 죽지 않고 봄에 잎이 나고 꽃이 피도록 하는 데 목적이 있다. 상담자는 내담자의 가능성을 믿고 그에게 봄이 오도록 해야 한다.

상담을 할 땐 목표를 뚜렷이 한다. 그러나 처음부터 최종목표에 접근하려 하지 말고, 중간목표를 정해 시간을 두고 최종에 이르는 점진적 방법을 택한다. 이 과정에서 상담자와 내담자는 서로 치료적 동맹관계를 유지한다.

상담기법에 따라선 과거에 상처받은 경험을 끄집어내야 할 때가 있다. 이것은 그것을 꺼내 다시 고통을 받게 하려는 것이 아니라 굴뚝의 그을음처럼 자리한 그것들을 털어내는 데 목적이 있다. 턴다고 모두 없어지는 것은 아니다. 하지만 과거의 자기 모습으로 그 문제를 보는 것이 아니라 새로운 모습 속에서 같은 문제를 다른 눈으로 보게 한다. 그러면 생각이 달라지고 자신감이 생긴다.

상담자는 공감적 이해empathy의 태도를 취한다. 상담자의 입장이 아니라 내담자의 입장에서 문제를 똑같이 이해한다. 일반적으로 사람은 이성과 감성이 균형관계를 이루고 있다. 그러나 문제가 발생하면 이성의 폭은 좁고 감정의 홍수로 넘치게 된다. 상담자는 공감적 이해를 통해 감정의 홍수 상태에 있는 내담자의 마음에서 물을 빼 이성과 감성이 균형을 이루도록 한다. 이때 상담자는 쓰레기통이 되어야 한다. 홍수엔 물만 있는 것이 아니라 각종 쓰레기들이 함께 쓸려온다. 더러운 쓰레기가 많이 채워질수록 당신은 성공한 것이다. 이런 작업을 반복하다 보면 자연스럽게 목표에 도달한다.

상담자는 내담자의 비밀을 보장해야 하며, 다른 사람과 비교하지 않아야 한다. 계속 전문적 능력을 키우고 성실한 태도를 일관성 있게 유지한다. 상담에 만병통치약은 없다. 상담자나 내담자나 있는 그대로를 수용하며 발전해나가도록 서로 격려해준다. 오는 봄에 내담자의 가슴에 꽃이 피면 당신은 상담자로서 보람을 느낄 것이다. 그러면서 나도 자라는 것 아니겠는가.

상담하면서 종종 "왜 나는 남을 기쁘게 해주지 못하는가?" 자책하는 모습을 본다. 남을 기쁘게 해준다면 칭찬을 받을 것이라 생각하기 때문이다. 그런데 해리엇 브레이커 Harriet B. Braiker는 이것도 병이라 한다. 이름 하여 '남을 기쁘게 해주기 병 disease to please'이다. 무엇이 잘못된 것일까?

우선 남을 기쁘게 한다는 것은 달콤한 말로 들리지만 실제 그것은 심각한 심리적 장애이다. 호감을 사려는 당신의 마음속에 부정적인 감정에 대한 짙은 두려움이 숨어 있다. 현실적인 인간이 아니라 호인이 되려 할수록 끝없는 의심과 불안, 그리고 사라지지 않는 두려움에 사로잡힌다. 대가를 치르더라도 남을 기쁘게 해주려는 위험한 사이클을 멈추지 않는다면 에너지는 고갈될 것이고, 결국 모든 것을 포기하기에 이를 수도 있다.

브레이커에 따르면 이 병은 모든 사람이 자신을 좋아하게 만들어야 한다는 조바심에서 비롯된다. 이런 사람은 자신의 욕구보다 다른 사람의 욕구를 먼저 생각하고, 그들을 위해 얼마나 많은 것을 할 수 있느냐를 자신의 정체성으로 삼는다. 사람들의 호감을 얻어야만 거부당하거나 홀대받지 않게 될 것이라 생각하기 때문이다.

자신을 희생시켜서라도 다른 사람의 욕구를 채워주려면 그만큼 희생이 따른다. 일을 더 많이 하려 든 만큼 스트레스는 쌓이고 병은 깊어진다. 상대방의 부탁도 거절하지 못하고, 그 어떤 일도 남에게 맡기려 들지 않는다. 그의 어깨엔 책임만 무겁게 지어져 있다. 다른 사람과의 관계에서 충돌할 가능성만 있어도 불안해진다.

문제는 사고방식에 있기 때문에 생각을 고쳐야 한다. 그런 생각이 습관이 되었다면 이 자멸적인 습관을 고쳐야 한다. '아니오'라고 말할 수 있어야 하고, 충돌이나 대결도 두려워하지 않으며, 분노도 적절히 처리하는 법을 배워야 한다. 남을 기쁘게 해주려는 병에서 벗어나지 못하면 당신을 지배해온 사람들의 통제권에서 벗어날 수 없다.

사랑하는 사람이나 좋아하는 사람을 보면 기쁘게 해주고 싶다. 남을 기쁘게 해주는 일이 결코 나쁜 일은 아니다. 남을 돕는다는데 나쁠 수가 없다. 하지만 그것도 지나치면 병이 된다. 목적이 호감을 사기 위한 것이라면 문제는 더 크다. 얼굴은 웃고 있지만 속은 속이 아니라면 다시 생각해야 한다. 스스로 당신을 해치고 있기 때문이다. 당신은 남이 아니라 당신 자신이다. 자연스럽게 자신을 표현하며 살라. 작은 호감을 얻기 위해 자신을 비굴에 빠뜨리지 마라.

12 윤익태
타고난 성격으로 승부하라

사람은 모두 같아 보인다. 그러나 얼굴 모습, 행동 하나하나가 다르듯 그 성격도 다르다. 존스L. B. Jones는 인간의 성격을 크게 흙, 물, 바람, 불로 구분한다.

흙은 대지처럼 안정성이 있다. 그러나 고집이 강하다. 누가 지각이라도 하면 "당신 지각이야", "그러면 안 돼" 말한다.

물은 생명력이 있고 유연성이 강하다. 그러나 느리고 조심스럽다. "다 같이 잘 지냈으면 좋겠다"는 말을 잘한다. 하지만 한 번 화나면 무섭다. 한 번의 대홍수로 세상을 멸망시킬 수 있다.

바람은 자발성이 있고 에너지 역할을 한다. "서둘러야 해", "다음 주제는 뭐지"가 바람이 자주 사용하는 말이다. 그러나 휴식이 없고 충동적이다. 바람은 변화가 심해서 말을 잘 걸러서 이해해야 한다.

불은 열정적이다. 불은 "걱정 마", "내가 책임질게"라는 말을 자주 사용한다. 너무 빠른 것이 문제다. 열정적이어서 이런 사람들 가운데서 리더가 많이 나온다.

팀 빌딩을 할 때나 회의를 할 때 책임자는 사람들의 이 같은 성격을 잘 이해하고 조정하는 작업이 필요하다. 특히 물과 불이 섞일 때 조심할 필요가 있다. 물은 불의 열정을 단숨에 꺼버릴 수 있기 때문이다. 나아가 경영자는 기질과 성격에 맞춰 업무를 부여할 필요가 있다.

성격은 여러 가지로 구분된다. 하지만 인간은 대부분 그 성격들을 골고루 가지고 있다. 예를 들어 외향성이라 해도 내향성이 없는 것이 아니다. 내향성보다 외향성이 다소 많다는 것이다. 조사에 따르면 약 8%의 사람들의 경우 특정 부분이 더 두드러지게 나타난다고 한다. 이런 경우 그 성격이 크게 드러날 수 있다.

특정인을 두고 흔히 "저 사람 물불을 안 가린다"고 말한다. 이 경우 매우 저돌적이라는 말인데 이때 이 사람의 성격은 어떤 것일까. 물일까? 불일까? 둘 다 일까? 아니면 이도 저도 아닐까? 진정 성격이 무엇인지 궁금해진다.

윤익태는 경영학을 공부하고 외국계 회사에서 세계 탑 세일즈상을 수상하는 등 20여 년간 성공한 직장인의 모델이었다. 어느 순간 삶에 회의가 찾아왔다. 이를 풀기 위해 모든 것을 그만둔 채 신학을 공부하고, 신도수련을 하며, 불가에 귀의하고자 시도도 했다.

그러던 중 그는 정신분석학자 데이비드 호킨스의 '의식수준level of human consciousness'을 만나 의식수준이 높을수록 무한한 능력과 힘을 발휘할 수 있다는 것을 알았다. 그리고 에니어그램Enneagram을 만나 똑같은 의식수준에 있다 하더라도 타고난 유형에 따라 표현되는 모습은 천양지차로 다를 수 있다는 것을 알았다.

이 두 가지의 만남을 통해 그는 일과 인간관계, 회사경영, 정치, 사회, 경제 등 여러 분야에서 활용할 수 있는 한국형 에니어그램을 완성하고, 아홉 가지 삶의 모델로 아하 프로그램을 만들었다. 그리고 여러 경험과 사례를 모아 『타고난 성격으로 승부하라』라는 책을 내놓았다.

그는 이 책에서 내가 다른 사람과 어떻게 다른가, 나만의 타고난 유형과 특징은 무엇인가, 곧 나는 누구인가를 발견하는 데 초점을 맞추었다. 이 글을 읽으면 평소 미워하거나 좋아했던 사람들이 어떤 유형인지, 무엇 때문에 갈등이 생기는지 알 수 있다. 나아가 갈등으로 고민하는 사람들에게 어떻게 서로 속마음과 겉마음을 이해하고 공감할 수 있는지도 알게 된다.

그의 글에서 주목을 받는 것은 사람들은 자신이 중요하다고 생각하는 가치를 얻기 위해 소중한 시간과 에너지를 투자하는데, 그 사람이 어떤 것에 가치를 두는가는 타고난 유형에 따라 달라진다는 것이었다. 그는 사람이 에너지를 쓰는 종류와 방식에 따라 크게 아랫배 부근의 에너지를 주로 쓰는 장형body-centered type, 가슴의 에너지를 쓰는 가슴형heart-centered type, 그리고 머리의 지식 에너지를 쓰는 머리형brain-centered type으로 구분했다.

장형은 솔직 과감한 행동파들이다. 이들의 관심은 자신이 갖고 있는 힘과 존재의 무게감 자체에 있다. 강한 추진력과 힘이 있고, 자기 영역 안에 있는 모든 것을 지배하려는 욕구가 크고, 의지대로 되지 않을 때 분노한다. 이들은 현재가 중요하다. 한 달 뒤 100만 원보다 오늘의 1만 원을 위해 노력한다.

가슴형은 사교적인 인간관계의 달인이다. 이들의 관심사는 타인과의 관계에 있다. 감성이 풍부하고 타인에 공감하며 다른 사람이 자기를 어떻게 생각할지에 관심이 많다. 인정받고 싶은 욕구가 크고, 인정받지 못할 때 수치심을 느낀다. 과거 지향적이어서 과거의 인물이나 사건을 생각하며 그리워하거나 창피해하는 성향이 있다.

머리형은 이성적이고 논리적이며 학구파들이다. 이들의 관심은 전반적인 상황과 정보이다. 이들은 간단명료한 화법을 좋아하며 과장되거나 장황한 말투를 싫어한다. 매사에 이성적으로 대응하기 위해 자신이나 조직이 처한 상황이 어떻게 돌아가는지 전체적으로 파악하고 싶어 한다. 습득한 정보와 지식 속에서 존재가치를 느낀다. 안정과 안전에 대한 욕구가 커 잘 모르는 상황에서는 불안과 초조함을 느낀다. 현재보다 미래 지향적이어서 불확실한 미래에 대비하고자 한다.

그의 글을 읽어보면 사람이 다 같지 않다는 것을 새삼 느낄 수 있다. 그것은 타고난 것일 수도 있고, 후천적 요인일 수도 있다. 이 유형 이외에도 통합적인 것도 있다. 중요한 것은 나 자신뿐 아니라 상대가 어떤 사람인가를 잘 파악하고, 조율해나가는 것이다. 우리는 자신에 대해 잘 알고 있다 착각할 때가 많다. 그러나 의외로 자신도 모르는 부분이 많다. 착각의 늪에서 빠져나와 나와 이웃을 정확히 파악하라. 그러면 행복도, 관계도 가까워질 것이다.

공자
수시로 유혹에 무너지면 불혹이 아니다

사람은 누구나 몸속에 DNA를 가지고 있다. 이것은 자기를 입증하는 일종의 생체 인자이다. 그 DNA 길이는 무려 120조m나 된다고 한다. 어느 것이 이보다 길까 싶다.

DNA의 정식 이름은 디옥시리보 핵산Deoxyribonucleic acid이다. 세포 내에서 생물의 유전 정보를 보관한다. 정보는 장기간에 걸쳐 저장되며, 이중나선 구조를 이루고 있고, 체세포 내에 DNA가 있어 인간복제도 가능하다.

과학자들에 따르면 인간복제는 개복제보다 쉽다. 그럼에도 인간을 복제하지 않는 이유는 윤리 때문이다. 유전자 복제 문제를 특집으로 다룬 독일 ≪슈피겔≫지는 이제 인간복제 기술은 아인슈타인이나 히틀러 같은 역사적 인물 등 모든 사람의 복제를 가능케 할 것이라고 말했다. 인간복제가 허락되면 세상이 어떻게 바뀔지 가늠하기 어렵다.

DNA는 1869년 스위스의 프리드리히 미셔Friedrich Miescher에 의해 발견되었다. 세포의 핵nucleus 안에서 발견되어 뉴클레인nuclein이라 불렀다. 1943년 오즈월드 에이버리Oswald Avery는 DNA가 유전 정보를 보관하는 물질일 것으로 추정했고, 이 추정은 1952년 허쉬와 체이스 실험을 통해 사실로 확인되었다. 그 후 DNA 구조도 밝혀졌다. DNA의 발견은 역사적으로 획기적이었다. 오늘날 생명공학의 발전은 이 발견에 힘입은 바 크다.

사람은 누구나 각자 독특한 DNA 구조를 가지고 있다. DNA 구조만 알면 그 사람이 어떤 성향을 가지고 있고, 어떤 병을 가지고 있으며, 어떤 삶을 사는지 알 수 있다고 한다. 심지어 오래 살 것인지 그 여부도 안다고 한다. 놀라운 일이 아닐 수 없다.

DNA가 크게 영향을 준 곳은 의외로 범죄학이다. DNA를 통해 흉악범 성향을 가졌는지 파악할 수 있기 때문이다. 신은 없다고 주장한 옥스퍼드대 교수 리처드 도킨스는 『이기적 유전자』를 통해 "이젠 범죄자가 아니라 그의 유전자를 벌하라"고 주장했다. 고장이 난 자동차를 탓하지 않고 부품을 살피듯 범죄자 자체의 결격 대신 그의 생리, 유전, 환경적 요인의 결함을 따져야 한다는 것이다. 그는 개량_{유전적 조작}을 통해 운동학적·음악적 재능을 발전 또는 번식시키지 못할 이유가 있느냐며 60년 넘게 히틀러의 망령에 갇힌 사고를 비판했다. 그렇다면 유전자 처벌법은 어떻게 만들어야 하나? 고민이다.

우리는 곧잘 '죄는 미워하되 사람은 미워하지 말자' 한다. 참 좋은 말이다. 그런데 DNA로 인해 이 말은 '범죄로 이끄는 유전자를 미워하되 사람은 미워하지 말자'는 도킨스의 주장과 이웃사촌이 되었다. 죄의 원인을 상황에 돌린 상황주의자도 마찬가지다. 이런 주장에 따르면 처벌받아야 할 사람은 아무도 없다. 죄는 있고, 죄인은 없기 때문이다.

불혹이니 지천명이니 나이에 따라 부르는 말이 있다. 이것은 공자가 자신의 수양과정에 비추어 나이에 따라 어떻게 변화했는가를 말한 것이다. 이것을 살펴보면 각 나이대에 갖춰야 할 특성이 있음을 알 수 있다.

15세는 지학_{志學}이다. 학문에 뜻을 두는 나이란 말이다. 이 나이에 얼마나 놀고 싶겠는가. 하지만 배우지 않으면 안 된다. 공자는 불우함 속에서도 이 나이에 학문에 뜻을 두고 정진했다.

30세는 이립_{而立}이다. 육체·정신 모두 어른이 되어서 자신의 입장을 밝힐 수 있고, 독립할 수 있는 나이다. 이 말은 공자가 이 나이에 배움과 인생에 대해 자신감을 갖게 된 데서 나온 것이다.

40세는 불혹_{不惑}이다. 흔들림이 없다. 우왕좌왕하거나 이랬다저랬다 하지 않는다. 돈이든, 명예든, 이성이든 그 무엇이 유혹한다고 해서 쉽게 넘어가지 않는다. 공자가 이 나이에 각종 유혹에 빠지지 않도록 삼가 조심하고 조심한 데서 나온 말이다. 이 나이에도 수시로 유혹에 무너지면 불혹이 아니다.

50세는 지천명 知天命이다. 천명, 곧 하늘의 뜻까지 알 정도가 되었다는 말이다. 공자는 이 나이에 정치에 참여해 인덕 仁德 정치를 했는데, 자신은 이것이 하늘의 명이었다고 생각했다.

60세는 이순 耳順이다. 남의 말을 순순히 들을 수 있을 만큼 귀가 순해질 나이라는 말이다. 상대방으로부터 섭섭하고 불쾌한 말을 들어도 젊었을 때처럼 화를 내거나 섭섭해하지 않고 그 사람의 입장에 서서 너그럽게 이해하며 받아들인다.

70세는 종심소원불유거 從心所願不踰矩다. 마음이 하고자 하는 대로 해도 법도를 넘지 않는다. 그만큼 자신을 잘 다스렸다는 말이다.

그 밖에 61세 환갑 또는 회갑, 62세 진갑, 70세 고희, 71세 망팔, 77세 희수, 80세 산수, 88세 미수, 91세 망백, 99세 백수, 100세 상수나 기이지수 등 여러 부름말이 있다. 이것은 주로 생년월일과 연관되어 있어 불혹이나 지천명이라 할 때와는 성격이 다르다.

고정애는 불혹, 지천명, 이순, 종심이라 할 때 그 연령대에 이르면 대충 그렇게 되는 줄 알았는데 외려 정반대의 경우가 많다고 했다. 불혹이어야 할 40대인데 수시로 유혹에 무너지고, 50대에도 하늘의 뜻은커녕 땅의 뜻도 모르며, 60대인데도 웬만한 말은 다 귀에 거슬린다. 70대에도 마음 가는 대로 하다 법도에 어긋난다. 한마디로 이 경지에 드는 것이 쉽지 않다는 말이다.

그는 말한다. "그것은 오로지 공자이기에 가능했던 것 아닐까?"

DNA가 문제가 아니다. 세상 돌아가는 것을 보면서 얼마나 마음이 상했으면 이 말을 했을까 싶다. 우리가 공자를 쉽게 따르려 한 것은 아닐까. 우리 모두 마음을 다잡고 새로 시작해야겠다.

14강 나르시스와 동일시
어린 잠에서 깨어나라

　　나르시스는 요정 리리오페의 아들이다. 숲의 요정 에코Echo
도 그를 사랑했지만 전혀 관심을 두지 않았다. 그의 사랑을 얻지 못한 에
코는 야위어가다 결국 메아리로 남게 되었다. 나르시스는 어느 날 산에서
사냥을 하던 중 목을 축이러 샘가로 다가갔다가 그곳에서 물에 비친 자신
의 모습에 반해 사랑에 빠지고 만다. 저런, 자기도 모르다니. 손을 뻗어
샘 속의 자신을 잡으려 하면 물결이 일어 물속의 자신은 사라지곤 했다.
그는 물속에 비친 자신을 떠날 수 없었다. 그는 그곳에서 하염없이 자신
을 바라보다 탈진해 죽고 만다. 신화는 때로 바보 같다. 하지만 어찌 신화
탓을 하겠는가. 사람이 그럴 수 있다는 것을 비유적으로 보여주는 것인데.

　　자신이 잘났다는 생각에 은근히 상대를 무시하거나, 자신의 경험만이
최고인 것으로 착각하고 남을 얕보는 사람을 이따금 볼 수 있다. 이런 사
람이 바로 현대판 나르시스다. 나르시시즘은 지나친 자기애로 왕자병이나
공주병에 들게 한다. 나르시스에겐 진실한 인간관계가 허락되지 않는다.

　　프로이트는 나르시스의 이 같은 자기애narcissistic self-love가 집단에도 있
다고 한다. 이 심리에는 특별히 감정의 모호성ambivalence of feeling이 작용한
다. 이것은 사랑의 감정과 증오의 감정이 함께 있는 것을 말한다. 대표적
인 예로 쇼펜하우어가 말하는 '꽁꽁 얼어 있는 고슴도치'가 있다. 추위 때
문에 서로 접근하고 싶어도 가시가 있어 서로 찔리기 때문에 가깝게 접근
하기 어렵다. 이런 상황은 서로 자기 집안이 우월하다고 생각하는 부부에
게서 나타난다. 부부는 서로 사랑한다. 하지만 공격받으면 언제든 전투
모드로 바뀔 수 있다. 자기 집안에 대한 애착이 강하기 때문이다.

집단의 자기애는 집 안에만 있는 것이 아니다. 마을 · 지방 · 나라에서도 일어난다. 이웃마을은 가까운 존재다. 그러나 경쟁관계에 들어서면 증오의 대상이 된다. 한 나라 안의 지방 사이에서도 이 현상이 나타난다. 남부 독일과 북부 독일, 잉글랜드와 스코틀랜드. 우리나라도 예외가 아니다. 이웃나라도 마찬가지다. 스페인과 포르투갈, 한국과 일본은 왜 앙숙일까. 소속지역에 대한 특이한 애착이다. 나르시스의 특징은 상대에 대한 불관용intolerance이다. 자기애가 강할수록 상대는 용납되지 않는다.

그런데 프로이트는 이 문제가 리비도적 연결libidinal ties을 통해 달라질 수 있다고 한다. 리비도는 사랑과 관계되는 본능의 힘을 말한다. 사람은 성적 본능을 가지고 있어 소속이 달라도 사랑의 감정을 느낄 수 있다. 사랑엔 국경이 없다. 사랑의 불꽃이 튈수록 리비도 연결은 단단해진다. 리비도로 강하게 연결되면 나르시시즘은 약화되고 자기를 다른 성원에 동화시킬 수 있게 된다는 것이다.

가끔 마을과 마을, 나라와 나라, 지방과 지방이 서로 관용을 보이지 않고 대척할 때 이따금 서로 통혼을 하면 문제가 해결될 수 있지 않을까 하는 생각이 들 때가 있다. 프로이트적 발상인가. 하지만 수를 늘리기 위해 강제적으로 결혼시킬 수는 없는 노릇이고, 로미오와 줄리엣 같은 비운이 늘어난다면 난감한 일이다.

개인이든 집단이든 나르시스는 기본적으로 자기밖에 모른다는 점에 문제가 있다. 그러므로 우물 안 개구리가 되지 않는 것이 더 근본적인 해결책이 될 것이다. 나르시스여, 제발 밖과 소통하고, 자신을 알아가라. 자기애에 빠진 네 모습, 결코 예쁘지 않아.

또 한 가지 더 생각할 것이 있다. 동일시identification다. 친구의 지위가 올라가면 '그 사람 내 친구야' 하며 동일시한다. 그러곤 마치 같은 인물인

양 행세한다. 친구야 될 수 있겠지만 어찌 같을 수 있겠는가. 사람들은 분별력이 없다며 뒤에서 수군댄다. 집안 자랑, 학교 자랑, 회사 자랑, 아내 자랑, 자식 자랑 등 사람들이 늘 해대는 자랑에도 동일시 모습이 숨어 있다. 나 그런 사람이니 괄시하지 말라는 말이다. 그런데 기대와는 달리 사람들은 그를 가리켜 팔불출이라 한다. 생각은 아직도 어리다는 말이다.

동일시는 대상과의 감정적 유대의 원초적 형태다. 정신분석에 따르면 대상이 자아 속으로 투입됨으로써 대상과의 리비도적 유대를 대치한다. 성적 본능이 아닌 어떤 공통 자질, 특히 지도자에 대해 동일시가 발생한다.

동일시의 대표적 형태로 오이디푸스 콤플렉스Oedipus complex와 엘렉트라 콤플렉스Electra complex가 있다. 모두 희랍의 비극적 신화에서 나온 것이다. 오이디푸스 콤플렉스는 주로 남자 아이가 갖게 되고, 엘렉트라 콤플렉스는 여자 아이가 갖게 된다.

남자 아이가 아버지를 이상으로 생각해 아버지를 닮는다. 그리고 아버지 자리를 대신할 수 있기를 바란다. 동일시다. 그런데 그게 어디 쉬운 일인가. 오이디푸스는 테베 왕 라이오스Laius와 왕비 이오카스테Iocaste 사이에 태어났다. 자기도 모르는 사이에 아버지를 죽이고 어머니와 결혼하게 된다. 의식으로는 설명하기 어려운 무의식적 행위다. 후에 그 사실을 알고 그는 자기 두 눈을 빼버리고, 왕비는 자살한다. 혹시 어릴 때 "난 커서 어머니와 결혼할 거야"라고 말한 적이 있는가. 그건 어릴 때만 할 수 있는 말이다. 어리니까. 하지만 커서도 그런 말을 하면 이상한 녀석이라 생각한다. 어릴 때 어머니라는 특정 대상에 집중object cathexis하며 애착을 갖는 것, 그럼으로써 자신은 아버지 못지않은 어른이 될 것이라는 생각은 동일시의 초기형태다. 어른이 되면 그 상태에서 벗어나야 한다. 그런데도 벗어나지 못하고 있다면 아직도 콤플렉스, 곧 아동기 상태에서 벗어나지 못했다는 말이다.

여자아이도 마찬가지다. 딸도 어릴 때 "난 아빠와 결혼할 거야" 한다. 아버지를 대상으로 사랑을 표시한다. 엄마 화장품 훔쳐 남몰래 화장하고, 엄마 대신 열심히 아빠를 기다린다. 어머니를 대신하고 싶은 무의식 욕망이 자리하고 있다. 어리니까 이쯤이야 이해해줄 수 있다. 그러나 시집갈 나이가 되어서도 이런 상태라면 아이 때의 콤플렉스에서 벗어나지 못한 것이다.

성인이 되어서는 두 콤플렉스 모두 극복되어야 할 대상이다. 그런데도 종종 여러 병적 현상으로 그 모습을 드러낸다. 심리적 감염, 감정이입, 우울증 등이 대표적이다. 심리적 감염은 동일한 감정으로의 열림이다. 비밀 연애를 할 때 다른 사람으로 하여금 질투심을 일으키는 편지를 쓰는 것을 들 수 있다. 감정이입은 대상을 이해하기 위해 일시적이나마 의식적으로 대상과 동일시하는 것을 말한다. 일반적으로 좋은 의미로 사용되지만 고양이를 잃은 아이가 자기가 고양이라 하며 자꾸만 고양이 행세를 한다면 그것은 병적이다. 우울증은 자인한 자기경멸이다. 분열된 자아 중 그 하나가 다른 하나에 분노를 나타내는 것이다. 이 모두 극복되어야 할 변형된 콤플렉스 모습들이다.

동일시가 다 나쁜 것은 아니다. 특정 인물이나 특정 집단과 동일시함으로써 보다 나은 성취를 꿈꿀 수 있게 하기도 한다. 그러나 콤플렉스나 병적 현상으로 연결되면 문제를 일으킨다. 어른이라면 유아적 동일시에서 빨리 벗어나라. 어른이 되어서도 아동기 사고에 머물러 이상행동을 한다면, 아직도 나르시스를 벗어나지 못한다면 당신은 아직 어른이 아니다. 어린 잠에서 깨어나라.

15 토스카니니
나는 폭군이로소이다

　　아르투로 토스카니니는 푸치니의 〈라보엠〉, 레온카발로의 〈팔리아치〉 등 걸작 오페라를 초연한 이탈리아의 대표적 지휘자이다. 마에스트로다. 그러나 그는 폭군으로 악명이 높다.

　리허설이 있던 어느 날 오케스트라 단원 하나가 독주 대목을 마치자마자 그는 그 단원을 향해 몇 년 몇 월 며칠에 태어났는지 물었다. 생년월일을 확인한 그는 단원 모두가 듣는 자리에서 큰 소리로 외쳤다.

　"그날이야말로 음악에는 재난의 날이었어! 자, 그러면 처음부터 다시."

　그 단원은 얼마나 상처받고 화가 났을까. 그뿐 아니다. 제2바이올린 주자의 연주가 마음에 들지 않자 지휘봉으로 단원의 활을 내리쳤다. 활이 부러지면서 반동으로 튀어 올라 단원의 이마에 상처까지 남겼다. 이때 단원은 소리쳤다.

　"당신은 마에스트로가 아니라 깡패요!"

　이 사건은 소송으로 번졌고, 토스카니니는 연주자의 치료비를 물어주어야 했다. 사건은 이것으로 그치지 않았다. 박자가 느린 성악가들을 향해 고함을 질렀다.

　"돼지들!"

　이쯤 되면 리더십이 아니라 근본적으로 자질에 문제가 있다. 오케스트라 지휘자라면 달라야 했다. 단원의 연주가 마음에 안 들 수 있다. 하지만 조금만 표현을 자제했어도 이렇듯 나쁜 사례로 남진 않았을 것이다.

　어디 그뿐이랴. 우리 주변엔 가끔 혹독한 언어로 상대의 마음을 아프게 하는 사람들이 있다. 이미 지울 수 없는 상처를 내놓고선 말한다. "난

뒤끝이 없는 사람이야." 세상에 그런 사람이 어디 있는가. 그러면서도 누군가 자기에게 조금이라도 상처 주는 말을 하면 되레 큰소리친다. "다시는 당신 안 봐." 폭군이 따로 없다.

폭군도 자신을 폭군이라 말하지 않는다. 로마를 불 지른 폭군 네로도 '나는 로마를 사랑한다'며 눈물지었다. 말이 되지 않는다. 그러나 사람들은 안다. 그가 폭군인 것을. 지위만 높을 것이 아니라 말도 성숙해야 한다. 폭군에게 카리스마가 있다고 하지 않는다.

그리고 절대로 잊어선 안 되는 사실이 있다. 나 자신을 포함해서 누구에게나 폭군 기질이 있다는 것이다. 상대가 다르거나 아직 드러나지 않았을 뿐이다. 그러니 토스카니니도 할 말이 생겼다. "나만 매도하지 마." 매사 조심, 또 조심할 일이다.

전통문화행사 전문대행사 '한국의 장場' 대표 안희재가 정조 효 문화제에서 조선 왕세자 교육 체험 프로그램을 진행하였다. 그는 ≪중앙일보≫와의 인터뷰에서 조선시대 왕세자 교육이 오늘날에도 필요하다고 주장했다.

그에 따르면 왕세자의 주업은 공부였다. 하늘의 기운이 열리는 새벽 4, 5시쯤 일어나 식전 아침공부부터 밤공부까지 하루 네다섯 차례 공부시간이 이어진다. 학습량도 대단하다. 세 살이 되면『천자문』과『동몽선습』, 『격몽요결』을 배우고, 일곱 살 정도가 되면『대학』,『중용』,『논어』등 유교 경전을 읽는다.

그런데 그가 말하는 것 가운데 흥미를 끈 것은 집중력을 키우기 위한 숨 참기 훈련이었다. 세자에게 아침마다 대야에 얼굴을 잠수하게 하고, 옆에서 내관이나 상궁이 수를 세었다. 6세의 원자가 120초 정도 숨을 멈추었다는 기록도 있다고 한다. 왜 숨 참기 훈련을 할까? 활 쏠 때 고도의 집중력을 요하는 순간 숨을 멈추듯 공부에 집중하기 위한 것이다.

120초가 얼마나 대단한 것일까? MBN 〈천기누설〉 프로그램에서 MC 유상무가 해녀들에게 폐활량 도전장을 냈다. 그는 해녀들의 잠수실력을 가볍게 여기고 "대충 1분 정도 참으면 되지 않겠느냐"며 물통 속에 얼굴을 집어넣었다. 그러나 그의 숨 참기 기록은 고작 11초였다. 물속에서 숨을 참고 오래 버티다 죽을 수도 있다. 2009년 7월 영국의 15세 소년 레이스 모건은 에식스 브렌트우드의 수영장에서 자신의 숨 참기 기록을 깨고자 물속에 들어갔다가 의식을 잃었고, 결국 숨지고 말았다.

영국 왕실에서는 소변 참기 훈련을 한다. 왕실 행사가 진행될 때 왕세자가 변소에 자주 들락거리는 것은 왕가의 위엄을 깎아내리는 것으로 본 것이다. 몇 시간 참아내는 것은 보통이다. 하지만 소변 참기는 생각보다 쉽지 않다.

숨 참기, 소변 참기. 동서양을 막론하고 왕가의 집중력과 인내력을 키우는 방법도 색다르다. 하지만 현대 의사들은 그 방법에 완전 동의하지 않을 것 같다. 자연적 생리를 거스른 무모함 때문이다. 다른 방법은 없을까. 있다 해도 결코 쉽지는 않을 것이다. 참는 것이 쉬운 것이라면 훈련이 필요하지 않을 것이다. 폭군이 되지 않으려면 매사에 참으라. 왕이 되는 길이다.

16日 아난다파
누구에게나 보지 못하는 면이 있다

세계 유머 콘테스트에서 2위에 선정된 것으로 '셜록 홈스 Sherlock Holmes와 왓슨 박사Dr. Watson의 이야기'가 있다. 영국 블랙풀Blackpool에 사는 아난다파Geoff Anandappa의 작품이다.

셜록 홈스와 왓슨 박사가 캠프를 하고 있었다. 두 사람은 별이 총총한 하늘 아래 텐트를 치고 자고 있었다. 아직 어두운데도 홈스가 왓슨을 깨웠다.

"왓슨, 위를 보고 무엇이 보이는지 말해줄 수 있겠나?"

왓슨은 하늘을 보며 소리쳤다.

"홈스, 아주 아주 많은 별이 보이는데."

"그것을 보고 무슨 생각이 드나?"

왓슨이 대답했다.

"천문학적으로 말하면 이 대우주에는 수백만의 은하와 수십억의 행성이 있지. 점성학적으로 말하면 토성이 사자좌에 들어 있고. 시간으로 말하면 지금은 아마 오전 3시 15분일 거야. 신학적으로 말하면 신은 전능하고 우리는 먼지만도 못하지. 기상학적으로 보면 내일은 날씨가 좋을 것 같아. 홈스, 당신은 무슨 생각해?"

홈스가 소리쳤다.

"자네, 바보 아냐! 우리 지금 텐트 도둑맞았잖아!"

여러모로 박식한 왓슨 박사와 명탐정 홈스, 그들은 서로 보는 눈이 다르다. 이 조크를 보면 왓슨 박사의 말은 논리상 맞다. 그러나 그는 자기들의 텐트가 도둑맞았다는 사실을 전혀 인식하지 못했다. 하늘을 바라보며 해박한 지식을 쏟아냈지만 홈스의 눈으로 볼 땐 결국 바보일 수밖에 없다. 박사님이 순간 바보가 되었으니 전환도 보통 전환이 아니다.

우리도 자기주장을 하고, 의견도 제시하고 산다. 그런데 어떤 때는 고집스럽게 자기 생각만 펴고, 남들의 생각에 눈을 돌리지 못하는 수가 있다. 조금만 생각을 바꾸면 보일 터인데 그것을 보지 못한다. 누가 왓슨을 비난할 수 있을까? 별을 보면 누구나 그런 말을 하게 될 것이다. 아니, 그의 해박함에 경의를 표할 수밖에 없다.

하지만 이 조크는 우리에게 유념할 일이 하나 더 있다는 것을 가르쳐준다. 아무리 해박하고, 합리적이라 해도 내 생각이 전부가 아니라는 것이다. 다른 사람의 생각이 나의 생각보다 오히려 더 크고 중요할 수 있다. 그러니 이젠 남의 생각에도 크게 귀를 기울이자. "내 말도 맞잖아." 누가 틀리다고 했나. 상황 파악을 못 하면 결국 바보 소리 듣는다. 누구에게나 보지 못하는 면이 있다는 것을 인정하며 살자. 내가 보지 못하는 것을 남이 보완해주니 진정 감사한 일 아닌가.

친구들이 자리를 같이했다. 대선이 끝난 뒤라 자연스럽게 선거 뒷이야기가 무성했다. 선거의 과정에서 양 진영 사이에 오간 네거티브 전략들, 미디어에서 정치평론가들이 들려준 각종 이야기가 도마에 올랐다.

대화 중에 지금도 잊히지 않는 것은 "사람은 자기가 듣고 싶은 것만 듣는다"는 한 친구의 말이었다. 아무리 정보가 많고 말이 무성해도 자기가 듣고 싶은 말이 나오면 "그렇지, 바로 그거야" 하며 자기 생각을 더 굳힌다는 것이다. 특정 후보를 마음에 둔 사람은 아무리 그에 대해 다른 말이 나와도 귀를 닫고, 그 후보에 유리한 말만 골라 자기의 선택을 정당화한다. 사람은 보고 싶은 것만 보고, 듣고 싶은 것만 듣는다는 말이 틀리지 않는다.

이런 현상을 지각심리학에서는 '선택적 지각selective perception'이라 한다. 심리학자들은 이미 사람들의 이 심리를 파악했다. 이 현상은 자신이 겪는 일을 자신에게 유리한 쪽으로 해석하려는 인간의 심리에 바탕을 두고 있다. 그렇게 하는 것이 편하기 때문이다.

우리는 아침에 일어나서 저녁에 잠들 때까지 수없이 많은 정보를 만난다. 이것을 우리 뇌가 다 소화할 수 없다. 뇌는 선택적 지각을 통해 정보를 고른다. 패션디자이너는 옷에 대한 정보에 민감할 것이다. 입수된 정보는 이미 내재된 정보와 비교 분석의 과정을 거친다. 이때 개인적으로 용납할 수 없거나 갈등을 일으키는 사건이나 자극에 대해선 인식을 거부한다. 이를 지각적 방어perceptual defense라 한다. 불쾌한 정보와 자극으로부터 자신을 보호하려는 것이다. 자신에 대한 비판이나 충고의 말을 애써 외면하려는 것도 마찬가지다.

기업이나 선거 홍보 전문가들은 사람들의 선택적 지각 심리를 통해 소비자를 고객으로 만들고, 유권자들을 지지자로 만드는 데 열중한다. 그러나 일상적인 대화나 인간관계에서 선택적 지각이나 지각적 방어는 나쁘게 작용하기 일쑤다. 듣고 싶은 것에는 열심히 귀를 열면서도 듣고 싶지 않은 것에는 귀를 닫아버린다면 어떻게 대화가 가능하겠는가.

우리 사회는 양분되어 있다고 말한다. 물질적인 양극화보다 커뮤니케이션의 양극화가 더 심하다. 양쪽이 상대에 대해 이런 태도를 고집하는 한 경청은 없고 불행만 남는다. 오늘도 내가 듣고 싶은 것만 듣고 자신을 합리화하기 급급한가. 이젠 나 자신의 보호보다 상대의 말에 귀를 기울여야 한다. 열린사회는 그저 열리지 않는다. 먼저 마음을 열고 불편한 말도 새겨들을 수 있어야 한다.

17日 억지와 떼
억지가 사람을 죽인다

지금은 언제쯤인지 기억조차 나지 않지만 어떤 분이 TV에 출연해서 인디언 문화가 우리 문화와 연관이 깊다는 취지에서 여러 말을 했다. 지금도 잊히지 않는 것은 네바다 주에 관한 그의 해석이었다. 네바다는 말 그대로 그 지역에 네 개의 바다가 있어 유래된 것이라며 네 개의 바다론을 폈다.

들으면서 지금 우리가 사용하는 단어들이 그때와 꼭 같을까 싶었지만 그의 논지가 하도 강해 그런가 싶었다. 그런데 네바다에 관한 유래가 최근 풀렸다. 미국 지명에 스페인어가 많은데 그중에 하나가 네바다이다. 윤희영에 따르면 네바다 주의 네바다Nevada는 네 개의 바다와는 전혀 상관이 없는 '눈이 내리다'라는 스페인어 동사 'nevar'에서 나왔다. 네바다는 nevar의 과거분사형인 'nevado(눈에 뒤덮인)'에 여성형 어미 'a'가 붙은 것이다. 이 사실을 알고 보니 그토록 억지를 부렸던 그 옛날 그 사람이 자꾸만 생각이 났다.

히틀러 당시 독일 사람들은 그가 주장하는 것을 처음부터 신봉한 것은 아니었다. 그가 이런저런 말을 했을 때 그것이 말이 되는가 생각하기도 했다. 그런데 그 말이 안 되는 말들도 자꾸 듣다 보니 면역이 생겨 그런가 싶더니 나중엔 그것을 자연스럽게 믿게 되었다는 것이다. 정치가들은 때로 말도 안 되는 주장을 한다. 그러나 그 주장을 자꾸만 듣다 보면 나도 모르게 그것을 따르게 된다. 억지가 사람을 죽인다.

억지抑止는 잘 안 될 일이나 해서는 안 될 일을 기어이 해내려는 고집을 말한다. 사람들은 종종 억지를 부려 흐름을 거꾸로 돌리고, 관계를 상하

74

게 한다. 그래서 억지는 자제되어야 할 것 중 하나다.

가끔 아이가 쇼핑센터에서 떼쓰는 모습을 보게 된다. 장난감을 그렇게 많이 사줬는데도 또 장난감을 사달라는 것이다. 달래도 막무가내다. 당황해하는 엄마도 있지만 그럴수록 단호한 엄마도 보게 된다. 교육은 학교에서만 이뤄지는 것이 아니다. 쇼핑에서도 이미 시작된다.

떼쟁이 아이를 어떻게 다뤄야 할까? 떼는 부당한 요구를 들어달라는 억지나 고집을 말한다. 이것은 사소한 문제가 아니라 중요한 문제다. 인성이 바른 인물로 성장할 것인가, 아니면 어른이 되어서도 떼쟁이로 머물게 할 것인가, 중요한 전환점이 되기 때문이다. 실패하면 커서도 우기고 자기 마음대로 한다. 나이가 먹어 어른이지 아이 상태를 좀처럼 벗어나지 못하는 것이다. 따라서 떼를 부린다고 해서 해결될 일이 아니란 점을 명확히 할 필요가 있다.

먼저 부모는 문제 행동에 대해 나름대로 정의를 내린다. 식당에서 뛰어다니기, 장난감 사달라고 떼쓰기 등 이런 행위는 엄격하게 다룰 필요가 있다는 것을 철저히 의식한다. 외출하기 전에 문제 행동을 하지 않도록 한다. 만약 약속을 지키지 않는다면 어떤 벌을 받을지도 구체적으로 말해준다. 그래도 아이들은 금방 잊어버린다. 따라서 목적 장소에 들어가기 전 약속을 다시 한 번 상기시킨다. 약속을 잘 지키거나 그렇지 않을 경우 상벌을 다시금 명확히 하는 것이다. 그래야 아이는 약속을 지키지 않았을 경우 어떤 벌을 받게 될지 확실히 알게 된다. 일탈에 대한 일종의 선전포고다.

그럼에도 불구하고 문제 행동이 발생할 땐 어떻게 할까? 한마디로 단호한 것이 좋다. "조용히 해." "어서 밥 먹어." "이리 와서 앉아."

매정하지만 이것이 교육이다. 단호해야 할 때 아무 조치를 취하지 않는다면 그래도 괜찮다는 잘못된 신호를 보내는 것과 다름이 없다. 교육의 포기다. 문제 행동을 한 아이에게 두세 번의 기회를 주고 일관된 태도로 따끔하게 경고한다. 훈육할 때는 반드시 눈을 맞추고, 아이의 주의를 집중시킨다. "지금부터 엄마가 하는 말 잘 들어." 그래야 아이도 긴장하며 말을 듣게 된다. 잘하고 있다면 칭찬과 배려를 잊지 않는다.

문제 행동에 엄마는 단호해야 한다. 이것이 교육이다. 안쓰러운 마음에 아이에게 동정의 눈길을 보내는 순간 모든 것은 수포로 돌아간다. 명심하라. 떼쟁이 아이가 떼쟁이 어른이 되기 쉽다. 처음부터 다잡지 못하면 평생 고생한다.

18 안티고네
삶이 어렵다 해도 정신을 잃지 마라

소포클레스는 아이스킬로스, 에우리피데스와 함께 고대 그리스의 3대 비극작가 중 한 사람이다. 그는 123편의 작품을 쓴 것으로 알려져 있지만 실제 완전한 작품으로 전해지고 있는 것은 7편에 불과하다. 그중에 『안티고네Antigone』가 있다.

안티고네는 그리스 신화에 나오는 인물로, 오이디푸스와 그의 어머니 이오카스테 사이에서 태어난 딸이다. 오이디푸스는 자신이 아버지를 죽였고, 아내 이오카스테가 자신의 어머니였음을 안 뒤 자기의 눈을 찔러 멀게 한다. 비극의 시작이다.

안티고네는 여동생과 함께 눈먼 아버지의 안내자가 된다. 그녀는 아버지가 테베에서 추방되어 아테네 근처에서 죽을 때까지 함께했다. 딸로서 역할을 충실히 한 것이다. 이후 테베로 돌아왔지만 더 이상 과거의 테베가 아니었다. 왕위를 놓고 두 형제 에테오클레스와 폴리네이케스가 싸움을 벌였다. 에테오클레스는 테베를 지키려 했고, 폴리네이케스는 테베를 빼앗으려 했다. 안티고네는 둘 사이에 중재자로 나서 화해시키려 했다. 하지만 결국 그들 모두 죽게 되고, 삼촌 크레온이 왕이 되었다. 비극이다.

크레온은 에테오클레스의 장례식을 성대히 치러주었다. 하지만 폴리네이케스에 대해서만큼은 달랐다. 그를 반역자라 하고, 그의 시신을 들에 내다 버려 짐승의 밥이 되도록 했다. 이 명령을 위반한 사람은 누구든 죽임을 당할 것이라 했다.

오빠 폴리네이케스를 사랑한 안티고네는 크레온의 명령이 합당치 않다 판단하고 시신을 몰래 매장했다. 크레온은 화가 났다. 안티고네에게 처형령을 내리는 한편 지하 감옥에 가두었다. 그녀는 결국, 그곳에서 목을 매어 자살했다.

일은 그것으로 끝나지 않았다. 그 후 그녀의 애인이자 크레온의 아들인 하이몬도 스스로 목숨을 끊었다. 그뿐이랴 크레온의 아내 에우리디케도 자해하고 크레온조차 파멸에 이른다. 비극의 연속이다.

여기까지가 소포클레스가 쓴 『안티고네』의 줄거리다. 그러나 에우리피데스가 쓴 『안티고네』에서는 하이몬과 도망쳐 행복하게 살았다. 이렇듯 죽고 사는 것은 모두 작가의 손에 달렸다. 결국 신화 아니던가.

소포클레스의 『안티고네』를 놓고 여러 평가가 나왔다. 헤겔은 혈연에 대한 충성과 그녀의 의도적인 범죄를 논하였고, 라캉은 거역하면 죽을 운명인 것을 알면서도 당당하게 그 운명을 추구한 존재라 했다.

안티고네에서 리더십을 발견하는 이들도 있다. 예를 들어 의견을 달리하는 것, 때때로 현재의 상태를 거부하고 추종자들을 일으켜 혁신을 꾀하는 것, 협상의 상황에서 자신의 위치보다 상호 간의 이익에 집중하는 것, 개인의 이익과 조직의 이익 사이에서 갈등하는 것, 리더십과 윤리의식은 떼어놓고 생각할 수 없는 것, 신뢰성의 문제 등이다. 비극에도 리더십은 존재한다.

안티고네의 저항적 여성상이 제품에 반영되기도 한다. 그중 샤넬 루주 코코샤인 넘버 60 안티고네가 대표적이다. 샤넬 넘버 60의 빨간 루주는 오늘도 권력에 맞선 안티고네의 저항을 상징하며 강하게 빛을 발하고 있다. 안티고네, 눈먼 아비를 돌보고, 권력에 눈먼 형제들을 중재하고, 죽음을 무릅쓰고 버려진 오빠를 덮어준 당신의 용기에 오늘도 사람들은 박수를 보내고 있다. 비극 속에도 사람으로서 해야 할 윤리와 정신이 있다. 삶이 어렵다 해도 그것을 잊지 마라.

18 역피그말리온 효과
안 된다, 안 된다 하면 될 일도 안 된다

피그말리온 효과Pygmalion Effect가 있다. 이것은 심리나 교육적 측면에서 강한 바람이 기적을 일으키거나 또는 타인의 기대나 관심이 높으면 능률이 오르거나 결과가 좋아지는 현상을 말한다.

그리스 신화에 나오는 피그말리온은 키프로스의 왕이자 뛰어난 조각가였다. 그는 심혈을 기울여 아름다운 여인상을 조각했고, 그 여인상을 진심으로 사랑하게 되었다. 피그말리온은 자신의 소원을 비는 축제 때 그여인상이 자신의 아내가 되게 해달라고 간절히 빌었다. 그의 사랑에 감동한 여신 아프로디테는 여인상에 생명을 주었고, 그들은 결혼했다.

조지 버나드 쇼는 이 신화를 배경으로 한 자신의 희곡을 『피그말리온』이라 했고, 이것은 〈마이 페어 레이디My Fair Lady〉라는 뮤지컬 영화로 나오면서 더 알려지게 되었다. 런던의 극장 앞에서 남루한 차림과 품위 없는 말투로 꽃을 팔고 있던 일라이자. 그녀를 본 언어학자 히긴스 교수는 그의 친구 피커링 대령과 그녀를 데려다 귀부인으로 만들 수 있을지 없을지 내기를 하고 그녀를 히긴스의 집으로 데려가면서 사건이 전개된다. 일라이자 역엔 오드리 헵번이 맡았다. 품위 없이 말하던 그녀가 마이 페어 레이디로 변하는 모습이 생생하다. 착한 기대가 착한 결과를 낳는다.

피그말리온 효과는 리빙스턴J. Sterling Livingston, 로젠탈Robert Rosenthal, 제이콥슨Lenore Jacobson 등 여러 학자가 제시한 이론으로, 상사가 부하에게 높은 기대를 가졌을 때 이것이 긍정적으로 작용해 부하는 더 나은 방향으로 일을 하고 기대 이상으로 성과를 내게 된다. 교사·경영자·멘토들이 이 개념을 적용해 학생, 종업원 그리고 멘티 등에게 크게 도움을 주었다.

부모와 자식 관계, 친구 관계에서도 그대로 적용된다.

동전에 앞면과 뒷면이 있듯 피그말리온 효과도 앞뒤가 있다. 부하에 대한 높은 기대가 높은 성과로 이어지는 긍정적인 면도 있지만 낮은 기대가 낮은 성과를 낳는 부정적인 면도 있다. 이 부정적인 면을 역피그말리온 효과Reverse Pygmalion Effect라 한다. "안 된다 안 된다" 하면 될 일도 안 된다.

≪조선일보≫에 "아이를 망치는 부모의 말"로 몇 가지가 소개되었다.

- "공부 좀 해라. 컴퓨터 앞에만 죽치고 있지 말고. 네가 머리가 좋냐, 백이 있냐."
  언제나 명령하는 말투를 들으며 자란 아이. 어른처럼 메마르고 포악해진다.
- "옆집 애는 외고를 갈까, 과학고를 갈까 고민이란다. 그 엄마, 복도 많지."
  자주 비교당하는 아이. 평생 비굴하고 불평불만이 많은 어른이 된다.
- "머리랑 옷차림이 이게 뭐니? 날라리처럼. 사람들 보기 창피해 죽겠네."
  남들 앞에서 자주 잘못을 지적당하는 아이. 마음 깊은 곳에 증오심을 품는다.

이런 말을 듣고 사는 아이가 장차 어떻게 될까를 생각하면 끔찍하다. "넌 안 돼", "네가 뭘 안다고" 이런 말들은 상대의 기를 꺾고 일할 의욕을 잃게 한다. 문제는 그 말을 들은 사람에게 있는 것이 아니라 한 사람에게 있다. 당신의 말이 사람을 살리기도 하고 죽이기도 한다. 매사에 말을 긍정적으로 하라. 당신의 적극적이고 긍정적인 말이 사람을 살린다.

코카콜라 회장 더글러스 태프트의 글 '삶이란'에 이런 말이 있다.

"찾을 수 없다고 말함으로써 당신의 인생에서 사랑의 문을 닫지 마라. 사랑을 얻는 가장 빠른 길은 주는 것이고, 사랑을 잃는 가장 빠른 길은 사랑을 너무 꽉 쥐고 놓지 않는 것이며, 사랑을 유지하는 최선의 길은 그 사랑에 날개를 달아주는 것이다."

20日 링컨과 장자
유머로 세상을 웃게 하라

팀워크의 황금법칙으로 4H가 있다. Honor 존중, Humility 겸손, Humor 유머, 그리고 High Calling 높은 목표와 소명의식이다. 이 가운데 유머가 있다. 생산성이 높은 팀이 되려면 성원들이 유머를 구사하는 것이 좋다는 말이다. 즐겁게 일하면 마음이 달라지기 때문이다.

재미작가 조화유가 '한국 정치엔 유머가 없다'며 미국의 정치 유머를 몇 가지 소개했다. 그중에 나의 주목을 끈 것은 링컨의 유머였다. 평소 엄할 것으로 보이는 그가 사실 유머가 넘치는 분이었다니 놀라웠다.

이야기는 젊은 변호사 링컨이 하원의원으로 출마했을 때로 돌아간다. 정견발표회에서 상대 후보는 링컨이 신앙심이 별로 없는 사람이라고 비난하고 청중을 향해 소리쳤다.

"여러분, 천당에 가고 싶은 분들은 손을 들어보세요."

모두들 높이 손을 들었으나 링컨만은 손을 들지 않았다. 그러자 그 후보는 다그쳤다.

"미스터 링컨, 당신은 손을 들지 않는데, 그럼 지옥으로 가고 싶다는 말이오?"

그러자 링컨은 빙긋이 웃으며 응수했다.

"천만에요. 나는 지금 천당도, 지옥도 가고 싶지 않소. 나는 국회로 가고 싶소!"

청중의 폭소를 자아냈다. 자기 연설 차례가 되었을 때 링컨은 조크를 했다.

"나의 상대 후보는 피뢰침까지 달린 호화저택에 살고 있습니다. 그러나 나는 벼락을 무서워할 정도로 죄를 많이 짓지는 않았다고 생각합니다."

청중은 웃었고, 링컨은 당선되었다.

동양엔 어떤 유머가 있을까? 찾아보니 도가 사상가 장자_{장주}가 중국 최고 유머리스트라 한다. 그의 유머로 다음과 같은 이야기가 있다.

어느 날 장자가 숲속으로 산책을 나갔다 돌아왔다. 그런데 그의 표정이 안 좋았다. 제자가 조심스럽게 물었다.

"선생님, 안색이 다르시네요?"

그러자 다음과 같은 이야기를 들려주었다.

"내가 산책을 하고 있는데 글쎄 상복을 입은 부인이 쭈그리고 앉아 새로 단장한 무덤에 부채질을 하고 있지 뭔가. 하도 이상해서 왜 그렇게 하느냐고 물었지. 글쎄 이 과부가 하는 말 좀 들어봐. '남편이 죽기 전에 재가하려거든 무덤이 마른 다음에 하라고 했는데, 이 빌어먹을 날씨 좀 보세요!' 그리곤 부채질을 해대지 뭔가. 봉분의 흙이 빨리 마르라는 거지. 급한가 봐."

링컨과 장자가 유머리스트라고? 위 얘기를 들어보면 확실히 맞는 것 같다. 이젠 당신이 유머로 세상을 웃게 하시라. 사회 생산성도 높아질 것이다.

가을을 타다
남은 가을을 기뻐하고 떠날 임을 아쉬워하라

가을을 가리켜 흔히 'fall'이라 한다. 잎이 떨어진다는 의미로 잎이 돋아나는 계절을 나타내는 봄spring과 대비된다. 16세기 중반 영국에서 사용한 단어인데 지금은 미국인들이 애용하고 있다.

떨어진 낙엽을 밟으며 인생의 무상함을 느끼기도 하지만 때론 우리도 가끔씩 겨울이 닥치기 전에 정리할 것을 정리해야겠다는 생각도 갖게 한다. 정리는 삶의 단순성을 회복하는 데 도움을 준다.

단순함을 위한 법칙으로 TRAF가 있다. T Toss는 버리라는 것이고, R Refer은 위임할 것은 위임하라는 것이며, A Action now는 지금 실천하라는 것이고, F File up는 중요한 내용은 파일하라는 말이다.

이 법칙 가운데 첫 번째가 버릴 것은 과감히 버리는 것이다. 버린다고 해서 모두 잃는 것은 아니다. "버릴 때 진정으로 갖게 된다"는 말이다. 버려야 할 것을 버리면 채울 수 있는 공간이 마련된다. 그저 버리고 비우는 것에 그치는 것이 아니라 새로운 것, 삶에 유익을 주는 것들로 다시 채울 수 있게 된다. 육적인 것을 버리고 영적인 것으로 채울 때 우리의 마음도 한층 풍성해진다.

가을을 뜻하는 또 다른 영어 단어로 'autumn'이 있다. 이 단어는 수확이 늘어난다는 의미에서 '증가한다'는 뜻의 라틴어 '아우게레augere'와 계절이 바뀐다는 의미에서 '바뀌다'는 뜻의 라틴어 '베르툼누스vertumnus'를 합한 것이다. 수확도 하고, 추운 날씨로 바뀌는 계절이라는 뜻이다. 일반대중보다는 영국의 귀족들이 주로 사용해 품격이 높은 단어이다.

이 단어는 가을이 수확의 계절임과 겨울로 바뀌는 계절임을 일깨워준다. 그동안 땀 흘린 보람을 얻는 것이다. 우리는 곡식을 창고에 쌓아두는 것만 생각한다. 그런데 성경을 보면 "너를 위하여 하늘에 쌓아두라" 한다. 이 말은 우리가 이 땅에서 자신만을 위해 재물을 쌓아두지 말고 도움이 절실히 필요한 곳에 손을 펼 수 있어야 한다는 것을 가르쳐준다.

다람쥐는 먹을 것이 생기면 이곳저곳에 숨겨둔다. 그런데 훗날 어디에 숨겨두었는지 기억하지 못해서 잃어버리는 나무열매의 비율이 50%나 된다. 우리도 재물을 이곳저곳에 숨겨두지만 정작 사용하지 못하는 경우도 허다하다. 투자한답시고 잃는 것은 또 어쩌랴.

가을은 겨울로 가는 길목에 서 있다. 지는 낙엽과 비온 후 싸늘한 바람은 곧 겨울로 들어선다는 것을 보여준다. 늘 느끼는 것이지만 가을은 너무 짧다. 금방 지나간다. 인간은 자연의 변화와 그 힘에 너무 무력하다. 그렇다고 좌절만 한다면 인간이 아니다. 힘들수록 서로 부축할 때 우리는 함께 갈 수 있다.

우리는 종종 '여자는 봄을 타고, 남자는 가을을 탄다'고 한다. 이것은 계절에 따라 남녀가 느끼는 민감성에 차이가 있다는 말이다. 왜 그런 말을 할까? 봄은 어느 계절보다 화려하고 분홍색이 짙다. 그래서 여자들이 이 분위기에 민감할 수 있다. 하지만 계절의 차이를 느끼는 데 남녀 구분이 있을까 싶다. 모두 계절 변화에 대한 느낌을 공유하고 있고, 사람마다 그 느낌에 다소 차이가 있을 뿐이다.

탄다는 것은 무슨 뜻일까? 여기서 '타다'는 어떤 흐름을 탄다는 말이다. 어떤 기운이나 자극 따위의 영향을 특별히 잘 받거나 느낄 때 쓴다. 탄다는 동사만으로는 그 뜻을 정확히 알 수 없다. 목적어를 동반할 때 비로소 그 뜻이 더 구체화되고, 느낌도 다르다. 예를 들어 '부끄러움을 타다'는 부끄러워하는 마음이 다소곳이 배어 있음을 뜻한다.

가을을 타는 것도 마찬가지다. 계절의 변화로 일조량이 짧아지면서 생체리듬이 변하고 감정에도 미묘한 변화가 온다. 가을의 정서로 빠져드는 것이다. 그 정서는 사람들마다 약간씩 다르다. 하지만 가을엔 외로움, 그리움, 이별, 우울, 풍요, 자연의 아름다움 등이 묘하게 섞여 있다. 가을 탄다는 것을 외로움을 타는 것으로 보는 것은 이 정서들 가운데 하나를 택한 것이다.

가을 타는 것과 우울증과는 어떤 관계가 있을까. 어떤 이는 낙엽을 보며 인생의 허무를 느낀다. 가을은 진중하고 가라앉는 느낌을 준다. 그래서 공허감을 주기에 충분하다. 하지만 가을의 정서를 그것에 국한해서는 안 된다. 사람들은 겨울이 오기 전 가을이 남긴 풍요를 만끽하고, 아름다운 가을 자연을 더 길고 더 깊게 누리고자 한다. 그만큼 사랑스럽고 좀 더 오래 붙잡고 싶은 계절이다. 가을을 탄다면 외로움과 슬픔, 그리고 공허를 타기보다 아직도 남은 가을을 기뻐하고, 곧 떠날 임을 더 아쉬워해야 하지 않을까 싶다.

봄엔 봄을 타고, 가을엔 가을을 타라. 여름도 타고, 겨울도 타라. 그래야 사람 사는 모습이 보이지 않겠는가. 가을엔 떠나고 싶다고? 그래, 마음껏 떠나라.

22 마누라와 조강지처
함께 고생한 사람을 잊지 마라

아내에 대한 별칭은 한두 가지가 아니다. 그 가운데 마누라가 있다. 중년이 넘은 아내를 허물없이 이르는 말이기도 하고 중년이 넘은 여자를 속되게 이르는 말이기도 하다. 허물이 없다는 것은 친근한 느낌을 주지만 속되게 이른다는 것은 비하하는 느낌을 준다. "여보, 마누라"는 친근하다. 하지만 "저 마누라가 지금 누구에게 반말을 하는 거야"라고 할 땐 확실히 비하다. 그래서 어떻게 사용하느냐에 따라 어감이 확 다르다.

하지만 놀라지 마시라. 마누라는 원래 존칭어였다. 마누라는 '마노라'에서 나온 말이다. '마노라'는 상전上典·마님·임금·왕후를 가리키는 낱말이었다. 제주도와 황해에서 '마마媽媽'의 방언이 마누라다. 조선시대 한글편지 700여 통을 분석한 한국학중앙연구원의 황문환 교수에 따르면 마누라는 조선시대에 아내에 대한 극존칭이었다. 19세기 흥선대원군이 청에 억류됐을 때 부인에게 보낸 편지에 '마노라' 호칭이 등장한다. 이는 '대비大妃 마노라' 등 왕실에서 사용되던 호칭이 부인에 대한 존칭으로 변한 것이라 했다. 그만큼 마누라의 위상이 높았다는 말이다.

우리는 흔히 조선시대는 남존여비 사회라 아내는 아무 결정권이 없는 것으로 알고 있다. 하지만 조사 결과 실제로는 아내가 상당한 결정권을 가지고 있었다. 양반가 부인들이 집안의 대소사를 총괄했고, 아내가 남편에게 '자내자네의 옛 형태'라 불렀을 만큼 위세가 당당했다. 남편만 아내에게 '자내'라 하지 않았다는 말이다. 또한 남편이나 부인 모두 상대에게 종결어미로 '하소'라는 말을 사용했다. 이 또한 아내의 입지가 좁지 않았음을 보여준다.

그러던 것이 세월이 흐르면서 의미가 크게 바뀌었다. 문세영은 1938년 『조선어사전』을 펴내면서 마누라를 늙은 노파를 가리키는 말 또는 아내의 속어라 했다. 마누라의 품격이 왜 급속하게 달라졌는지는 알 수 없다. 왕가가 무너지면서 함께 무너진 것인가. 지금도 마누라는 아내를 속되게 이르는 말로 쓰인다. 품위 있는 말이 아니다. 그래서 자기 아내를 남에게 소개할 때 마누라라 하는 데 주저하는 사람도 있다.

그러나 마누라가 어찌 속된 말에 그쳐야 하는가. "그러게 내 마누라지." 그래도 마누라는 정감이 배어 있어 함부로 버릴 수 없는 단어다. 과거엔 극존칭이었던 마누라 아니던가. 천당과 지옥을 오간 이 단어가 언제 제자리를 찾을지 두고 볼 일이다.

중국 귀주성은 중국의 국주 마이타이가 생산되는 곳이다. 수수에 누룩을 섞어 발효하는 과정에서 생긴 증류수로 술을 만든다. 술을 만들고 나면 찌꺼기가 생긴다. 어려웠던 시절엔 이것을 먹기도 했다.

사자성어에 조강지처 糟糠之妻라는 말이 있다. 조강은 지게미와 겨를 말한다. 지게미는 술을 거르고 남은 찌꺼기이고, 겨는 곡식을 빻고 남은 껍질을 말한다. 조강지처는 지금은 먹지도 않는 이런 것들을 함께 먹으며 어려움을 겪어온 아내, 곧 가난하고 힘든 시절을 함께 한 아내를 뜻한다. 『후한서後漢書』「송홍전宋弘傳」에 이 단어가 나온다.

후한을 세운 광무제光武帝에게 송홍이라는 대부가 있었다. 그는 덕이 많고 온후하지만 당당한 풍채에 임금 앞에서도 입바른 소리를 잘하는 사람이었다. 광무제에겐 남편을 잃은 누이 호양공주가 있었다. 재혼이라도 시켜주고 싶은 왕은 누이를 불러 마음을 떠보았다. 그런데 아내가 있는 송홍을 찍는 것 아닌가.

하루는 왕이 송홍을 불러 술잔을 기울이며 물었다.

"속담에 '신분이 고귀해지면 친구를 바꾸고, 부유해지면 아내를 버린다'고 하는데 경은 어떻게 생각하오?"

송홍은 의도도 모른 채 대답했다.

"폐하, 황공하오나 신의 생각은 조금 다르옵니다. 가난하고 천할 때 사귄 친구일수록 잊지 말아야 하고 貧賤之交 不可忘, 고생할 때 지게미와 겨로 끼니를 함께 때우던 아내는 결코 내치지 않아야 한다 糟糠之妻 不下堂고 생각합니다."

광무제는 더 이상 묻지 않았고, 병풍 뒤의 공주는 눈물을 지어야 했다.

그 뒤 사람들은 말했다. "비록 칠거지악을 범한 아내라 할지라도 조강지처는 버릴 수 없다." "조강지처 내치고 잘된 집구석 하나도 없다."

어찌 조강지처뿐이랴. 요즘엔 여성이 잘되다 보니 다른 말이 나온다. 조강지부 糟糠之夫다. 하여튼 함께 고생한 사람을 잊어선 안 될 것이다.

23 가정시대
가정이 성공해야 사회도 성공한다

20세기가 남성시대He Society라면 21세기는 여성시대She Society라 한다. 그만큼 시대의 성격이 바뀌었다는 말이다. 사회도 이성 중심에서 감성 중심으로 전환되고 있다.

해나 로진Hanna Rosin이 『남자의 종말The End of Men』이라는 책을 내놓았다. 그는 지난 20만 년 동안은 남성시대였지만 2009년부터는 여성시대라 했다. 왜 하필 2009년일까? 그는 남녀역할의 지각변동을 다방면에서 파헤친 결과 2009년은 미국 역사의 분수령이라 했다. 2009년부터 여성이 미국의 일자리 절반을 차지했기 때문이다. 관리 전문직도, 로스쿨과 메디컬스쿨도 여성이 다수다. 상투적인 남성퇴조와 여권신장의 얘기가 아니다. 물론 미국만의 얘기는 아니다. 프랑스도, 스페인도 그렇다. 브라질에서는 아내보다 수입이 못한 남편들을 위로하는 '눈물의 남자들'이라는 단체까지 등장했다.

미래학에서도 이미 여성의 시대가 도래했음을 선언했다. 농경시대나 산업시대에는 남성의 힘이 필요했다. 농사를 짓거나 공장에서 물건을 생산하기 위해 남성의 육중한 힘이 필요했다. 하지만 정보화사회나 앞으로 도래할 후기정보화사회는 보다 섬세하고 감성적인 여성의 터치가 필요하다. 후기산업사회는 의사소통, 차분함을 갖춘 여성들에게 유리하다. 자연 정치·경제·교육 등 여러 분야에서 여성 지도자들이 늘어가고 있다. 전 세계 구매력의 70%를 여성이 통제하고 있다. 여성이 세계시장을 통제하고 있다고 해도 과언이 아니다.

로진에 따르면 이제 세상은 가부장제에서 가모장제로 바뀌고 있고, 미래 성공 척도인 교육도 여성이 우위를 차지하고 있다. 현재 세계 대학생의 50%는 여성이다. 교육은 여성의 인권은 물론 전문성을 높이고 있다. 가부장적인 사회구조는 점차 도전받고 있고 양성평등은 이제 돌이킬 수 없는 대세가 되고 있다. 집안에서도 부계 쪽 식구보다 모계 쪽 식구와 더 친숙하다.

이젠 예전의 남성상은 잊어야 하는가. 아직도 남성 중심의 관습법이 존재하는데 너무 성급하게 결론을 내린 것 아니냐는 생각도 든다. 하지만 남성의 역할이 전과 같지 않음은 사실이다. 이제 남자는 어떻게 해야 하나? 이것이 앞으로 중요한 화두가 될 것임은 틀림없다.

그러나 확실한 것은 가정엔 남자와 여자가 있고, 두 사람이 가정을 성공적으로 이루어야 우리 사회도 성공한다는 것이다. 21세기는 감성시대, 여성시대를 표방한다. 이것은 단지 여성이 사회의 모든 것을 주도한다는 것이 아니라 감성화와 여성화는 가정의 역할이 그만큼 중요하다는 것을 일깨워준다. 가정시대가 도래한 것이다. 그래서 21세기 성공은 행복한 가정 만들기에 달려 있다는 말까지 있다. 사무실과 공장을 중심으로 화이트칼라와 블루칼라가 분류되던 시대에서 지식창조를 가져오는 골드칼라를 거쳐 감성적 행복을 주도하는 핑크칼라가 도래한 것이다.

현대는 일직장과 가정 사이에 조화로운 조율 작업을 요구한다. 이것을 '얼라인먼트alignment'라 한다. 기업과 가정이 조화를 이루는 얼라인먼트에서 성공해야 성공한 경영자가 될 수 있다. 가정을 중시한다고 해서 무조건 일보다 가정을 중시하라는 것은 아니다. 일과 가정의 비중을 어떻게 할 것인지에 대해 서로 의논하고, 직장에서의 성취를 가족과 함께 나눈다. 직장에서의 어려움도 가족이 함께 나누며 위로를 주고받을 때 삶의 용기를 얻는다. 직장에서 일어난 일을 가족에게 말하지 않던 시대와는 판이하다. 이렇듯 일과 가정 관계에서 보이지 않는 교류의 공간이 넓혀지고, 가정의 화평이 기업의 성과로 아름답게 이어질 때 사회는 보다 쾌청한 나날을 보낼 수 있다.

키이스 페라지는 노동자 가정 출신의 한 소년이 CEO로 자리 잡기까지에는 인간관계가 중요했음을 보여주는 책을 썼다. 인생에 힘이 되는 사람을 만나고 관계를 만들어가는 생생한 경험담을 담은 이 책에서 저자는 독자에게 "혼자 밥 먹지 말라"고 주문한다. 인간관계는 사회에서 곧바로 세워지는 것이 아니다. 가정에서 학습되고, 그 경험이 조직사회의 성과로 이어진다. 밥은 가정의 식탁에서부터 시작된다는 것을 잊어서는 안 된다. 우리는 예절과 칭찬하는 법도 식탁에서 배운다. 성공한 사람들의 말의 절반이 칭찬이라는데, 이 칭찬은 "어머니, 오늘 밥 참 맛있어요", "여보, 수고했어" 하는 가정 식탁에서부터 시작되고, 직장으로 파급된다. 칭찬의 소리보다 비난의 소리가 더 많이 들리는 회사나 조직은 불행하다. 칭찬은 우리의 삶을 부드럽고 즐겁게 한다. 이 혼돈의 시대에 나와 조직을 살리는 힘은 다른 사람을 칭찬하는 데서 나온다. 알로베니는 칭찬할 수 있는 능력이 있다는 것 하나만으로도 당신은 성공유전자를 가지고 있다고 말한다. 칭찬이 사람을 살리고 사람을 부드럽게 만든다.

가정은 또한 배려의 꽃을 피우는 밭이다. 언제나 기쁨이 넘치며 웃음이 끊이지 않는 훌륭한 가정 속에서 살아가는 사람들은 늘 여유와 안정을 가지고 있으며 부드러운 마음으로 남을 먼저 배려할 줄 안다. 가정은 중요한 학습장소다. 가족은 삶의 모든 과정에서 중요한 의사결정을 함께한다. 서로를 배려하면서 문제를 극복해나간다. 파바로티는 한때 성악도 하고 싶고 다른 일도 하고 싶어 했다. 그의 아버지는 그에게 두 의자를 앞에 두고 앉아보라고 했다. 그러곤 한 사람이 동시에 두 의자에 앉을 수 없다 말하고 음악에 전념하도록 했다. 성악가로 대성한 배경에는 가정이 있었고, 그 뒤에 아버지가 있었다. 성공한 사람들은 남들이 어려워할 때 자신의 진가를 드러낸다. 성공한 기업들은 남들이 움츠리면서 두려워하고 있을 때 상식을 깨고 공격적인 경영을 통해 자신을 드러낸다. 어려운 상황을 극복하는 법을 어디서 배웠을까? 그것은 식구를 격려하고 배려하는 가정이다. 가족의 배려는 약해 보이지만 삼 겹줄보다 더 세다. 가족은 문제 앞에서 더 강해진다.

사람들은 모두 인정받기를 좋아한다. 집안에서도 남편은 아내로부터, 그리고 자녀들로부터 인정을 받고 싶어 한다. 만일 집안에서부터 인정을 받지 못하면서 회사에서나 사회에서 인정을 받으리라 기대하는 것은 잘못된 기대다. 성공을 했다 하더라도 균형 있는 성공일 수 없다.

《월스트리트저널》은 지난 3년 동안 아시아에서 성공한 기업인들을 인터뷰했다. 그들은 당면한 문제를 정면 돌파하고 대인관계를 아주 중시하며, 가족보다는 일에 무게중심을 두고 있다는 조사결과가 보도되었다. 일에서 성공하는 것도 중요하지만 가정을 소홀히 한다는 것은 결코 바람직한 일이 아니다. 조사 대상이 아시아이니 한국도 포함되었을 것이다.

요즈음 잘나가는 벤처인들은 일에 몰두한 결과 가정이 소홀해지는 것을 염려한다. 예전 대기업에 다닐 때는 가정적인 남편이었는데 요즘 그러질 못하니 아내와 사이가 멀어진 것 같다며 걱정을 한다. 아이들에 대한 미안함은 말할 것도 없다. 구미에서는 일 때문에 가정을 소홀히 했던 것을 후회하며 사직을 하곤 한다. 이름 있는 분들이 그랬다며 소개될 땐 새삼 가정의 소중함을 깨닫는다. 일을 그만둘 형편이 아닌 우리는 그저 걱정하는 수밖에 없다. 걱정을 하는 모습이 그래도 아름답다. 식구를 사랑하는 구석이 보이기 때문이다.

우리 전통문화에서 가정문화는 중요한 자리를 차지하고 있다. 이것이 어찌 가정에 국한 된 일인가. 기업도 가족주식회사가 되어가고 있다. 회사는 애정 어린 가족주식회사로 되어가고, 팀은 사랑으로 엮인 가족 팀을 이루고 있다. 가족은 이미 돈보다는 사람이 중요하고, 고생보다는 사랑이 중요하다는 것을 터득했다. 그래서 우리는 이미 가족이 결국 이긴다는 것을 안다. 기업도 보다 나은 성공을 위해 홈네트워킹을 시도한다. 가족구성원이 무엇을 원하는지 알고, 그 니즈needs에 충실하게 서비스하며 가족 고객을 만족시키는 회사가 성공하기 때문이다.

가정에서 빼놓을 수 없는 것이 가정윤리다. 가정은 공동생활의 최소 단위이고 사회생활의 기본 질서와 도덕이 만들어지는 곳이다. 기본에 충실한 자세는 바로 가정에서 길러진다. 훌륭한 리더들은 언제나 가정에 충실했다. 그들이 바쁘고 촌각을 다투는 순간에도 일에만 매진하여 최선을 다할 수 있었던 것은 바로 건강한 가정생활에서 비롯된 것이다. 세계 50대 CEO를 연구해본 결과 몇 가지 점에서 공통된 점이 있었다. 첫째는 이혼을 하지 않았고, 둘째는 부모에 대해 좋은 인상을 가지고 있었다. "좋은 부모가 돼라. 그러면 좋은 CEO가 된다"는 말과 같다. 가장이 바른 윤리로 서고, 도덕으로 무장할 때 가정이 달라지고 사회가 달라진다.

가정은 무엇보다 따뜻한 곳이며 우리에게 쉼을 줄 수 있는 공간이다. 동양이든 서양이든 가정은 친인간성을 유지할 수 있는 마지막 보루이다. 가족의 화목은 이 보루를 지켜주는 기둥과 같다. 사회적으로는 성공했으면서 아이들은 엉망인 관계는 다시금 생각해봐야 한다. 일본의 경우 60%는 아버지를 죽일 마음을 품었다는 통계가 있다. 무서운 통계다. 이런 때 우리는 어떻게 해야 할까? 회사에서는 인정을 받고 있는데도 가족들은 행복하지 못하다면 어찌 될까? 그렇다면 가족을 적극 배려해야 한다.

자녀에게 절대 등을 돌리지 말고, 만나는 즉시 "나는 너를 사랑한다. 너를 믿는다"고 말한다. 그러면 그 말이 내면의 분노를 잠재우고 그를 성장하게 할 것이다. 부드러운 말이 내일의 그가 있게 하는 씨앗이 되기 때문이다.

　세상에서 가장 힘 있는 사람은 누구일까? 가족과 이웃, 그리고 사회 전체의 질서를 위해 살아가는 사람들이다. 유대역사는 아브라함 · 이삭 · 야곱의 가정에서 시작하며 교육은 이들 선조들의 가정으로부터 비롯된다. 그들 가정은 세상을 구원하는 역사의 중심에 섰다. 성공한 사람들에게는 특별한 것이 있다. 가족을 중시하면서도 가족이기주의에 빠지지 않는 것이다. 가정경영을 잘하는 사람이 사회에 유익을 안겨준다. 이젠 가정시대다. 성공적인 가정이 성공적인 사회를 이끈다.

24 여우비와 아무르
당신의 사랑에 비가 내리지 않게 하라

하늘은 맑은데 갑자기 비가 내리다 그치면 사람들은 이를 여우비라 한다. 그리고 말한다. "호랑이 장가가는가 봐." 영어로 sun shower다. 그런데 문화권마다 이 비에 대해 말하는 것이 다르다. 남아프리카에서는 "원숭이가 결혼하는가 봐"라 한다. 호랑이 대신 원숭이다. 불가리아에서는 곰이 결혼한다 하고, 아랍에서는 쥐가 결혼한다고 한다. 동물이 결혼한다고 말한다는 점에서 같다.

그런데 네덜란드와 헝가리에서는 전혀 다르다. "악마가 자기 아내를 때리고 있나 봐." 미국에서는 "악마가 자기 아내와 뽀뽀하나 봐"라 한다. 아주 대조적이다. 그런데 독일에서는 "악마가 파티를 여나 봐"라고 한다. 악마라는 점에서는 같다. 악마까지 나오니 여우비도 할 말이 없겠다.

그런데 호랑이 장가간다면서 왜 우린 여우비라 할까? 이것이 궁금하다. 이것은 우리의 설화와 연관되어 있다. 호랑이 장가간다는 말에서 보듯 호랑이는 수컷이다. 원래 구름과 여우가 사랑을 했는데 여우가 그만 호랑이에게 시집을 가게 되었다. 그래서 호랑이가 장가가고, 여우가 시집가는 경사스러운 날 구름이 슬픈 나머지 눈물을 흘려 마른하늘에 비가 내린다는 것이다. 여우 마음이 어땠는지 궁금하다. 슬펐을까, 기뻤을까. 간교하고 꾀 많은 여우이니 종잡을 수 없을 것 같다. 그래서 여우비인가. 어찌 되었든 하늘이 눈물을 흘린다. 기상학자들은 그저 천루天漏라 한다. 사랑에도 비극이 있다.

미카엘 하네케가 감독한 영화 〈아무르Amour〉를 보았다. 제목은 사랑이지만 노부부의 비극이 담겨 있다. 사랑하는 아내를 죽이는 장면에서 우리

부부는 전율했다. "어쩌면 저럴 수가!" 그래서 이 영화는 우리 생의 마지막을 생각하고, 두려움을 주는 영화로 남아 있다.

노부부 조르주와 안느는 음악가 출신으로 다정한 부부였다. 함께 음악회도 다녀오고, 음악 얘기도 하고. 그러던 어느 날 아내가 갑자기 마비 증세를 일으키며 반신불수가 된다. 병원에서 치료를 받았지만 다시는 병원으로 돌아가고 싶어 하지 않는 아내를 집에서 정성껏 돌봤다. 하지만 아내는 하루가 다르게 몸과 마음이 병들어갔다. 남편도 지쳐간다.

통증을 호소하는 아내에게 자기의 옛날 얘기를 열심히 해준다. 편안해진 아내의 모습을 보는 순간 갑자기 베개로 그녀의 얼굴을 감싼 채 목을 눌렀다. 그는 죽은 아내에게 좋은 옷을 골라 입히고, 시신에 꽃잎을 뿌린다. 그토록 고상한 아내가 아니던가.

영화 아무르는 노년의 러브스토리가 결코 아니다. 노년의 삶이 얼마나 힘든가를 단적으로 보여준다. 그 와중에 시집간 딸은 자기의 어려운 형편을 말하며 부모의 재산에만 관심을 둔다. 부모와 자식 간에도 피할 수 없는 간극이 있다. 이것도 비극이다.

신문에 1면에 사건 기사가 실렸다. 서울남부지법이 치매 아내를 죽인 70대 노인에게 3년 실형을 선고했다는 것이다. 고령이고 2년간 헌신적으로 간호했으니 정상이 참작돼 집행유예가 나올 것이라 생각했는데 실형이 선고되었다는 것이다. 남편은 재판정에서 "나를 괴롭히는 것은 참을 수 있었다. 그러나 아내가 나를 괴롭히는 모습을 보기 힘들어 아들과 손자들이 집에 늦게 들어온다는 얘기를 듣고 함께 죽을 마음을 먹었다"고 했다. 순한 치매가 아니었던 모양이다.

영화 아무르에 재판 얘기는 없다. 하지만 그 부부의 고통을 이해해줄 사람은 어디에도 없다. 영화는 참 지루하고 단조롭다. 장 루이 트렝티냥과 엠마뉴엘 리바의 연기가 뛰어나 여러 영화상 후보에 올랐다. 그러나 난 지금 그것엔 관심이 없다. 부부의 사랑이 제발 비극으로 끝나지 않기를 바라는 마음이 더 크다. 이 땅의 노부부들이여, 힘을 내시라. 당신의 값진 사랑을 그렇게 끝낼 순 없지 않은가. 당신의 사랑에 비가 내리지 않게 하라.

25 도미니크 베르톨루치
그냥 친구보다 진짜 친구가 있어야 행복하다

명언 가운데에 "우물이 마르기까지는 물의 가치를 모른다 We never know the worth of water till the well is dry"는 말이 있다. 이것을 여러 가지에 적용할 수 있겠지만 진정한 친구에 적용해도 무리가 없을 것 같다. 친구는 늘 옆에 있어 그 가치를 못 느끼지만 그가 없어졌을 때 아쉽고 진가가 발휘되기 때문이다.

우리는 친구를 좋아한다. 그러나 그 모두가 진짜 친구냐고 물으면 주저한다. 진짜 친구는 다르기 때문이다. 친구에 대한 글을 살펴보면 그냥 친구와 진짜 친구는 여러 면에서 차이가 있다.

그냥 친구는 당신이 잠든 밤중에 전화를 걸거나, 예고 없이 계획을 바꾸면 짜증을 낸다. 심리적으로도 그만큼 멀다는 말이다. 그러나 진짜 친구는 당신이 언제 전화를 걸어도, 갑자기 계획을 바꿔도 목소리 듣는 것을 오히려 기뻐한다. 그러곤 '그럴만한 사정이 있었겠지'하며 먼저 이해하려 든다.

그냥 친구는 당신에게 일이 생기면 그것에 대해 물론 알고 싶어 한다. "말해봐, 왜 그러는데." 그러곤 몰래 소문을 낸다. "그 친구 이렇대요." 하지만 진짜 친구는 문제보다 문제해결에 더 관심을 갖는다. 주저앉는 당신에게 일어설 용기를 갖게 한다. 당신의 약점까지도 강점이 되도록 기꺼이 돕는다.

그냥 친구는 당신의 속을 알면 떠난다. "알고 보니, 그런 사람이구먼." 그러나 진짜 친구는 당신을 속속들이 다 알면서도 당신을 좋아한다. '그럼에도 불구하고' 당신을 이해하고 아낀다. 그는 당신 자신보다 당신을 더 잘 안다.

당신이 가졌던 돈과 명성과 지위가 무너질 때 그도 다른 사람들처럼 그냥 떠났다면 그는 그냥 친구다. 하지만 진짜 친구는 다른 사람들은 가버리는데 거꾸로 나를 향해 걸어 들어온다. 그때 당신은 그냥 친구에겐 눈물을 보이지 않는다. 하지만 진짜 친구에겐 눈물을 보이며 그의 어깨에 기댄다.

그냥 친구는 당신과 의견충돌이 생기고 실랑이를 벌일 때 이제 우리 사이는 끝났다고 생각한다. "넌 이제 끝이야. 다시 볼 일 없을 거야." 그러나 진짜 친구는 먼저 사과한다. 자기가 잘못했기 때문이 아니라 친구를 사랑하기 때문이다.

그냥 친구에겐 가끔 허세를 부리고 그가 듣고 싶은 말을 고르며, 때론 하고 싶지 않은 말도 한다. 좀 더 잘 보이기 위해서다. 그러나 진짜 친구에겐 그렇게 하지 않는다. 허세를 부릴 필요도 없고 달콤하게 꾸며 말을 하지 않아도 된다. 점수완 상관없다. 그저 솔직하고 자연스럽다.

그냥 친구는 당신에게 이것저것 내보이며 자기 자랑을 한다. "난 이런 사람이야." 하지만 진짜 친구는 세상에 이런 것도 있다며 당신으로 하여금 새로운 것에 눈뜨게 한다. 자랑과는 거리가 멀다.

그냥 친구는 당황스러운 당신의 모습에 당신을 받아줘야 할지 말지 궁리한다. 그러나 진짜 친구는 여드름에 벙거지 모자를 쓰고 와도 당신을 무조건 받아준다. 그냥 친구는 손님이지만 진짜 친구는 한 식구 같다. 진짜 친구는 당신이 곁에 있는 것만으로 행복하다.

그렇다고 진짜 친구를 향해 예의를 보이지 않거나 본받을 만한 어떤 것도 보이지 않아야 하는 것은 아니다. 친할수록 더 존경하고 배움의 대상이 되어야 한다.

세상에 그냥 친구는 많다. 그러나 진짜 친구는 그리 많지 않다. 도미니크 베르톨루치Domonique Bertolucci는 그냥 친구보다 진짜 친구가 있어야 든든하고 행복하다고 말한다. 당신은 진정 행복한가? 아니, 진짜 친구인가?

생각을 바꾸면
길이 보인다

제2부

티모 볼

1부

승리보다 더 귀한 것이 있다

1986년 멕시코 월드컵 8강전 때 아르헨티나는 영국과 맞붙었다. 당시 아르헨티나와 영국은 1982년 포클랜드 전쟁으로 인해 서로 앙금이 가시지 않은 상황이었다. 축구는 애국심의 대결이었고, 많은 사람이 이 경기를 지켜보았다.

전반을 0:0으로 끝낸 다음 후반에 들어갔다. 6분이 지났을 때 아르헨티나의 발다노가 잉글랜드 문전을 향해 골을 찼다. 센터링이었다. 공이 날아들자 영국의 골키퍼 실턴과 아르헨티나의 마라도나가 맞붙었다. 마라도나의 신장은 166센티미터였고, 실턴은 181센티미터였다. 두 선수의 신장 차이는 무려 15센티미터였다. 골키퍼는 손까지 사용할 수 있으므로 마라도나가 아무리 뛰어올라도 머리로는 공에 털끝 하나 댈 수 없는 상황이었다. 그런데 두 선수가 땅에 떨어진 순간 공은 영국의 골문을 향하고 있었다. 마라도나가 공에 손을 댄 것이다.

하지만 마라도나는 오히려 신나게 두 손을 치켜들며 뛰었다. 헤딩슛으로 골인을 했다는 것이다. 주심은 골을 인정했다. 실턴은 마라도나가 손으로 공을 쳤다고 주장했지만 주심은 결심을 바꾸지 않았다. 결국 마라도나가 한 골을 더 추가해 아르헨티나가 2:1로 영국을 이겼다.

손으로 넣은 골에 대한 비판이 일자 마라도나는 말했다.

"신의 손이 공을 때렸고 골인이 되었다. 공을 때린 손은 나의 손이 아니라 신의 손이었다."

세상에 손으로 넣는 축구는 없다. 이것은 축구 역사상 가장 부정직한 골로 기록되어 있다. 손으로 넣기는 이미 그의 계산된 전략이었다는 말도 있다. 그로부터 마라도나에겐 늘 부정직이라는 꼬리표가 따라다녔다. 잠시 사람의 눈을 속일 수 있지만 진실까지 속일 수는 없다. 아니 하나님까지 속일 수는 없다. 정직이 이긴다.

티모 볼Timo Boll, 그는 독일 탁구계의 1인자다. 2012년 8월 현재 세계 랭킹 7위지만 2011년 1월에서 3월까지는 중국을 물리치고 1위를 차지했다. 역설적이게도 그는 독일보다 중국에 더 많은 팬을 확보하고 있다.

볼은 4연속으로 올림픽에 출전했다. 런던올림픽에선 강력한 우승후보였다. 그런데 16강전을 치를 때 사건이 벌어졌다. 유럽챔피언인 볼과 루마니아 선수와의 경기는 접전이었다. 모두가 숨죽이며 지켜보던 바로 그때 루마니아 선수가 친 공이 볼의 탁구대 모서리를 맞고 떨어졌다. 그런데 심판이 그것을 보지 못하고 볼에게 점수를 주었다. 남들 같으면 쾌재를 불렀을 것이다. 그러나 볼은 그렇게 하지 않았다. 오히려 심판에게 뛰어가 판정이 잘못되었다며 루마니아 선수에게 점수를 줄 것을 정중히 요청했다. 정직을 택한 것이다. 주심은 비디오 판독을 요청했고, 결국 점수는 루마니아 선수에게 갔다.

볼은 이 게임에서 졌다. 하지만 관중은 그에게 기립박수를 보냈다. 런던올림픽의 슬로건은 '세대에게 영감을Inspire a Generation'이다. 세대에게 영감을 줄 수 있는 것은 단순한 금메달이 아니라 정직이다.

볼의 정직은 단순히 개인 차원의 일이 아니다. 그것은 독일 교육의 힘이다. 독일은 프로선수들에게 "선수가 되기 전에 먼저 인간이 돼라. 그래야 클 수 있다"며 사람됨을 가르친다. 남을 배려할 줄 모르는 사람, 정직하지 못한 사람은 선수에서 제외시켰다. 이 교육이 볼과 같은 인물을 낳은 것이다. 교육은 실천될 때 빛이 난다. 볼의 정직은 금메달이다. 아니, 정직을 실천하도록 가르치고 또 가르치는 교육이 금메달이다. 승리보다 더 귀한 것이 있다.

2 윌리엄 하니
신뢰도가 높아지면 생산성도 높아진다

       남북통일의 한 방법으로 기능적 접근방법이 있다. 남북한이 점차 경제, 문화, 종교, 체육, 사회적 기능에 따라 서로 교류함으로써 통일을 이루는 방법이다. 점진적 방법 가운데 하나다. 왜 이런 주장을 하게 될까? 그 바탕에는 이를 통해 서로 신뢰를 쌓아가자는 뜻이 담겨 있다. 남북 사이에는 기본적으로 서로 신뢰관계가 형성되어 있지 못하다는 말이다. 그러니 합의한 일도 쉽게 깨진다. 서로 믿을 수 없기 때문이다.

  윌리엄 하니William V. Harney는 신뢰 사이클을 주장한다. 그에 따르면 사이클에는 건설적 사이클과 파괴적 사이클이 있다. 건설적 사이클은 신뢰도가 높아지면 생산성도 높아진다는 것이고, 파괴적 사이클은 이와 달리 신뢰도가 낮아지면 생산성도 낮아진다는 것이다. 신뢰도가 생산성과 깊게 관계된다는 것을 알 수 있다.

  공학 중에 신뢰성 공학reliability engineering이 있다. 이것은 제품의 신뢰성 요구사항을 개발하고, 적절한 신뢰성 프로그램을 수립하고, 적절한 분석과 업무를 수행하여 제품이 그 요구사항을 만족하는 것을 보증하는 것이다. 그렇게 되면 소비자들이 믿고 사게 된다. 안전한 제품이 최고가 아니겠는가.

  인간관계에도 신뢰성이 중요하다. 상대를 믿을 수 없다면 말하기조차 두렵다. 앞으로의 관계발전도 어둡다. 친구관계나 남녀관계에서도 신뢰는 품질보증과 같다. 직장생활에서도 신뢰는 기본이다.

  총에서 가장 중요한 점은 신뢰성이다. 전쟁에서는 사소한 결함과 약점이 한순간의 생사를 가르기 때문이다. 우리는 국가기관을 그런대로 신뢰

한다. 그러나 신뢰성이 약화되면 정부의 말도 믿지 않게 된다. 약속이 지켜지면 신뢰도가 높아지지만 그렇지 못하면 믿지 못하게 된다.

신뢰가 중요하다는 것은 다 안다. 그렇다면 어떻게 신뢰성을 높일 수 있을까? 그것은 의외로 간단하다. 정직하고 성실한 삶을 사는 것이다. 단 한 번의 정직이 아니라 지속적인 정직이다. 신뢰성은 단시간에 얻어지는 것이 아니다. 약속한 것은 지킨다. 지킬 수 없는 상황이 올 때도 있다. 삶이 100% 완전하지는 않다. 그런 경우 솔직하게 정황을 설명하고 양해를 구한다. 그리고 그것이 지켜질 수 있도록 계속 노력한다. 이런 모습 속에서 신뢰는 쌓인다.

바울이 고린도교회에 보낸 글 가운데 이런 말이 있다. "내가 범사에 너희를 신뢰하게 된 것을 기뻐하노라(고후 7:16)." 이 교회는 원래 문제가 많았고, 그는 이 교회의 여러 문제점을 지적했다. 그러나 훗날 보낸 그다음의 편지에서 너희를 신뢰하게 된 것을 기뻐한다 했다. 달라진 것을 기뻐한 것이다.

우리 사회에 꼭 필요한 것이 있다면 신뢰성 회복이다. 무너진 곳이 너무나 많기 때문이다. 우리 한 사람으로부터 시작해서 국가에 이르기까지 수축해야 할 것이 한두 가지가 아니다. 거짓으로는 신뢰를 쌓을 수 없다. 약속과 다짐만으로도 안 된다. 지속적인 실천이 따라야 한다. 더욱 정직하게 살자. 신뢰의 사이클을 한층 높이자. 신뢰도가 높아지면 생산성도 높아진다.

③ 월터 랠레이 경
바른 마음이 더 중요하다

17세기 영국의 시인이자 탐험가요, 군인이자 관리였던 월터 랠레이 경Sir Walter Raleigh이 어명 불복 죄로 사형을 당할 때 도끼를 든 형리가 소리쳤다.

"머리를 똑바로 하라!"

동시에 그도 소리쳤다.

"이 사람아, 마음이 바르면 됐지 머리가 좀 틀어지면 어때."

바른 마음이 더 중요하다는 말이다.

마음이라고 다 바른 것은 아니다. 변덕이 죽 끓듯 한다. 오죽하면 장자가 "마음보다 더 잔인한 무기는 없다" 했겠는가. 이런 말도 있다. "일이 쉽게 이뤄지리라 생각하지 마라. 일이 쉽게 이뤄지면 마음이 경솔하게 된다. 다른 사람이 쉽게 순종하리라 생각하지 마라. 남이 쉽게 순종하면 마음이 교만해지기 쉽다." 마음 다스리기가 쉽지 않다.

『채근담』에 이런 말이 있다. "마음이 어둡고 산란할 때엔 가다듬으라. 마음이 긴장하고 딱딱할 때엔 놓으라. 그렇지 못하면 어두운 마음을 고칠지라도 흔들리는 마음이 다시 병들기 쉽다." 마음도 때론 산란하고 병든다. 성경에서도 예외가 아니다. "마음이 편안하면 몸에 생기가 돌고 마음이 타면 뼛속이 썩는다(잠 14:30, 공동번역)."

키르케고르는 그의 책『죽음에 이르는 병』에서 예수가 죽은 나사로를 일깨우는 이야기를 서론에서 인용하였다. 그에 따르면 육체적 죽음은 죽음에 이르는 병이 아니며 인간을 진정 죽음으로 몰고 가는 것은 절망이다. 절망絕望이란 한자로 볼 때 '바라봄이 끊어진 상태'이다. 여기서 바라봄의 주체는 육안이 아니라 마음의 눈이다. 마음이 중요하다는 것이다. 마음을 잘 다스리면 절망도 이겨낼 수 있다.

1776년 9월 22일 뉴욕 시 영국군 진영에서 조지 워싱턴이 밀파한 21세의 미 독립군 대위 나단헤일을 간첩혐의로 처형했다. 대위는 마지막으로 말했다.

"내 나라를 위해 바칠 수 있는 목숨이 하나밖에 없는 것이 유감이다."

어디 그뿐이랴. 중세 이탈리아 콜로나의 용장 스데반이 적에게 완전 포위되었다. 살길이 보이지 않았다. 적은 소리쳤다.

"이제는 너의 성이 없다."

하지만 그는 대적 앞에서 자기의 심장을 가리키며 외쳤다.

"내 성은 아직 여기 있느니라."

아직도 마음의 성이 견고하게 서 있다는 말이다. 대장부답다.

오늘날 우리에겐 이런 식의 절박한 삶이 요구되지는 않는다. 하지만 순간순간 마음을 굳게 하며 바로 서야 할 때가 있다. 이런 땐 대장부가 되어야 한다. 유학에서 대장부란, 인이라는 천하의 넓은 집에 살고, 예라는 천하의 바른 위치에 서서, 의리라는 천하의 큰 도를 행하는 것이다. 인의 예지를 얼마나 중시했는가를 알 수 있다. 한마디로 바르게 살라는 말이다. 바르게 사는 사람이 좋은 사람이다. 소망을 잃지 마라. 그리고 마음을 바른길에 세우라. "내 아들아 너는 듣고 지혜를 얻어 네 마음을 바른길로 인도할지니라(잠 23:19)." 삶이 아무리 어려워도 바르게 살면 그것이 곧 이기는 것이다.

4 체로키 인디언
자연과 언어에도 절제가 답이다

포리스터 카터Forrest Cater는 체로키 인디언 혈통을 일부 이어받은 미국 작가다. 앨라배마에서 태어난 그는 마음의 고향인 인디언의 세계를 어린 소년의 순수한 감각으로 묘사한 것으로 유명하다. 죽은 지 12년이 지난 1991년 미국 서점상연합회가 선정한 에비상을 받았다.

그가 지은 작품으로 『내 영혼이 따뜻했던 날들』이 있다. 원 제목은 '작은 나무의 교육Education of Little Tree'이다. '작은 나무'는 이 작품에서 주인공으로 나오는 다섯 살짜리 인디언 혼혈아 이름이다. 부모를 모두 잃은 그가 체로키족인 조부모를 따라 산속 오두막 생활을 한 7년 동안의 삶을 다룬 것이다. 이 작품에는 자연과 인간에 대한 깊은 통찰과 애정이 묻어나는 체로키족의 삶의 철학이 담겨 있다.

작품에서 배울 수 있는 것 중의 하나는 그들의 절제된 삶이다. 의식주를 포함해 모든 것을 산에서 해결하는 인디언들은 자신들이 꼭 필요로 하는 것만을 산에서 구한다. 절대로 필요 이상으로 욕심을 내어 사냥을 하거나 자연을 훼손하지 않는다. 자연활용에도 절제가 답이다. 그래야 자연과 더불어 살아갈 수 있다. 작가는 자연을 훼손하며 개발에만 눈먼 나라들에 화살을 돌리고 싶었을 것이다.

자연뿐 아니라 그들의 언어생활에도 절제가 있다. 지나친 말은 불필요하며, 느끼고 이해하고 사랑할 줄 알면 그것으로 족하다고 생각한다. 언어가 우리의 삶을 영위하게 하는 유익한 도구이기는 하지만 동시에 우리를 잡아 가두는 족쇄가 되기 때문이다. 나아가 그들은 혀로 만 소통하지 않고 영적인 언어 영혼으로 소통한다. 이렇게 해야 인간뿐 아니라 바람, 시냇물, 새, 천둥, 꽃 등 온갖 자연물과도 교감할 수 있고 자연의 모든 것과 친구가 될 수 있다. 자연과의 대화가 얼마나 중요한가를 가르쳐준다.

카터의 글을 읽으면 삶에서 절제가 얼마나 중요한 것인가를 새삼 깨닫게 된다. "누구나 자기가 필요한 만큼만 가져야 한다", "할 말만 하고 자연과 교감하며 살라." 이 말은 지극히 단순해 보인다. 하지만 우리 가운데서 그것을 지키는 사람은 그리 많지 않다. 그래서 그들의 단순한 삶이 귀감이 된다. 다음은 책의 한 부분이다.

> "꿀벌인 티비들만 자기들이 쓸 것보다 더 많은 꿀을 저장해두지. 그러니 곰한테도 뺏기고 너구리한테도 뺏기고 우리 체로키한테 뺏기기도 하지. 그놈들은 언제나 자기 필요한 것보다 더 많이 쌓아두고 싶어 하는 사람들하고 똑같아. 그런 사람들은 그러고도 또 남의 걸 빼앗아오고 싶어 하지. 그들은 자기가 먼저 깃발을 꽂았기 때문에 그럴 권리가 있다고 하지. 그러니 사람들은 그놈의 말과 깃발 때문에 서서히 죽어가는 셈이야."
>
> "칠면조란 놈들도 사람하고 닮은 데가 있어. 이것 봐라. 뭐든지 다 알고 있는 듯하면서, 자기 주위에 뭐가 있는지 내려다보려고는 하지 않아. 항상 머리를 너무 꼿꼿하게 쳐들고 있는 바람에 아무것도 못 배우는 거지."

책에 '아이 킨 예I kin ye'라는 말이 나온다. 이 말은 '당신을 사랑해', '당신을 이해해' 두 가지 의미 모두를 담고 있다. 사랑하지 않으면 이해할 수 없고, 이해하지 못하면 사랑할 수 없다는 말이리라. 주인공 작은 나무가 더 이상 작아 보이지 않는다. 아니, 체로키 인디언들의 생각이 오늘따라 따뜻해 보인다.

레미제라블

5日 비정한 세상에서 사랑은 언제나 감명을 준다

사무실을 나오려는데 한 분이 묻는다.

"교수님, 영화 '레미제라블' 보셨어요? 이번 주말에 사모님과 함께 꼭 보세요."

빅토르 위고가 쓴 『레미제라블』은 소설, 뮤지컬, 영화 등에서 주목을 받아왔다. 사람들은 소설을 통해 익히 안다고 하지만 2천 쪽이 넘는 소설을 완독한 사람은 적다. 미리엘 주교의 이야기가 90쪽 넘는 데다 워털루전투, 파리의 하수도 묘사에서 현학적 지식과 법철학 강의를 늘어놓는 저자의 글을 참고 읽어낼 사람은 그리 많지 않다. 그저 축약본이나 몇 시간짜리 영화나 뮤지컬을 놓고 더 많은 이야기를 한다. 소설 레미제라블은 사실 공화주의자 위고의 정치사상과 법철학을 담은 책이다.

주인공 장발장은 1795년 배고픈 조카를 위해 한밤중 남의 집 창문을 깨고 도둑질한 죄로 5년 노역형을 받았다. 당시 프랑스가 경제적으로 그만큼 어려웠음을 단적으로 보여준다. 그는 네 차례나 탈옥을 시도하다 형기가 늘어나 19년간 감옥생활을 했다. 가석방된 그는 또다시 은촛대를 훔치지만 미리엘 주교는 오히려 그를 변호하고, 그 따뜻한 마음은 어두운 장발장의 영혼에 불빛이 된다. 지금까지 그가 느낀 권위주의적이고 부패한 교회권력과는 전혀 다르다.

지독하리만치 장발장을 쫓는 자베르는 수형소에서 점치던 어머니와 항구 감옥의 죄수인 아버지 사이에서 태어난 인물이다. 소설에서 그는 단한 번도 거짓말을 하지 않는 사람이자 법의 철저한 수호자다. 그런 그가 장발장의 선의에 무릎을 꿇게 된다. 비정한 법의식에 대한 위고식 단죄

다. 이것에는 위고의 법에 관한 생각이 담겨 있다.

　소설에서 머리카락과 앞니를 팔아 양육비를 마련하는 팡틴은 가난한 미혼모다. 뮤지컬에서는 머리카락만 팔고, 영화에서는 어금니를 빼는 것으로 되어 있다. 머리카락이 잘리고 앞니가 두 개 빠진 팡틴, 뮤지컬이나 영화에서 그가 부른 노래는 그녀의 비참함을 절절히 대변한다. 가난한 민중의 아픔이다.

　뮤지컬에서 떠돌이 소년으로 나오는 가브로슈는 소설에서 여인숙 부부의 아들이자 에포닌의 동생이다. 아버지로부터 버림받은 그는 그의 아버지로부터 역시 버림받은 두 남동생을 거리에서 만나 하룻밤 재워준다. 물론 서로 혈육인 것은 모른 채. 이것이 형제들의 처음이자 마지막 만남이다. 위고는 사회적 비극을 이렇게 그렸다. 영화에서는 자베르가 가브로슈의 시신에 훈장을 달아주는 것으로 처리했다. 혁명군에서 그가 한 역할을 보았기 때문이다.

　소설에서 장발장은 집에서 숨을 거두고 코제트 부부가 임종을 지켜본다. 뮤지컬에서는 코제트 부부뿐 아니라 팡틴과 에포닌의 영혼이 지켜보는 가운데 수도원에서 죽는다. 영화에서는 미리엘 주교가 그의 영혼을 거두어간다.

　레미제라블은 프랑스 시민혁명을 배경으로 하고 있다. 역사적으로 보면 프랑스 시민혁명은 100년에 걸친 일이다. 결국 왕정을 무너뜨리고 공화정을 가져온다. 레미제라블은 1832년 6월 봉기를 그리고 있다. 마리우스와 동지들이 프랑스 국기를 흔들고 있다. 작가는 묻는다.

　"자베르의 정의를 택할 것인가? 아니면 장발장의 용서와 관용을 택할 것인가?"

　비정한 세상에서 사랑은 언제나 감명을 준다.

책

책에 투자하는 것보다 더 나은 것은 없다

집에 있는 주부들을 대상으로 한 라디오 및 텔레비전 연속극을 소프 오페라soap opera라 한다. 멜로드라마, 연속드라마가 이에 속한다. 전개속도가 느리고 감상적이며 신파조다.

왜 비누라는 명칭이 붙여졌을까? 그것은 미국의 프록터 앤드 갬블, 콜게이트 파몰리브, 레버 브라더스와 같은 비누와 합성세제 제조업자들이 주부를 겨냥한 프로그램에 오랫동안 그리고 많이 재정지원을 해왔기 때문이다. 한마디로 이 연속극에 광고비를 많이 댔다는 말이다. 지금은 가전제품 회사들이 주부들을 겨냥하고 있어 비누 대신 다른 이름이 들어가야 할 것 같다.

그런데 왜 오페라일까? 오페라 하면 음악과 연기가 결합한 격조 높은 뮤지컬이 떠오른다. 하지만 그것만이 오페라가 아니다. 오페라는 '작품'을 뜻하는 라틴어 '오푸스opus'의 복수형이다. 서부극을 horse opera라 하고, 공상과학 우주활극을 space opera라 한다. 따라서 주부를 대상으로 한 통속극을 soap opera라 한 것이다. 오페라도 다양하다. 각 오페라의 격이 높은가 낮은가는 보는 사람의 평가에 맡겨두기로 한다. 사람에 따라 선호도가 다르기 때문이다.

미국의 연속극은 주로 가정의 일상적인 삶을 그려냈다. 하지만 때론 낙태, 약물남용, 아내학대, 성에 대한 주제도 다뤘다. 낭만적인 무용담, 권선징악의 내용으로 좋은 평가를 받기도 했지만 난잡한 행위, 폭력, 범죄 등을 많이 취급해 지탄을 받기도 했다.

한국의 연속극도 예외가 아니다. 많은 주부가 오늘도 연속극에 웃고

운다. 이것에 중독된 사람들도 많다. 바라건대 요상한 설정으로 사회를 문란하게 하지 않았으면 한다. 지금 사람들이 무엇을 보고 즐기느냐에 따라 우리 사회의 미래가 달라지기 때문이다.

연속극, TV, SNS 때문인지 요즘 책이 잘 팔리지 않는다 한다. 종이책이 전자책^{e-Book}에 밀리는 형국이다. 책의 형태가 달라진 것이다. 전자기기에 접하는 일이 많아지다 보니 책을 접하는 모양도 달라질 수밖에 없다. 도서관에서도 어느 정도 기간이 지나면 도서를 전자도서로 바꾸는 일을 한다. 그래서 도서관 안에서도 디지털도서실이 생겼다. 그 많은 책을 쌓아놓을 곳이 없기 때문이다. 종이책뿐 아니라 전자책을 동시에 출간하는 출판사도 늘고 있다. 앞으로 도서관에 가면 전자책을 접할 확률이 커졌다. 오래된 책일수록 더 그렇다.

사람들은 과연 전자책을 많이 읽을까? 주변에서 간혹 전자책을 다운받아 읽는 사람도 보긴 했지만 생각보다는 많지 않다. 앞으로 그 폭이 넓어지리라는 것은 두말할 나위 없다. 자유롭게 읽을 수 있도록 올려놓은 것들이 많아 나도 간혹 찾아본다. 어떤 것은 희귀본도 있어 읽는 재미가 쏠쏠하다.

그러나 나에게 있어서 전자책이 종이책을 이길 순 없다. 종이책은 손에 쥔 촉감도 그렇고, 저자의 숨결을 가까이서 느끼는 것 같아 좋다. 특히 활자화된 글을 직접 보면 화면으로 보는 것과는 정감이 다르다.

책은 인간의 영혼을 살찌우는 가장 훌륭한 반려자라 한다. 그만큼 가깝고 유익을 주는 친구라는 말이다. 토마스 아 켐피스도 "내가 이 세상 도처에서 쉴 곳을 찾아보았으되, 마침내 찾아낸 책이 있는 구석방보다 나은 곳은 없더라" 했다. 움베르토 에코도 이 말을 가장 좋아한다. 데카르트도 "좋은 책을 읽는 것은 과거의 가장 뛰어난 사람들과 대화를 나누는 것과 같다"고 했다. 선현들의 생각을 익히 알 수 있는 것은 책이다. 그래서 칼라일은 "책 속에는 모든 과거의 영혼이 가로누워 있다"고 했다.

친구인 송재소 교수가 중국 송나라의 정치가이자 문학가였던 왕안석 王安石의 시를 소개해주었다.

가난한 자, 책으로 인하여 부유해지고
부유한 자, 책으로 인하여 귀해지며
어리석은 자, 책을 얻어 현명해지고
현명한 자, 책으로 인하여 이로워지니
책 읽어 영화 누리는 것 보았지
책 읽어 실패하는 건 보지 못했네

안중근 의사는 "하루라도 책을 읽지 않으면 입안에 가시가 돋는다" 하였다. 밥을 먹듯 책을 읽으라는 말이다. 미래는 과학으로만 발전하지 않는다. 생각을 펴고 나누는 일에서 책만큼 큰일을 하는 것도 없다. 출판사가 더 이상 매출 때문에 걱정하지 않도록 책에 투자하기 바란다. 세상에 이보다 더 나은 투자는 없다. 한 가지 더 부탁이 있다. 당신도 책을 써라. 연속극이야 어차피 남의 얘기 아닌가. 그것에 목매지 말고 당신의 인생을 책에 담으라. 당신이 바로 가장 좋은 소재다.

7ᄃ 공리주의
서로를 위하는 착한 사회는 정녕 불가능한가

4년간의 시베리아 유형생활에서 잉태된 도스토옙스키의 소설 『죄와 벌』은 시대와 세월을 초월한 휴머니즘의 정수라는 평가를 받고 있다.

소설의 주인공 라스콜리니코프는 명석하지만 가난했다. 그는 무익한 인간을 죽이고 그것을 바탕으로 사회에 나가 공헌하게 되면 몇 백 배의 보상을 할 수 있다는 결론을 내린다. 결국 그는 고리대금을 하는 노파를 살해한다.

이것이 과연 옳은 것일까? 여기에서 우리는 『정의란 무엇인가』로 유명한 마이클 샌델 교수의 공리주의 비판을 만날 수 있다.

1884년 여름, 영국 선원 네 명이 작은 구명보트에 올라 대서양을 표류했다. 19일째 되던 날 선장은 희생할 사람을 정하자고 했다. 결국 17살 난 고아 소년이 희생되었다. 희생이 되어도 그에겐 부양할 가족이 없으니 다른 사람이 죽는 것보다 낫다는 공리주의적 판단이 작용했다. 다른 세 남자는 그의 살과 피를 먹고 마시며 사흘을 연명했다. 마침내 24일째 되던 날 생존자 모두 구조되었다. 하지만 그들은 영국으로 돌아가자마자 재판을 받았다. 이른바 구명보트 사건은 한동안 논쟁거리가 되었다.

다시 소설로 돌아간다. 주인공은 노파를 죽이는 과정에서 예기치 않게 노파의 여동생마저 죽이고 말았다. 이중 살인을 완전범죄로 만드는 데 성공하기는 했지만 불안과 악몽에 휩싸인다. 나폴레옹과 같은 위대한 인물이 되고자 했는데 이게 무슨 꼴이람. 그는 자신이 고리대금 노파와 마찬가지로 벌레에 불과하다는 사실에 좌절한다.

고통과 번민 속에서 헤매다가 가족을 먹여 살리기 위해 몸을 파는 가련

한 소녀를 만난다. 소녀는 비록 창녀 생활을 했지만 영혼은 순수했다. 성스러운 창녀다. 작가는 이 소설에서 밝은 희망의 빛을 지니고 있는 유일한 인물로 그를 부각시키고, 소녀의 영혼을 통해 '고뇌를 통한 정화'라는 자신의 사상을 표현하고자 하였다. 소냐는 살인으로 손을 더럽힌 주인공 라스콜리니코프에게 대지에 엎드려 입 맞추고 속죄하라고 한다. 죄는 지울 수 없고, 사랑은 그를 고뇌하게 한다. 이 모순이 아름다움을 절묘하게 창조한다. 주인공은 그녀의 발에 키스를 하며 절규한다.

"나는 당신 앞에 엎드리는 것이 아니라 전 인류의 고통 앞에 엎드리는 것이오."

자수를 결심한 그는 자신이 더럽힌 대지에도 입을 맞춘다. 자수를 했지만 그는 자신은 죄인이라 생각하지 않았다. 다만 자신이 나폴레옹이 될 수 있을 것이라 믿었던 것이 잘못이었을 뿐이라 한다. 인간은 자기 합리화에 철저하다. 우리는 이런 자기 합리화를 사건의 가해자들로부터 자주 듣는다. 그리고 그 말에 자주 분노하곤 한다.

구명보트 사건에서 살해당한 소년은 젊은이의 야심을 품고 희망에 가득 차 항해에 참가했고, 이번 여행으로 남자다워질 수 있으리라 생각했던 사람이었다. 그러나 그에게 닥친 현실은 달랐다. 그리고 소설 속 노파는 사실 무슨 죄가 있는가.

요즘 최대다수의 최대행복이라는 공리주의 인식이 높아지고 있다. 다수의 행복을 위한 것이라면 소수가 희생을 당해도 좋다는 식이다. 수명이 늘면서 앞으론 노인에 대한 테러도 있게 될 것이라는 경고 아닌 경고가 대선 때 나와 노인폄하 논란이 일기도 했다. 사회적 약자에 대한 인식이 왜곡되고, 사회가 점점 살벌해지는 것 같다. 서로가 서로를 위하는 착한 사회는 정녕 불가능한 것인가.

8 톨레랑스
열린사회가 되어야 대화할 수 있다

톨레랑스tolérance는 차이를 긍정하면서 극단을 부정하는 논리를 말한다. 다른 사람의 생각을 존중한다는 의미에서 흔히 관용, 허용, 이해라 한다. 그 중심에는 타인에 대한 열린 태도가 있다. 사람을 흑과 백으로 나눠 서로를 부정하는 이분법 사회에서는 이것이 통하지 않는다. 톨레랑스가 없다면 서로 대화할 수 없다는 데 사회의 비극이 존재한다.

EBS에서 방영된 〈톨레랑스〉는 "당신의 정치적·종교적 신념과 행동이 존중받기를 바란다면 우선 남의 정치적·종교적 신념과 행동을 존중하라"라고 말한다. 이것이 톨레랑스의 출발점이다. 그러나 이것에 대해 단호히 반대한다면 그것은 톨레랑스의 종점이다.

홍세화가 쓴 책 『나는 파리의 택시 운전사』나 『쎄느강은 좌우를 흐르고 한강은 남북을 가른다』는 프랑스가 어떤 나라인가를 톨레랑스라는 키워드를 통해 잘 가르쳐주고 있다. 파리에서 20여 년간 생활하면서 본 것이 많지만 그가 잊을 수 없는 것은 프랑스인 특유의 톨레랑스, 곧 관용이었다.

그가 본 프랑스는 개인의 생각을 무척 존중하는 나라다. 그래서 왕따가 존재할 수 없다. 모든 부분에서 다양한 논의가 가능한 프랑스인들에게 있어서 자유로운 토론은 즐거운 일에 속한다. 프랑스 사회의 여유로움은 우리 모두가 배워야 할 것 가운데 하나다.

프랑스 기자들은 한국 기자들처럼 단순한 동향보고자들이 아니라 진정한 의미의 뉴스를 보도한다. 그들에겐 그들의 말들을 의미 있게 던질 자유가 있다. 상황에 따라 눈치를 보고 사는 사람들이 아니다. 각자 나름대로 개성을 지킨다. 그 개성은 다른 사람들로부터도 충분히 존중을 받는다.

홍세화가 본 한국은 그렇지 못하다. 21세기 자유의 시대를 살고 있지만 모두가 똑같은 패션과 똑같은 직업을 선호하고 똑같은 취미를 가진다. 유행이라면 저마다 따라 하기 바쁘다. 정해진 몇 가지 노선에 맞추어 말하고 행동한다. 다른 소리를 낸다는 것은 왕따를 자초하는 행위이다. 그는 한국인들이 보다 소신 있게 말하고, 행동할 필요가 있음을 피력한다.

한국인들이 그보다 앞서 배워야 할 것이 있다. 그것은 바로 톨레랑스다. 사소한 것에 목숨 걸지 않는 넉넉한 마음과 여유. 그래야 다양한 목소리가 가능한 사회가 될 수 있다. 나와 다른 생각도 "그럴 수 있다" 관용할 수 있는 사회가 되어야 대화가 가능하다. 그때 독특한 생각도 부끄럼 없이 드러낼 수 있고, 그것을 인정하며 논의할 수 있다. 그래야 우리 사회도 성숙할 수 있다. 열린사회는 쉽게 오지 않는다.

"그걸 말이라고 해!" "내 앞에서 다시는 그런 말 하지 마." 이런 권위주의적인 말들은 원천적으로 대화를 막는다. 사회성도 죽고, 창의성도 죽는다. 사소한 것에 목숨 걸지 마라. 어차피 모두가 같은 생각을 할 수는 없다.

이 세상을 혼자서 살아갈 수 있는 사람은 아무도 없다. 우리는 날마다 다른 사람을 필요로 한다. 이때 꼭 필요한 것은 나와 다른 사람과 함께 살아가는 마음가짐과 열린 태도다. 다름을 인정하지 않고 자기 방식, 자기 생각만을 강요한다면 자신뿐 아니라 모두가 피곤해진다. 가정과 학교에서 어릴 때부터 다름을 인정하는 정신을 심어주는 것은 매우 중요하다.

톨레랑스는 도저히 봐줄 수 없는 상황에서 빛을 발한다. 나와 다르다는 것을 알게 될 때 받아들이기 어렵다. 그때 오히려 참고 견뎌라. 아니, 보다 넉넉한 마음과 여유로 상대를 받아들여라. 그러면 당신은 하늘을 비상하는 자유를 경험하게 될 것이다.

9 파페포포
행복은 오는 것이 아니라 만드는 것이다

송나라 정이가 본 불행 세 가지가 있다. 첫째는 소년등과少 年登科다. 빨리 출세했는데 왜 불행일까? 그는 말한다. "어려서 너무 빨리 출세하면 교만해져서 불행해질 수 있다." 둘째는 석부형제지세席父兄弟之 勢다. 좋은 부모나 형제를 만나면 좋을 것 같은데 왜 불행이라 할까. 너무 좋은 부모나 형제를 만나면 그들의 권세만 믿고 게으르다 불행해질 수 있기 때문이다. 셋째, 유고재능문장有高才能文章이다. 재주가 뛰어나고 문장력이 좋은데 왜 그럴까? 뛰어난 재주와 문장만 믿다 안일함에 빠지면 불행해질 수 있기 때문이다. 한마디로 누구나 행복이라고 생각하는 것들이 때로 불행일 수 있다는 것이다. 역시 교만, 게으름, 안일은 경계 대상이다.

"인생이란 불충분한 전제로부터 충분한 결론을 끌어내는 기술이다Life is the art of drawing sufficient conclusions from insufficient premises." 명언이다. 세상에 모든 조건이 갖추어져 태어난 사람은 없다. 대부분의 사람은 어려운 환경에서 태어나 그것을 극복하며 산다. 힘든 가운데서도 행복을 만들어내는 사람은 종종 박수를 받는다.

심승현은 낮에 대학을 다니고, 밤에는 애니메이션 회사에 다니며 돈을 벌었다. 그가 하고 싶은 일은 글쓰기였다. 그 일을 하기 위해서 그는 잠을 줄여야 했다. 수년간 나 홀로 작업 끝에 나온 것이 바로 『파페포포 메모리즈』다.

그는 이 책을 통해 누구나 가슴 깊이 간직하고 있는 첫사랑의 추억과 우리가 잊고 있는 것들에 대한 그리움을, 순수한 청년 파페와 착하고 여린 처녀 포포의 예쁜 사랑을 통해 만화로 담아냈다.

만화, 그것도 천박한 사랑 이야기라고? 그렇지 않다. 사랑·의미·관계·시간·추억 등 다섯 가지 테마를 통해 진정한 사랑의 가치, 가정과 가족의 소중함, 우정의 의미 등을 일깨워준다. 만화와 함께 마음에 여운을 남기는 글로 공간을 채웠다.

그런데 이 책에서 나의 주목을 받은 것은 행복에 관한 그의 글과 그림이다.

"우리가 놀라는 것은 무섭기 때문이 아니다. 놀라기 때문에 무섭다고 한다. 우리가 슬퍼하는 것도 마찬가지다. 슬프기 때문에 눈물이 흐르는 것이 아니라 눈물이 흐르기 때문에 슬프다 한다. 화나는 것 또한 화가 나기 때문이 아니라 얼굴이 붉어지기 때문에 화가 난다 한다."

그렇다면 행복은 어떨까. 그는 말한다.

"행복하고 싶니? 즐거움이 없더라도 기쁜 일이 없더라도 그냥 웃어봐! 행복해지는 것은 행복하기 때문이 아니라 웃기 때문에 행복해진다는 걸 사람들은 모르고 있어. 자, 웃어봐. 간단해. 행복은 네 안에 있어. 자, 웃어봐. 간단해. 행복은 단지 웃는 네 미소 속에 있어."

그는 행복에 대해 우리의 생각을 바꾸고자 한다. 세상에 행복한 일이 얼마나 있을까. 그것이 오기까지 기다리려면 미소 지을 일은 별로 없을 것이다. 그렇다면 생각과 태도를 바꿔야 한다.

"자, 웃어봐. 간단해."

심승현은 그렇게 행복을 만들어냈다. 파페포포 스타일 행복이다. 작은 행복을 위해서도 우리의 노력이 필요하다. 행복은 오는 것이 아니라 만드는 것이다. 결국 자신의 태도가 문제 아니겠는가. 행복은 삶을 긍정적으로 받아들이고 적극적으로 만들어가려는 사람에게 찾아온다. 행복은 남과 비교해서 얻어지는 것이 아니라 내가 만들어나가는 것이다.

카뮈
부조리한 세상에서 삶의 가치를 복권하라

『시지프스 신화』, 『페스트』, 『행복한 죽음』, 『이방인』의 저자 알베르 카뮈, 그는 실존주의자다. 그의 키워드는 부조리l'absurdité와 반항이다. 인간은 행복하고자 하는 욕망과 현실 사이에서 수많은 부조리를 겪으며 살아가고 있다. 인간의 욕망과 현실의 부조리 속에서 인간의 실존적 대처방법은 반항이다.

그의 대표작 『이방인』, 주인공 뫼르쏘는 어머니가 양로원에서 세상을 떠나셨다는 소식을 듣는다. 장례를 위해 달려갔지만 그에겐 장례의 슬픔과 분주함이 왠지 거리가 멀다. 사실 어머니와는 오래전부터 떨어져 있었고, 죽음이 일상에 속하는 일이라면 자식이기 때문에 슬픈척하는 것조차 별 의미 없이 느껴진다. 장례식이 끝난 다음 날 그는 여자를 만나 영화를 보고 하룻밤을 보낸다. 이 모두 그에겐 일상 이외에 그 어떤 의미도 없다.

그는 레이몽이라는 여자친구를 사귀어 해변으로 간다. 그러곤 말한다.

"내일은 다시 일을 시작해야 한다. 그러니 결국 달라진 것은 아무것도 없다."

햇볕이 강렬하게 내리쬐는 해변의 정오, 그는 결국 여자친구 앞을 가로지르던 아랍인을 총으로 쏘아 죽인다. 그는 태양의 강렬한 빛 때문에 그를 죽일 수밖에 없었다고 말한다. 이해할 수 없는 그의 내면의 실존적 표현이다. 뫼르쏘라는 말은 정오와 고독을 합한 것이다. 뫼르쏘는 존재는 무시되고 정오의 태양 아래 혼자 고독한 존재이었다는 말이다. 카뮈가 왜 주인공의 이름을 그리 지었는지 이제야 알 것 같다.

그러나 체포된 그는 변호사 선임마저 거부한다. 그뿐 아니다. 신부와의 만남도 거부하고, 신마저도 거부한다. 그는 이 세상 모든 것과 등을 돌린다. 모든 세상도 그에게 등을 돌리게 된다. 그는 이 세상에서 철저히 이방인이 된다. 세상도 마찬가지다.

판사는 그의 행동을 비윤리적이고 비도덕적이라며 그에게 사형을 언도한다. 주인공은 담담히 받아들인다. 아니 사형이라는 운명 속에 자기를 맡기고 행복해한다. 사형이 아닌들 몇십 년 더 살 수 있겠지. 그에겐 죽음도 어떤 의미를 주지 못하는 일상일 뿐이다.

소설 『이방인』은 쉽게 읽히는 책이 아니다. 광기 어린 글이 많아 때론 등이 오싹하기까지 하다. 특히 뫼르쏘를 이해하기 어렵다는 사람들도 많다. 사람을 죽이고도 어찌 반성하는 빛이 없소? 죽은 사람에겐 실존도 없단 말이오? 어머니에 대한 그 태도는 뭐요? 하지만 카뮈가 고개를 들었다.

"재판장 나셨군요. 그것이 바로 우리의 부조리한 모습들입니다."

카뮈는 문학가이자 철학자다. 그는 작품을 통해 이 세상에는 합리적으로 설명될 수 있는 질서도 구원도 없기 때문에 궁극적으로 존재란 부조리한 것이라 한다. 그러나 그가 늘 부탁하는 말이 있다. "부조리한 세계에 대하여 좌절을 각오하고 노력을 거듭하여 삶의 가치를 복권하라."

실존주의자다운 말이다. 모순과 부조리로 가득한 이 세상에서 우리가 추구해야 하는 진정한 삶의 의미는 무엇인가, 우리가 회복해야 할 내면은 무엇인가 묻고 그것을 찾으라는 것이다. 그렇지 않으면 이방인으로 살아간다. 부조리, 이것은 일차적으로 이치나 도리에 맞지 않음을 의미하며, 이차적으론 무의미하고 불합리한 세계 속에 처하여 있는 인간의 절망적 한계 상황이나 조건을 말한다. 그런 가운데서도 지금 살아갈 의미와 가치가 충분하다 느껴진다면 카뮈의 눈으로 볼 때 당신은 그것만으로도 정녕 행복한 사람임에 틀림없다.

11 두보
아무리 힘들어도 꿈을 잊지 말자

당나라 현종은 원래 좋은 왕이었다. 그러나 양귀비에 빠진 다음부터 정사를 돌보지 않았다. 사랑에 빠진 것이다. 자연히 탐관오리가 득실댔다. 부정부패도 판을 쳤다. 초기에 변경에서 위세를 떨치던 군사력도 정치실패와 함께 시들기 시작했다. 병사를 보충하기 위해 농민을 끌어가고, 조세는 무겁게 부과되었다.

두보라고 편하지 않았다. 생활은 불우하고 궁핍해졌다. 그의 눈은 차츰 사회의 모순을 향해 있었고, 그의 시는 사회의 불합리한 실정을 드러냈다. 그의 시 '병거행兵車行'은 쓸데없는 전쟁에 내몰려가는 병사와 그 가족들의 고통을 담고 있다.

기근이 심한 어느 해 장안을 출발해 리산驪山 기슭에 왔을 때 그곳 온천에는 현종이 양귀비와 함께 문무백관을 거느리고 환락을 즐기고 있었다. 두보는 "부잣집에서는 술과 고기냄새가 나지만, 길에는 얼어 죽은 해골이 뒹굴고 있다"며 분노를 쏟아냈다. 봉선현에 겨우 당도해보니 처자는 굶주림에 시달리고 있고 어린 자식은 굶어 죽어 있었다. 두보는 울분과 서글픔을 금할 수 없었다. 이때 지은 시가 바로 '자경부봉선현영회오백자自京赴奉先縣詠懷五百字'다.

마침내 현종이 그토록 신임하던 안녹산이 반란을 일으켰다. 낙양을 점령한 안녹산은 연나라를 세운 뒤 스스로 황제의 자리에 올랐다. 그리고 현종이 있는 장안, 곧 서안으로 쳐들어갔다. 놀란 현종은 촉으로 도주했다.

황태자 이형이 도성의 한쪽을 반군에 내어주고 장안의 북쪽 영무에서 황제로 즉위했다. 그가 바로 숙종이다. 즉위 소식을 들은 두보는 황제를 알현하려 장안을 찾았다. 하지만 그는 그만 반군에게 잡히고 말았다. 장안에 연금된 그는 금광문으로 탈출할 때까지 2년 동안 공포의 나날을 보내야 했다. 그의 시 「춘망」은 연금 상태에서 지은 것이다.

　나라가 망해 산천만 남았는데
　성엔 봄이 찾아와 초목이 무성하네
　시국을 생각하니 꽃만 봐도 눈물이 나고
　가족과 떨어져 있어 슬프니
　새를 보아도 내 마음이 놀라는구나
　봉화불이 연이어 석 달 동안 타오르니
　집에서 온 편지 한 통은 만금처럼 귀하구나
　흰머리를 긁으니 머리숱이 적어지고
　남은 머리를 다 모아도 비녀조차 꽂지 못하겠구나

이 시를 보면 우선 장안의 모습이 너무도 쓸쓸하다. 주인을 잃은 도성에 봄이 찾아왔건만 나라는 도둑의 손에 들어가 있다. 안타깝고 애처로운 일이 아닐 수 없다. 눈물만 난다.

어찌 그뿐이랴. 두보는 비록 가난했지만, 늘 가족을 데리고 다녔다. 그러다 안녹산 난으로 포로가 되어 가족과 떨어져 있으면서 그는 가족이 천금보다 귀하다는 생각을 했다.

두보는 시 말미에서 자꾸만 빠지는 흰머리를 본다. 그의 모습도 애처롭기 그지없다. 그는 「춘망」을 망한 나라의 모습과 함께 가족과 떨어져 있는 자신의 처지를 생각하며 지었다. 그가 지금 바라보고 있는 봄은 처절하게 슬픈 봄이다. 그러나 춘망에는 지금의 상황이 아무리 어려워도 그것을 넘어선 또 다른 봄에 대한 기대가 담겨 있다. 지금 아무리 힘들어도 꿈을 잊지 말자. 그래야 두보의 시를 읽는다 하지 않겠는가.

12日 영조
백성을 고루 배부르게 하라

며칠 전 동대문시장 근처 종로와 을지로를 걸으면서 구역마다 시장이 특이하게 형성되어 있는 것을 보았다. 그전부터 느낀 것이지만 그날따라 마치 조선시대의 시전을 떠올리게 했다. 역사적으로 우리나라는 생각보다 오랜 시장역사를 가지고 있다.

기록을 보면 490년 신라 경주에 처음으로 저자市가 열려 각 지방의 상품이 유통되었다. 그것이 정기시장인 장시場市인지 상설상점인 시전市廛인지는 알 수 없다. 고려 땐 개성에 시전을 열어 시민의 생활필수품을 공급하고 정부가 필요한 관수품목을 조달했다. 개성의 큰길가엔 시전건물이 들어서 민가를 모두 가릴 정도였다고 한다.

조선시대에는 서울을 비롯해 평양과 수원에 시전을 건설했다. 왕조가 바뀐 탓에 개성사람들은 조선왕조에 대한 반대세력으로 찍혀 관리 등용의 길이 막혔다. 개성 출신 선비도 상인으로 나설 수밖에 없었다. 조정이 개성 시전의 영업을 금지하자 개성 상업계는 타격을 받았다. 자구책으로 지방행상으로 나서거나 중국교역에 나섰다.

상권은 서울을 중심으로 형성되었다. 관철동과 장교동 근처는 장통방長通坊으로 대시大市를 이뤘고, 그 주변으로 쌀과 잡물시장이 열렸다. 지금의 청계천인 장통방 냇가에선 소와 말 시장이 열렸다. 남대문, 동대문, 경복궁, 창덕궁, 종묘 근처에 시전 건물이 빽빽이 들어섰다.

상업이 활발해지자 이른바 금난전권禁亂廛權이 발생했다. 난전亂廛을 금하는 이것은 시전상인들이 정부권력과 결탁해 독점권을 얻음으로써 사상인私商人, 곧 개별 상인을 배제하려는 것이었다. 독점권을 얻은 상품을 다른 시전상인이 매매하는 경우 그 상품을 압수하고 정부에 고발하였다. 허가받은 시전상인이라도 허가된 물품만 팔 수 있지 다른 품목을 팔아서는 안 된다는 것이다.

금난전권은 선전비단가게, 면포전무명가게, 면주전명주가게, 지전한지가게, 포전삼베가게, 어물전생선가게 등 육의전六矣廛을 망라했다. 육의전은 조선시대 종로 등지에 자리 잡고 있던 여섯 종류의 상점을 말한다. 육의전 외에도 귀금속을 파는 시장이 자리했다. 지금 종로나 을지로의 가게들이 그저 있는 것이 아님을 알 수 있다.

금난전권은 도시민의 생필품을 특정 시전상인이 독점하여 유통질서를 크게 위협하고 물가를 오르게 했다. 또한 그 시전상인이 직접 난전상인을 처벌해, 물건 파는 일보다 물건 빼앗는 일에 몰두함으로써 문제를 일으켰다.

금난전권을 해결하는 데는 수공업자와 정부의 역할이 컸다. 많은 장인이 관청 수공업자에서 풀려나 도시 민간 수공업자가 되었고, 그들 자신이 만든 물건을 직접 소비자에게 팔게 됨으로써 조금이나마 횡포를 막을 수 있게 되었다. 영조 때 한성부윤 이보혁은 규모가 크고 취급상품이 긴요한 시전만 금난전권을 인정하고, 시전상인이 직접 난전상인을 처벌하는 것을 금지하며, 서울 시내에서만 금난전권을 행사하도록 하고, 10년 이내 설립된 시전의 금난전권을 취소해야 한다고 주장했다. 이것은 서울 주변 사상인의 진출을 쉽게 하는 계기가 되었다. 결국 정조는 1791년 육의전 이외의 시전에서 금난전권을 빼앗는 정책을 공포했다. 이것이 바로 신해통공辛亥通共이다. 이로써 육의전 밖의 시전에서 난전상인들이 자유롭게 상품을 팔 수 있게 되었다.

1764년 영조가 남긴 유명한 말이 있다.

"모두 나의 백성이다. 상업의 이익은 음식과 같아서 고루 배부르게 하는 것이 좋다."

모두가 잘 사는 사회, 그것이 우리가 바라는 사회가 아니겠는가. 역시 정치는 국민을 편안하게 하는 것이 좋다.

형설지공과 리즈 머리
생각을 바꾸면 길이 보인다

어려운 형편에 열심히 공부하여 좋은 결과를 얻는 것을 가리켜 형설지공螢雪之功이라 한다. 형설지공은 문자적으로는 '반딧불과 눈의 공로'라는 뜻이다. 이 말은 두 인물의 행적과 깊이 연관되어 있다.

형설지공의 형은 개똥벌레형螢 자이다. 이 형 자에는 중국 진나라 효무제 때 동진에 살던 선비 차윤車胤의 이야기가 담겨 있다. 그는 어려서부터 성실하고 생각이 깊으며 학문에 뜻을 두고 있었지만 가정형편이 좋지 않았다. 낮엔 밖에 나가 열심히 일해 살림을 했고, 밤엔 부지런히 책을 읽었다. 그러나 밤에 등불 기름을 구할 형편이 되지 않을 만큼 가난했다. 여름이면 깨끗한 비단 주머니를 만들어 그 속에 개똥벌레 수십 마리를 넣어 반딧불 빛으로 책을 읽었다. 그는 훗날 이부상서吏部尚書의 자리에 올랐다. 그때부터 책 읽는 방의 창문을 형창螢窓이라 했다.

형설지공의 설은 눈설雪 자다. 이 설 자에는 같은 시대 인물로 손강孫康의 이야기가 담겨 있다. 그도 젊어서부터 성품이 맑고 깨끗하여 학문 연구에 힘썼지만 가난하여 등불을 밝힐 기름을 살 수가 없었다. 하는 수 없이 그는 겨울이 되면 창가에 앉아 밖에 쌓인 눈에 반사되는 달빛으로 공부를 했다. 청렴한 그는 훗날 어사대부御使大夫가 되었다. 그때부터 공부하는 책상을 설안雪案, 곧 눈상이라 했다.

형설지공이라는 사자성어에는 여름에 반딧불 아래서 책을 읽은 차윤과 겨울이면 쌓인 눈에 반사되는 달빛으로 공부했던 손강의 가슴 아픈 이야기가 담겨 있다. 집안이 좋다고 다 성공하는 것은 아니다. 가난하고 어려운 환경 가운데서도 초심을 잃지 않고 반딧불과 눈빛을 벗 삼아 힘써 정진할 때 희망이 있으리라. 톨스토이는 말한다. "훌륭한 것을 얻고자 하는가? 그러면 노력하라." 어렵다고 절대 포기하지 마라. 형설지공이 될지 어이 알리.

거리에서 생활하다 하버드대에 입학한 한 소녀의 감동적 이야기가 출간되었다. 『길 위에서 하버드까지』, 원 제목은 '밤을 깨뜨리며Breaking Night' 이다. 주인공은 리즈 머리Liz Murray.

그는 1980년 9월 뉴욕 브롱크스 빈민가에서 태어났다. 부모는 마약중독자. 마약을 사는 5달러를 벌기 위해 엄마는 매춘과 구걸을, 아빠는 쓰레기통을 뒤졌다. 어머니가 에이즈에 걸린 후 가족은 해체되고, 15세 되던 해 아버지마저 보호시설에 보내지면서 그녀는 거리에 나앉게 되었다. 학교에 가면 그녀의 모습에 아이들이 놀려댔다. 그는 학교도 그만두고 길거리 생활을 했다. 배가 고프면 도둑질을 하고, 추우면 지하철역과 건물 층계에서 잠을 잤다. 거리는 늘 추위와 배고픔, 위험이 도사리고 있었다.

그러던 어느 날 그는 마음의 소리를 들었다. "한순간에 인생이 최악으로 변할 수 있다면, 최선으로도 변할 수 있어." 이대로 세상에서 사라져버릴 수 없다는 생각이 들었다. 그는 자신의 운명을 스스로 개척하기로 결심하고, 대안학교에 입학했다. 거리생활이 끝난 것은 아니지만 건물층계와 지하철역에서 공부를 하며 고등학교 과정을 마쳤다. 그리곤 ≪뉴욕타임스≫ 장학금을 받고 당당히 하버드대학에 입학했다.

자기의 삶을 담담히 써낸 이 책으로 그는 오프라 윈프리가 수여한 추퍼상과 백악관 프로젝트 롤모델상, 그리고 크리스토퍼상을 수상했다. 라이프타임 텔레비전은 그녀의 삶을 영상으로 담았다. 그녀는 지금 뉴욕에서 사람들의 삶에 힘을 주는 워크숍 제공기업 '매니페스트 리빙Manifest Living' 회사를 창업했고, 현재 이사로 있다. 사람들은 그를 가리켜 '영감을 주는 미국인 연설가American inspirational speaker'라 한다. 그녀는 말한다.

"주어진 상황에 굴복하지 마라. 인생은 무엇을 시도하느냐 시도하지 않느냐의 문제다."

그녀는 절망하고 삶을 포기할 이유가 충분히 있었다. 그러나 그는 그것에 자신을 내어주지 않았다. 난 요즘 이런 글을 자주 대한다. "Don't give in, never give up!" 굴복하지 마세요. 절대 포기하지 마세요. 생각을 바꾸면 길이 보인다.

이럴 땐 푸시킨의 시 「삶이 그대를 속일지라도」가 자꾸만 생각난다.

삶이 그대를 속일지라도
슬퍼하거나 노하지 말라
슬픈 날엔 참고 견디라
즐거운 날이 오고야 말리니

마음은 미래를 바라느니
현재는 한없이 우울한 것
모든 것 하염없이 사라지나
지나가 버린 것 그리움 되리니

삶이 그대를 속일지라도
노하거나 서러워하지 말라
절망의 나날 참고 견디면
기쁨의 날 반드시 찾아오리라

마음은 미래에 살고
현재는 언제나 슬픈 법
모든 것은 한순간 사라지지만
가버린 것은 마음에 소중하리라

삶이 그대를 속일지라도
슬퍼하거나 노하지 말라
우울한 날들을 견디며 믿으라
기쁨의 날이 오리니

마음은 미래에 사는 것
현재는 슬픈 것
모든 것은 순간적인 것, 지나가는 것이니
그리고 지나가는 것은 훗날 소중하게 되리니

삶이 그대를 속일지라도
슬퍼하거나 노하지 말라
설움의 날을 참고 견디면
기쁨의 날이 오고야 말리니

그렇다. 현재의 고통을 참아내고 이겨내는 자에게는 미래가 있다. 절망이 희망이 되고 아픔이 영광이 될 때 고통은 진정 아름다운 것이리라. 오늘은 리즈 머리가 있어 참 기분 좋은 날이다.

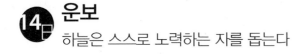

운보
하늘은 스스로 노력하는 자를 돕는다

　　사람들이 어떤 식으로 행동하는 것에는 다 이유가 있다. 벨라루스는 슬라브 민족이다. 그 나라 사람들은 발레를 즐기고 폴카를 잘하며 보드카를 즐긴다. 왜 그럴까? 민족성 때문일까? 그럴 가능성도 있겠지만 정답은 아니다. 추위 때문이다. 발레를 즐겨 하는 이유는 긴 겨울 야외보다 실내 활동이 많아지다 보니 자연스레 발레를 발전시킨 결과다. 폴카는 추워서 폴짝폴짝 뛰는 모습에서 나온 것이다. 보드카를 즐기는 것은 추울 때 마시면 몸에 열기를 가져오기 때문이다.

　　칭기즈칸이 왜 정복전쟁을 벌였을까? 몽고가 너무 추웠기 때문이다. 정말 추울 땐 기르던 가축마저 동사한다. 사람도 견디기 힘들다. 다른 쪽으로 눈을 돌릴 수밖에 없다. 그래서 공격적으로 전쟁에 나섰고, 대제국을 이뤘다. 지금은 역사로만 남아 있지만 많은 사람은 아직도 그 역사를 기억하고 있다.

　　인간사에서 추위는 무엇일까? 그것은 가난과 매정함 그런 것들이 아니겠는가? 어느 종교든 이 문제를 사랑과 자비와 인애로 감싸도록 가르친다. 정치인들은 정치적으로, 경제인들은 경제적으로 풀려 한다. 모두가 애쓰고 있음은 틀림없다. 그런데 상황은 더 나아지지 않고 있다는 데 문제가 있다.

　　겨울이 다가오고 있다. 계절만 겨울이 있는 것이 아니라 인생에도 겨울이 있다. 아니 인간관계에서도 겨울이 있다. 추위를 막을 수 없다면 추위를 이기는 방법은 단 한 가지다. 벨라루스 사람들처럼 추위를 즐기며 그 속에서 오히려 아름다운 문화를 하나씩 만들어가는 것이다. 추위에 좌절하면 동사한다.

운보 김기창金基昶은 7살 때 장티푸스로 인한 고열로 청력을 잃었다. 이른 나이에 갑자기 인생의 겨울이 찾아든 것이다. 승동보통학교에서 수업을 받았지만 들을 수 없어 공책에 그림만 그렸다. 그림에 재능이 있음을 안 어머니 한윤명은 이당 김은호 화백의 지도를 받게 했고, 그는 그림에 매진하여 마침내 뛰어난 화가가 되었다. 지금도 그가 그린 세종대왕의 얼굴이 1만 원권 지폐에 새겨져 있다.

그는 그림뿐 아니라 청각장애인을 위한 농아인 복지회와 운보관을 설립해 장애인 복지에 힘썼다. 운보관은 오늘도 듣지 못하는 사람들로 하여금 가구제작 기술을 익히고 사회에 적응하도록 돕고 있다.

운보가 죽기 전 농아들을 만났다. 그에게 꽃다발을 안겨주자 휠체어에 앉아 그들에게 마지막이 될 말을 했다.

"여러분이 농아가 된 것에는 다 하나님의 뜻이 있어요. 사회에 나가서도 기죽지 말고 살아요."

이 땅엔 장애의 어려움을 극복한 사람들이 많다. 장애가 심해도 결코 삶을 포기하지 않고 꿈을 세우며 그 꿈을 이루기 위해 정진, 또 정진한다. 삶을 향한 용기와 인내가 결실을 거둔다. 그들 가운데는 학습장애를 앓은 월트 디즈니와 아인슈타인이 있고, 젊은 시절 청력을 잃은 베토벤도 있다. 그리고 열병을 앓아 보지도, 듣지도, 말하지도 못했던 헬렌 켈러도 있다. 그들이 없었다면 미키 마우스도, 상대성이론도, 전구도, 운명도 없었을지 모른다.

어디 이름 있는 사람들만 기억되랴. "하늘은 스스로 돕는 자를 돕는다 Heaven helps those who help themselves"라는 말이 있다. 그러나 이것이 과연 무슨 말인지 이해가 가지 않을 때가 있다. 잘못된 해석 때문이다. "하늘은 스스로 노력하는 자를 돕는다"는 것이 바른 해석이다. 'help oneself'는 '스스로 돕는다'가 아니라 '자기 스스로 무엇을 한다', 곧 노력한다는 뜻이다. 장애를 스스로 극복하려는 사람들뿐 아니라 오늘도 어려운 환경을 스스로 이겨내려는 이 땅의 많은 사람을 하늘은 결코 잊지 않고 도울 것이다. 농아들에게 준 운보의 마지막 말이 새삼 잊히지 않는다. 오늘 어렵다고 포기하지 마라. 인생의 겨울에도 삶에 최선을 다하는 당신은 누가 보지 않아도 박수를 받아 마땅하다.

15日 자살
자살을 용인하거나 부추기는 행위도 죄다

오래전 일이다. 파독 간호사로 갔던 교인이 그곳에 유학 온 학생을 사모하다 꿈을 이룰 수 없게 되자 자살한 적이 있었다. 둘 다 한 교인이라 교회에선 의견이 분분했다. 자살했으니 지옥엘 갔겠다 하는 사람도 있고, 아닐 것이라는 사람도 있었다. 담임목사께 문의했더니, 목사님도 '그래도 지옥엘 갔겠느냐'며 지옥행에 반대표를 던지셨다. 그 속에는 죽은 자에 대해 애석함이 묻어 있었다.

최근 개혁신학회에서 자살에 관한 발표가 있었고, 그것이 ≪기독신문≫에 실렸다. 타이틀을 보니 "자살, 구원과 직접 관련 없다"는 것이었다. 아디아포라adiaphora라는 말이다. '아디아포라'란 '무관한', '상관없는'이라는 뜻을 가지고 있다. 정말 상관이 없을까? 무엇이 정설인지 궁금하다.

신원하 교수에 따르면 중세 로마가톨릭 시대에는 자살은 곧 지옥이라는 통설이 형성되어 있었다. 그런데 종교개혁 후에 신학적으로 정리를 못했다는 것이다. 루터는 자살을 사탄에 사로잡힌 것으로 이해하고 자살이 영원한 저주에 이르는 죄라고 단정할 수 없다 했다. 칼뱅 역시 자살을 죄로 인정했지만 구원과 연결시켜 정죄하지는 않았다.

신학적으로 자살은 구원을 받을 수 없는 죄로 인식하게 된 것은 회개의 기회가 없어 구원받지 못한다는 것이었다. 그렇다면 신학적으로 볼 때 회개는 구원의 필수인가? 개신교회는 회개가 구원을 위해 필요한 것이기는 하지만 필수는 아니라 한다. 회개가 필수라면 인간은 누구도 구원받을 수 없다. 어떤 사람도 자기 죄를 모두 회개할 수 없기 때문이다. 구원은 오직 하나님의 주권에 속한 것이다.

신 교수는 자살은 큰 죄이고 중대한 죄이나 스스로 생명을 끊었다는 것이 구원받지 못했음을 드러내는 증거라 말할 수 없다 했다. 자살하면 지옥 간다는 통설은 개혁주의 신학 관점에서 보면 설득력이 없다는 것이다. 그러나 그는 자살한 사람의 장례, 유족과 남은 성도들을 위한 목회 차원의 돌봄에 더욱 고민할 것을 주문했다.

자살은 우리 사회 모두 원치 않는 행위다. 그럼에도 불구하고 자살자는 끊이지 않는다. 생활고 비관, 억울함, 외로움, 따돌림 등 죽음에 이르게 하는 이유도 많다. 그 수가 많아지는 것은 우리 사회가 그들을 충분히 보듬지 못했다는 증거다. 자살에 대한 책임은 그 자신뿐 아니라 우리 사회에 있다.

사람은 누구나 어려움을 안고 산다. 힘들다고 다 자살을 하면 우리 사회는 어떻게 될까. 그 어려움 속에서도 자살을 택하지 않고 오히려 극복하며 살아가는 사람이 더 많다. 자살이라는 극단적인 선택보다 그럴수록 더 일어서겠다는 정신이 박수를 받는다.

'자살했어도 천국은 갈 수 있다'는 주장이 신학적으로 맞을 수도 있다. 하지만 이 배려 섞인 한마디로 인해 자살해도 괜찮다는 것으로 받아들인다면 문제는 더 심각해질 수 있다. '천국 갈 수 있다'고 단언적으로 말할 것이 아니라 그럴수록 더 악물고 살도록 하는 것이 우리가 해야 할 말이다.

자살에 관한 한 사단에게 넘어가서는 안 된다. 이것은 생명에 관한 문제다. 생명은 조물주 하나님이 허락하신 것이다. 하나님은 생명을 주기도 하지만 거두기도 하신다. 그 권한은 바로 하나님만 가지고 계신다. 그런데도 인간 자신이 그 권한을 행사한다면 창조질서를 무너뜨리는 것이다. 자살해도 천국에 갈 수 있다는 주장은 자살문제를 해결하는 것이 아니라 더 꼬이게 만든다. 자살을 용인하거나 부추기는 행위도 죄다.

16 키르기스스탄의 돌잔치
묶인 발에 자유를 허하라

        나라마다 아이의 돌잔치를 하지만 키르기스스탄의 돌잔치, 투소오 케쉬시는 여느 나라의 돌잔치와는 풍습과 의미가 다르다.

  한국에서는 아이 앞에 여러 가지를 놓아두고 집게 한다. 돈을 집으면 부자가 될 것이라며 좋아하고, 책을 집으면 공부를 잘할 것이라 하고, 청진기를 집으면 의사가 될 것이라며 좋아한다. 아이 앞에 놓여 있는 것들은 사실 아이에 대한 부모의 장래 소원이 담겨 있다. 직업적으로 그런 사람이 되었으면 하는 것이다.

  키르기스스탄은 색다르다. 먼저 어머니가 꼭 준비하는 것이 하나 있다. 흰색 양털과 검은색 양털로 만든 실이다. 두 색깔의 실을 만든 다음 그것을 꼬아 아름다운 줄을 만든다. 그리고 그것을 아이의 발목에 맨다.

  흰 실은 인생의 기쁨과 좋은 시절들을 의미하고, 검은 실은 인생의 고난과 어려움을 의미한다. 두 실이 함께 꼬인 것은 인생이란 늘 이 두 가지가 함께 얽혀가며 나아간다는 의미를 가지고 있다. 한마디로 인생엔 기쁨도 있지만 고통도 따른다는 것이다.

  그다음이 흥겹다. 돌잔치 주인공은 그 실에 발이 묶인 채 한쪽에 서 있다. 먼저 축하하러 온 아이들이 주인공 앞에 몰려가 칼로 그 줄을 끊어버린다. 인생을 얽매는 줄을 끊고 힘차게 달리라는 의미다. 맨 먼저 달려가 주인공의 발을 묶고 있는 실을 끊어버린 아이는 돈과 선물을 받는다. 그다음엔 같은 방법으로 여자들이 하고, 맨 나중엔 남자들이 한다. 참가한 모든 사람이 아기에 대해 한마음으로 행운을 비는 것이다.

  실 끊기 행사가 끝나면 부모는 아이의 손을 잡고 걷게 한다. 하객들은 뒤뚱이며 걷는 아이를 보며 박수를 친다. 아이에겐 새로운 세계가 열리는 것이다. 그 후 연회가 베풀어진다.

삶에는 기쁨도 있고 슬픔도 있다. 행복한 때도 있지만 불행으로 고통받는 때도 있다. 마치 날씨와 같다. 삶에 어찌 맑은 날만 있겠는가. 비바람치고 눈 오며 강풍 이는 때도 많지 않은가. 이 모두가 엮이는 것이 삶이다. 그 가운데서 흐린 날엔 격려하고, 쓰러질 때 붙잡아주는 이가 있어 고맙다.

그러나 그 모든 것을 뛰어넘어야 할 사람은 정작 우리 자신이다. 실을 끊을 땐 검은 실만 끊지 않는다. 검든 희든 아기의 발을 묶고 있는 실타래를 뚝 잘라준다. 그 모든 것으로부터 자유하라는 것이다. 그때 비로소 아기는 걸을 수 있다. 기쁨이든 걱정이든 세상의 모든 것들을 상대화할 수 있을 때 비로소 자유가 주어진다. 그러니 삶의 조그마한 편린들에 너무 기뻐하지 말고, 너무 슬퍼하지 마라. 일어나 당당히 걸으라. 뒤뚱인다 해도 당신의 걷는 모습에 사람들은 박수를 칠 것이다.

KT 올레가 브랜드 캠페인의 일환으로 '고객만족, 발로 뛰겠소!'라는 광고카피를 내놓아 한때 사람들로부터 주목을 받은 적이 있다. '고객만족'에서 족을 발족(足)으로 설정해 말만 하지 않고 발로 뛰어보겠다는 의지를 담은 것이다. 그러니 기대해볼 만하지 않겠는가.

이 카피에서 아주 중요한 두 가지가 드러난다. 하나는 발로 뛰는 것의 중요성이고, 다른 하나는 만족이라는 말이다. 두 가지 모두에 발, 곧 족자가 들어 있다.

발로 뛰는 것이 왜 중요할까? 발은 몸에서 중심적 기능을 한다. 발이 없으면 움직일 수 없고, 조금도 전진하지 못한다. 인류는 초기에 발을 많이 움직여 활동의 폭을 넓혔을 뿐 아니라 다른 동물들을 두렵게 만들었다. 나라를 일으키고, 기업을 일으킬 때도 발을 많이 움직였다. 그러나 발을 잘 사용하지 않으면서 점점 기세가 꺾였다. 기업도 죽어간다. 요즘 "누워 있으면 일찍 죽어요!"라는 말을 자주 한다. 운동을 하라는 말이다. 걷고 움직이는 것이 그만큼 중요하다. 나라든, 기업이든 이 원칙에 예외는 없다. 발로 뛰고 움직여라.

만족이란 무엇일까? 만족에 들어가는 한자 발족足은 발만 의미하는 것이 아니라 '모자람이 없이 넉넉하다'는 뜻을 가지고 있다. 만족은 가득할 '만滿'과 발 '족足'이 합해진 것이다.

흔히 "발이 편안해야 만사가 편하다"라는 말을 한다. 만족은 욕구나 기대, 조건 따위가 채워져 모자람이 없다는 뜻이다. 만족하지 못하면 불만족하다. 뭔가 부족함을 느끼고 불만을 토할 수밖에 없다. 발이 편하지 못한데 어디로 간다는 말인가. 구두 안에 모래나 돌이 들었는지 살펴볼 일이다. 발이 불편하면 만족할 리 없다. 부디 당신의 발을 편하게 모셔라.

아메리칸 인디언 네즈퍼스Nez Perce족의 추장이 한 연설 가운데 다음과 같은 말이 있다.

"자유롭게 태어난 사람을 울타리 안에 가두고서 그가 가고 싶은 곳으로 갈 자유를 막는다면 그 사람은 행복할 리 없다. 그 사람에게 행복을 강요한다면 강물을 거꾸로 되돌리려는 것처럼 어리석은 일이다."

발을 묶어놓지 말고, 자유롭게 움직이도록 하라. 그래야 행복하다. 행복은 멀리 있지 않다.

붉은 수수와 인동초
강인한 생명력으로 일어서라

17

중국의 작가 모옌莫言의 글에 붉은 수수가 나온다. 그리고 우리나라 산야나 숲가, 그리고 구릉지에 널리 자라는 식물로 한국인들의 사랑을 받는 것이 있다. 바로 인동초忍冬草다. 두 가지에 공통되는 점이 있다. 강인한 생명력이다.

모옌이 2012년 노벨문학상 수상자로 선정되었다. 그의 대표작으로『홍까오량紅高粱 가족』,『봄밤에 내리는 소나기』,『개구리』등이 있다. 연작 장편 '홍까오량 가족' 중 제1부 '붉은 수수'가 장이머우 감독, 궁리 주연의 영화 〈붉은 수수밭〉으로 나왔다. 이것이 1988년 베를린영화제에서 황금곰 상을 받으면서 모옌이 알려지게 되었다.

이 영화는 "이것은 나의 할머니 이야기이다"라는 내레이션으로 시작된다. 이미 전설이 되어버린 할머니 이야기를 손자가 들려주는 셈이다. 그녀는 비록 가고 없지만 그의 이야기는 손자의 목소리를 통해 다시금 살아난다.

주인공 추알은 열여덟 나이에 나귀 한 마리에 팔려 쉰 살이 넘은, 그것도 얼굴도 모르는 양조장 주인에게 시집을 가게 된다. 가난했던 시절, 어린 그에게 선택권은 없었다. 이것은 봉건주의적 전통 아래 자신의 삶을 선택할 수 없었던 삶의 모습을 대변한다.

하지만 그는 결코 운명에 자신을 맡기지 않았다. 혼례 꽃가마를 멘 가마꾼 유의찬아오의 건장한 몸을 훔쳐보며 야릇한 흥분을 느낀다. 결국 친정 신행길에 붉은 수수밭에서 두 남녀는 뜨겁게 맺어진다. 세상에 이럴 수가. 불륜을 덧칠한 삼류소설인가. 그러나 이것은 그녀가 단지 봉건제

희생자로 머물지 않았음을 보여준다.

　남편이 갑자기 살해를 당하자 그는 일꾼들을 규합해 양조장을 적극적으로 꾸려 고량주를 만든다. 그는 자신과의 정사사건을 미끼로 끈질기게 결혼을 요구해온 가마꾼과 결국 결혼해 아들을 낳는다. 하지만 시대는 그를 거기에만 묶어두지 않았다. 그는 일본군에 맞서는 인물이 된다. 양조장의 나이 많은 일꾼 라호안이 항일 게릴라로 활동하다 잔인하게 처형되자 복수할 것을 주장했고, 마을 사람들은 고량주에 불을 붙여 일본군에 저항했다. 그 자신도 항일운동의 한가운데서 일본군의 총탄에 맞아 절명한다. 폭탄에 수수밭도 불길에 휩싸인다. 피로 물든 수수밭에서 가마꾼 남편과 어린 아들이 우뚝 선 채 그의 마지막을 지켜본다. 불사조처럼.

　이 소설에서 봉건제·가부장제·일본제국주의는 억압의 상징이다. 주인공의 삶 속에서 이것들은 저항하고 극복해야 할 엄청난 장애물이다. 그러나 주인공은 아예 체념하거나 수동적으로 숙명에 따르는 인물이 되기를 거부했다. 그는 강인한 생명력을 가진 붉은 수수처럼 일어났다.

　지금 중국은 옛날처럼 붉은 수수를 심지 않는다. 그러나 붉은 수수의 저항과 도전정신은 언제나 인류의 가슴 속에 살아 있다. 모옌은 말할 것이다. "당신이 아무리 어렵더라도 붉은 수수의 강인한 생명력으로 삶의 장애를 극복하라." 한데 모옌을 아는 사람들은 시큰둥하다. 중국 공산당을 미화하는 데 앞장선 인물이 그런 말을 할 수 있느냐는 것이다. 완전한 사람은 없는 모양이다.

　인동초는 한겨울을 꿋꿋이 이겨내고, 각종 해독제로 쓰인다 하여 주목을 받고 있다. 한때 김대중 대통령의 별명으로도 불렸다. 인동덩굴, 인동넝쿨, 능박나무, 겨우살이덩굴, 금은화 등 이름도 다양하다. 인동과에 속하는 반상록 덩굴속 관목이다.

이것이 금은화金銀花라 불린 데는 전설이 있다. 어느 두메산골에 마음씨 착하고 금실 좋은 부부가 살고 있었는데 자식이 없었다. 하루는 꿈에 백발노인이 나타나 자식을 갖게 될 것이라 했다. 현몽으로 태어난 자매가 바로 금화와 은화다. 자매는 아주 곱게 자라났다.

그런데 금화가 갑자기 중병에 걸렸고, 지극정성으로 간호하던 은화마저 같은 병에 걸리고 말았다. 자매는 우리가 죽어 약초가 되어 병으로 괴로워하는 사람들을 구하자 다짐했다. 마음이 참으로 곱다. 두 사람이 묻힌 무덤가에 한 줄기 덩굴식물이 자라기 시작하더니 희고 노란 꽃이 피어나고 향이 그윽했다. 사람들은 그 꽃을 자매의 이름을 따 금은화라 했다. 여기까진 전설이다.

하지만 금은화라 부른 이유가 있다. 꽃이 흰색으로 피어 점차 노랗게 변하기 때문이다. 흰 꽃이 노랗게 변하는 것은 수정 완료 표시다. 그러니 벌과 나비에게 헛수고하지 말고 다른 꽃을 찾아가보라는 배려가 담겨 있다. 인동초라 불리는 것은 추운 겨울 칼바람에도 그 잎이 푸른빛을 잃지 않고 떨어지지 않기 때문이다. 강인한 생명력의 상징이 되기에 충분하다.

인동초는 영어로 Japanese Honeysuckle이라 한다. 왜 일본일까? 이것이 일본을 비롯해 아시아 지역에 많이 퍼져 있기 때문이다. 하얀 인동초는 토종이다. 우리가 백의민족이라는 것을 꽃도 아는 모양이다. 붉은 인동초는 외래종이다. 인동초는 사랑의 굴레, 우애, 헌신적 사랑 등의 뜻으로 사용된다.

인동초는 약효가 뛰어나 약재로 많이 사용되고 있다. 인동덩굴은 해열, 정혈, 소염, 진통에 효과가 있다. 꽃은 산열해독, 소염, 살균작용을 한다. 잎엔 루데올린 이노시톨과 타닌 성분이 많아 위장을 튼튼히 하고 감기나 타박상에 좋다. 건강차로 이용한다.

겨울이 되면 인동초가 생각난다. 양지 음지 가리지 않고 강한 생명력으로 잎과 꽃을 피워내고, 몸을 다 내어주면서도 아무 탓하지 않으며, 오늘도 사람들에게 인내하도록 만들어주어 좋다. 중국에도 인동초가 있을 것이다. 그러나 모옌의 소설엔 붉은 수수가 인동초와 더 어울린다. 이 겨울 당신도 인동초만 같아라. 붉은 수수가 되어 일어서라. 기필코 사랑을 받으리라.

18日 카멜레온
색깔을 바꾸는 데는 이유가 있다

"그 사람 카멜레온 같아." 이런 말은 상대를 부정적으로 본다는 말이다. 상황에 따라서 이랬다저랬다 하기 때문이다.

만약 이 말을 카멜레온에게 물어보면 화를 낼 것이다. 온도와 감정에 따라 조금 색을 변화시키기는 하지만 지형에 따라 색을 바꾸지 않기 때문이다. 색깔에 관한 한 카멜레온도 지조가 있다. 나름대로 일정한 색을 유지하기 때문이다. 그러므로 '카멜레온 같다'는 말은 카멜레온이 단연 싫어하는 말이 될 것이다.

카멜레온은 주로 나무 위에서 산다. 물론 몸 색깔을 바꾸는 능력에 있어서는 어떤 동물보다 탁월한 능력을 가지고 있다. 카멜레온도 종류가 많다. 각 종은 일정한 범위 안에서 몸 색깔을 변화시킨다. 멜라닌 색소포를 가지고 있는 세포에 색소를 집중시키거나 분산시키는 메커니즘으로 몸 색깔에 변화를 준다. 이때 자율신경계의 지배를 받는다. 대부분 초록색이나 노란색, 크림색 또는 짙은 갈색을 띠며 이 바탕색에 옅거나 짙은 점들이 나타난다.

그럼 카멜레온은 어느 때 색을 바꿀까? 무엇보다 놀라거나 다른 카멜레온과의 싸움에서 이기거나 졌을 때다. 감정의 변화가 발생하면서 색에 변화가 온다. 그만큼 감정의 동물이라는 말이다. 또한 빛과 온도 같은 요인에 따라서 색깔이 변한다. 온도에 그만큼 민감하다. 하지만 사람들이 생각하는 것처럼 주위 환경에 맞추어 몸의 색깔을 바꾸는 것은 아니다. 이것은 카멜레온을 모르고 하는 말이다.

'카멜레온 같다고?' 카멜레온조차 그건 아니라 한다. 그렇다면 그 말을 듣는 사람에게 물어보자.

"당신 카멜레온입니까?"

"무슨 말씀, 전 절대 그렇지 않소. 이래 봬도 지조 있는 사람입니다."

함부로 카멜레온 같다 할 말이 아니다. 사람들은 지조가 있는 사람을 좋아한다.

피터 버거가 루터교 목사가 되고자 했으나 오스트리아에서 미국으로 이민을 온 후 사회학자 발자크의 영향을 받아 미국사회를 연구하면서 유명한 종교사회학자가 되었다. 그리고 『어쩌다 사회학자가 되어』라는 책을 썼다. 몸의 색을 바꾼 이유를 밝힌 것이다.

마르크스나 스탈린이 목사 지망생이었다면 믿어지는가? 독일의 사회주의자 마르크스는 한때 신학생이었다. 산업혁명의 과정에서 기독교국가라는 영국에서 가진 자의 착취현상을 목도하고 공산주의 이론을 만들었다. 물론 신학교를 자퇴했다. 스탈린은 러시아정교회에서 신학수업을 체계적으로 받은 신학생 출신이었다. 레닌이 사망하자 그는 우상화 작업을 주도했고, 악명 높은 지도자가 되었다.

목사가 꿈이었던 다윈은 목사가 되기 전에 한 번이라도 열대 구경을 하고 싶다며 남미, 갈라파고스제도, 남태평양, 호주, 인도양, 아프리카를 4년여 동안 거친 뒤 생물학자가 되어 돌아왔다. 신학도 그만두고 신의 존재에 의문을 던진 인물이 되었다. 아버지의 권유로 한때 목회자를 꿈꿨던 파블로프도 생물학에 대한 관심을 끊지 못하고 침 흘리는 개 실험으로 고전적 조건화의 대가가 되었다.

나는 가끔 생각한다. 좋든 싫든, 유명하든 악명이 높든 그들의 공통점은 한때 목사 지망생이었다는 것이다. 만일 그들이 목회자가 되었다면 어떻게 되었을까? 마르크스의 공산주의나 다윈의 진화론이 미친 그 큰 영향력을 생각하면 한번쯤 심각하게 물어보고 싶다. "하나님, 어떻게 생각하세요?"

피터 버거는 이런 책을 쓸 것이다. 『목사지망생들이 어쩌다가』. 모두 엄연한 사회적 사실이니까. 이 사실을 카멜레온이 알면 뭐라 할까 궁금하다. "왜 생각이 바뀌셨소?" 묻지 않을까 싶다.

석은옥
고생스러운 석 시대를 지나면 은 시대, 옥 시대가 온다

운동장을 거닐면서 거의 한 시간 동안 아내로부터 석은옥과 맹인교수 강영우에 대한 이야기를 들었다. 강영우 스토리는 본인으로부터 직접 여러 번 들었지만 이번엔 석은옥 사이드의 이야기라 새로웠다.

석은옥의 본래 이름은 석경숙이다. 그는 여대생이 되자 남을 위해 봉사하고자 하는 마음이 들었다. 숙명여자대학교 영문과 1학년 때 걸스카우트 회원으로 봉사활동 프로그램에 참여하던 날 불쌍한 맹인 학생 강영우를 만나게 되었다. 아버지를 여의고, 어머니와 누나마저 잃은 상태였다. 영우는 그때 중학교 1학년생이었다. 은옥과 나이 차가 커 보이지만 실은 1년 4개월 차다. 골키퍼를 하다 공에 맞아 실명했다.

봉사활동 프로그램을 마치는 시간, 외치는 소리가 들렸다.

"누구 소공동에서 광화문 정류장까지 데려다 줄 사람이 없습니까?"

경숙은 그 말에 기꺼이 자원했다. 그리고 그의 손목을 잡고 갔다. 그때 그 잡은 손이 평생을 가리라는 생각은 하지 못했을 것이다.

정류장까지 가는 동안 사람들은 영우를 보며 "재수 없다"고 침을 뱉었다. 맹인은 그만큼 천대를 받았다. 그런 그에게 경숙은 10년 넘게 누나 역할을 하며 눈이 되어주었다. 영우도 맹인 최초로 연세대 장학생이 되었다. 혼기가 되자 경숙은 여러 번 선도 보았다. 하지만 결국 영우의 청혼에 응답했다.

영우는 장미꽃을 바치는 간절한 심정으로 그에게 석은옥이라는 이름을 지었다.

"지금은 석의 시대로 고생스럽고 힘들겠지만 곧 은의 시대가 오고 옥의 시대가 올 것입니다."

영우가 연세대를 인문대학 전체 차석으로 졸업하면서 두 사람은 결혼식을 올렸다.

그후 미국으로 떠났고, 두 아들도 태어났다. 영우는 박사학위를 받았지만 맹인을 받아주는 데는 없었다. 크게 절망했다. 그때 은옥은 영우에게 믿음으로 굳게 서도록 붙들어주었다. 절망의 낭떠러지에 선 그들의 외침에 하나님은 외면하지 않고 길을 열어주셨다. 교수도 되고, 백악관 국가장애위원회 정책차관보 일도 맡았다. 훗날 영우는 죽기 전 남긴 글에서 좌절에서 용기를 준 그때를 상기하며 은옥에게 정말 감사했다고 고백했다. 석은옥이 없었다면 강영우도 없었을 것이다.

석은옥은 아이들에게 무엇보다 "너희는 하나님의 자녀이다"라며 그리스도인의 정체성을 확실하게 심어주었다. 그리고 언제 어디서나 그곳에서 꼭 필요한 인물이 되라고 했다. 강영우는 가고 없지만 하나님은 석은옥과 두 아들을 통해 옥의 시대를 열 것이다.

어디 석은옥과 강영우뿐이랴. 고난을 이기고 새로운 시대를 빛나게 여는 이 땅의 모든 사람에게 박수를 보낸다. 시련의 인생 학교를 우수하게 졸업한 사람들에게는 늘 감동이 따른다.

20일 조동화

나 하나라도 꽃피울 때다

한 사람의 중요성은 성경에도 강조되어 있다. 아담 한 사람의 실수로 인간은 죄 속에 살아야 했다. 그러나 예수 한 사람의 사랑으로 인간은 죄 속에서 구원을 받았다. 이세벨 한 사람이 왕비가 되자 이스라엘은 바알 추종자가 되어 멸망의 길을 가야 했다. 하지만 바울 한 사람으로 인해 풍랑 속에서도 배에 탄 모든 사람이 살아났고, 그의 로마행은 이방을 구원의 길로 이끌었다. 한 사람의 역할이 이만큼 중요하다.

사람들은 종종 자조 투로 말한다.

"나 한 사람 달라진다고 세상이 변하겠는가?"

그러나 이순신 장군은 외친다.

"한 사람이 길목을 지키면 천 명을 두렵게 할 수 있다."

중국의 검문관에서도 이런 정신이 살아 있다.

"한 병사가 관문을 지키면 백만의 적을 막을 수 있다. 한 사람의 노한 병사가 관문을 지키면 백만의 기병을 막을 수 있다."

한 사람의 힘이 그만큼 크다는 말이다.

서서평Elizabeth J. Schepping 간호선교사에 대한 재조명과 함께 그에 대한 감동이 물결치고 있다. 어떤 분은 말한다.

"천 명이 해야 할 일을 서서평 한 사람이 해냈다."

한 사람이 변하면 세상이 변한다.

조동화의 시 「나 하나 꽃피어」는 오늘도 우리 마음을 일깨운다.

나 하나 꽃피어 풀밭이 달라지겠냐고 말하지 말아라

네가 꽃피고 나도 꽃피면
결국 풀밭이 온통 꽃밭이 되는 것 아니겠느냐

나 하나 물들어 산이 달라지겠냐고 말하지 말아라
내가 물들고 산이 물들면
결국은 온 산이 활활 타오르는 것 아니겠느냐

서산대사는 다음과 같은 선시(禪詩)를 남겼다.

눈 덮인 들길 걸어갈 제
행여 그 걸음 아무렇게나 하지 말세라
오늘 남긴 내 발자국이
마침내 뒷사람의 길이 되리니

오늘 발자국을 남기는 사람은 바로 당신이다. 당신의 발자국이 다른
사람에게 영향을 주고, 그 영향이 세상을 바꾼다. 당신은 그만큼 위대하
다. 그러니 오늘 당신 혼자서라도 꽃을 피워야 하지 않겠는가.

21 데시데라타
경구의 시 하나 마음의 벽에 걸어두라

    미국의 시인 맥스 어먼_{Max Ehrmann}의 시 「데시데라타
Desiderata」는 많은 사람에게 애송되고 있다. 데시데라타는 라틴어로 '소
망', '갈망', '바라는 것들_{desired things}'이라는 뜻을 가지고 있다. 이것은 그
저 단순한 시라기보다 읽는 사람으로 하여금 자신을 다스리기에 아주
좋은 경구 역할을 한다. 이것은 시인의 간절한 바람이기도 하다.

    소란스럽고 분주한 가운데서도 평정을 지키라. 그리고 침묵 가운데 평
화가 있음을 기억하라. 가능한 한 포기하지 말고 모든 사람과 좋은 관계를
유지하라. 조용하면서도 분명하게 진실을 말하고, 남의 말에 귀를 기울이
라. 어리석고 무지한 사람들이라 할지라도 자신의 이야기가 있다.

    목소리가 크고 공격적인 사람들을 피하라. 그들은 영혼을 괴롭힌다. 당
신을 다른 사람과 비교하면 자신은 하찮아 보이고 비참한 마음이 들 수도
있다. 당신보다 더 위대하거나 더 못한 사람은 언제나 있기 마련이다. 당
신의 계획뿐 아니라 당신의 성취를 즐거워하라. 당신이 하는 일에 온 마음
을 쏟되 겸손하라. 그것은 변화하는 시간의 운명 안에서 참된 소유이기 때
문이다.

    사업할 때는 주의하라. 세상은 속임수로 가득하기 때문이다. 그러나 세
상에도 미덕이 있다는 것을 모르지 않기 바란다. 많은 사람이 높은 이상을
위해 애쓰고 있고, 어디든 삶은 영웅적인 행위로 가득 차 있기 때문이다.
당신 자신이 돼라. 특별히 정감을 가장하지 마라. 사랑에 대하여 냉소적이
지도 마라. 아무리 무미건조하고 미몽에서 벗어나는 상태에서도 사랑은 잔
디처럼 해마다 돋아나기 때문이다.

    나이 든 사람들의 충고는 공손히 받아들이고, 젊은이들의 생각에는 품
위 있게 양보하라. 갑작스러운 불행에서 자신을 보호하려면 영혼의 힘을

배양해야 한다. 그러나 쓸데없는 상상으로 자신을 괴롭히지 마라. 많은 두려움은 피로와 외로움에서 생겨난다. 건전한 수련을 넘어 자애하도록 노력하라. 당신은 나무나 별들 못지않은 우주의 자녀이다. 당신은 이곳에 머물 권리가 있다. 그리고 당신에게 분명하든 그렇지 않든 우주는 질서에 따라 운행되고 있음을 의심하지 마라.

그러므로 하나님과 더불어 화평하라. 당신이 그분을 어떻게 생각하든, 당신의 노동과 열망이 무엇이든 시끄럽고 혼란스러운 삶 속에서도 네 영에 평화를 유지하라. 온갖 위선이 난무하고, 괴로운 일이 많고, 꿈이 깨어지기도 하지만 세상은 아직도 아름답다. 기뻐하라. 행복하도록 노력하라.

많은 사람이 지금도 이 시를 벽에 걸어두고 삶의 지표로 삶고 있다. 요한 바오로 2세도 이 시를 사랑해 자신의 집무실에 걸어놓았다 해서 더 유명해졌다. 이런 시 하나쯤 벽, 아니 마음의 벽에 걸어두고 자신을 돌아보는 것도 좋으리라. 여유가 있다면 통째로 외워도 결코 손해나지 않으리라.

22 오드리 헵번
정녕 날씬한 몸매를 원한다면

〈로마의 휴일〉, 〈전쟁과 평화〉, 〈티파니에서 아침을〉, 〈마이 페어 레이디〉의 주인공 오드리 헵번Audrey Hepburn, 그는 영화계의 전설이자 우상이다. 사람들 마음속에 영원한 공주, 가장 우아한 여인으로 남아 있다. 그만큼 사랑을 받았다. 출연작은 생각보다 많지 않았지만 그가 출연한 작품은 늘 화제가 되었다. 출연기간도 그리 길지 않다. 1953년 〈로마의 휴일〉부터 1967년 〈어두워질 때까지〉 약 14년 정도 주연으로 출연했다.

그를 더욱 유명하게 만든 것은 그의 마지막 삶이었다. 나이가 든 후 영화 출연을 자제하고 유니세프 봉사활동을 하면서 말년을 보냈다. 이 땅의 가난하고 헐벗은 자, 병든 자의 어머니가 된 것이다. 아프리카의 병든 아이들을 품에 안은 그의 모습은 많은 사람에게 감명을 주었다. 그리고 우리가 어떤 삶을 살아야 하는가를 보여주었다.

다음은 그가 죽기 전 마지막 크리스마스이브에 아들에게 들려준 글이다. 헵번이 좋아한 이 시는 원래 샘 레벤슨Sam Levensen이 자기의 손자와 손녀를 위해 쓴 것으로, 제목은 「시간을 두고 검증된 아름다움을 위한 팁 Time Tested Beauty Tip」이다.

매력적인 입술을 가지려면
친절한 말을 하라.
사랑스러운 눈을 가지려면
사람들 속에서 좋은 것을 발견하라.
날씬한 몸매를 원하면
배고픈 사람들에게 음식을 나눠주라.

아름다운 머릿결을 가지려면
하루에 한 번 아이로 하여금 그 머릿결을 어루만지게 하라.
균형 잡힌 걸음걸이를 유지하려면
당신이 결코 혼자가 아니라는 사실을 기억하며 걸으라.
물건뿐 아니라 사람도 새로워져야 하고
재발견해야 하며 활기를 불어넣어야 한다.
어떤 사람도 무시되어서는 안 된다.
당신이 도움의 손길을 필요로 할 때
당신 역시 팔 끝에 손을 갖고 있음을 기억하라.
나이를 먹으면서 당신을 알게 될 것이다.
당신이 두 개의 손을 갖고 있음을.
한 손은 당신 자신을 돕기 위해
그리고 나머지 한 손은 다른 사람을 돕기 위해.

이 시는 여기서 끝나지 않는다. 여인의 아름다움은 그가 입은 옷에 있지 않고, 얼굴 모습에 있지 않다고 말하고 있다.

매력적인 입술, 사랑스러운 눈, 날씬한 몸매, 균형 잡힌 걸음걸이는 젊은 헵번의 트레이드마크였다. 공주보다 더 공주답기 위해 피나는 노력을 했을 것이다. 그러나 나이 들어 그가 좋아한 이 시는 전혀 다른 의미를 가진다. 매력적인 입술을 가지려면 친절한 말을 하고, 날씬한 몸매를 원한다면 배고픈 사람들에게 음식을 나눠주라는 것이다. 사랑을 실천하면 매력적인 입술, 사랑스러운 눈, 날씬한 몸매를 가질 수 있다는 말이다. 이것은 헵번의 인생관을 그대로 보여준다. 그는 외모보다 마음이 아름다운 여인이었다. 세상에는 생각보다 아름다운 사람들이 많다. 그래서 살맛이 난다.

23日 이름
그 속에는 지은이의 뜻과 생각이 담겨 있다

창세기 2장을 보면 아담은 동물들에게 이름을 붙여준다. 그가 부르는 대로 이름이 되었다. 나름대로 느낌이 있어 지었을 것이다. 출애굽기의 원 이름은 '쉐모드', 곧 이름들이다. 야곱과 함께 이집트로 간 그의 아들들 이름부터 소개되고 있기 때문이다.

사물 모두에 공통된 점이 있다면 그것은 이름을 가지고 있다는 것이다. 사람이 태어나면 이름부터 짓는다. 도시도 이름을 가지고 있고, 국가도 이름을 가지고 있다. 이름을 지음에는 나름대로 역사가 있고 뜻도 있다.

사람 이름을 지음에는 다 좋은 것만 택하는 것이 아니다. 노태우 대통령의 태우泰愚의 경우 泰는 클태 자, 愚는 어리석을우 자다. 크게 어리석다는 뜻이다. 그렇게 한 이유는 알 수 없지만 통상 반어법으로 해석한다. 즉, 어리석지 않고 현명한 사람이 되라는 뜻인 것이다.

하이델베르크Heidelberg는 야만인Heide의 산(또는 언덕)이라는 뜻을 가지고 있다. 야만인들이 살았다는 것일까? 그곳에 유명한 하이델베르크 대학이 있는데 선뜻 이해가 가지 않는다. 그런데 어떤 이들은 그곳 이름이 성자들Saints의 산Heiligenberg이라고도 한다. 무엇이 맞을까?

퓨리탄Puritan이라는 이름은 영국 국교가 지닌 가톨릭 요소를 정화해야purify 한다는 뜻에서 나왔다. 일반적으로 이것을 주장한 청교도들을 지칭한 것인데 국교도들은 청교도라 해서 다 퓨어pure한 것은 아니라며 논쟁하고 다투었다. 결국 청교도 일부가 영국을 떠났다.

미국의 버지니아Virginia는 롤리가 식민지인 이곳에 붙인 것으로 당시 영국 엘리자베스 여왕이 처녀인 데서 나온 것이다. 잠비아와 짐바브웨 사이에 위치한 빅토리아폭포는 리빙스턴이 잠베지 강을 탐사하면서 발견한 것이다. 장엄하게 흐르는 물줄기를 보고 영국 여왕 빅토리아 이름을 떠올렸다. 여왕의 위세를 생각했을 것이다. 영국인들만 나라를 사랑하는 것은 아니다. 블라디보스토크는 동방을 지배한다는 뜻이다. 러시아는 이곳에 해군기지를 세웠다.

콘스탄티노플은 콘스탄티누스 황제가 330년 이교성이 전혀 없는 새 수도를 지어 하나님께 바친 이름이다. 원래 '신로마New Rome'였다가 이 이름으로 바뀌었다. 이 도시는 비잔틴 문화의 중심지가 되었지만 지금은 이스탄불로 바뀌었다. 이스탄불은 이슬람의 수도라는 뜻을 가지고 있다.

싱가포르는 '싱가 푸라', 곧 사자의 도시라는 뜻이다. 14세기 초 수마트라 섬의 해상왕국 스리비자얀의 왕자가 항해를 하는 도중 움직이는 물체를 사자로 착각해서 부른 데서 유래했다. 그런데 싱가포르엔 정작 사자가 살지 않는다. 착각이 이름이 되었다.

미국 뉴멕시코 주에 산타페가 있다. '산타santa'는 성스럽다는 형용사 'santo'의 여성형이고, '페fe'는 믿음 또는 신앙faith을 의미한다. 신앙적으로 살고자 한 모습을 담고 있다. 이 이름 때문에 한국산 자동차 산타페가 미국과 중남미에서 잘 팔리는지 누가 알랴.

어디 그뿐이랴. 알고 보면 허망한 이름도 있다. 그중에 잊을 수 없는 것이 캥거루다. 이것은 '모르겠습니다'는 뜻을 가지고 있다. 탐험가가 원주민에게 이 동물을 보며 무슨 동물이냐고 묻자 모르겠다고 했다. 이것이 이름이 되었다.

각설하고 우리 모두 이름을 가지고 있다. 부모가 그 이름대로 살라며 깊이 생각하고 가치를 부여한 것이다. 나름대로 생각과 사상이 담겨 있다. 이름값을 제대로 하며 사는지 한번쯤 생각해볼 일이다.

브랜딩

24 당신 자신의 가치를 브랜딩하라

　　가수 싸이Psy가 뜨고 있다. 보통 뜨는 것이 아니다. 그의 〈강남 스타일〉은 자신만의 독특한 브랜드가 되어 세계인을 흥분시켰다. 그의 독특한 말춤은 이미 세계를 점령했다. 정치인마저 이 춤을 추고, 사람들은 표를 준다. 중국에서는 체납된 봉급을 달라며 말춤을 추었다. 이것이 유튜브에 공개되자 사장은 급하게 은행에서 돈을 빌려 밀린 월급을 지불했다. 강남 스타일은 강남에서만 효과가 있는 것이 아니다.

　　요즘 브랜딩branding이라는 단어가 자주 사용되고 있다. 브랜딩은 원래 기업이 생산된 전 제품에 하나의 상표를 붙이는 행위를 말한다. 이른바 '동일상표부여' 행위다.

　　그런데 이 말이 개인에 적용되면서 자기 브랜딩self-branding을 가져야 한다는 개념으로 발전하고 있다. '과연 나는 어떤 브랜드를 가지고 있나?' '다른 사람들은 나를 무엇이라 생각하나?' 이런 질문은 자신을 돌아보게 하고, 앞으로 자신을 어떤 브랜드로 만들어가야 할 것인가 생각하게 만든다.

　　톰 피터스. 그도 급변하는 사회에서 개인이 살아남기 위해서는 자신을 브랜딩할 것을 권한다. 이를 위해 '브랜드 유 생존 도구상자'를 제시했다. 다음은 그 안에 들어 있는 몇 가지 눈에 들어오는 도구들이다.

- 모험가처럼 생각하라.
- 눈을 떼지 마라. 숫자와 친하게 지내라.
- 마케팅을 터득하라.
- 완벽을 추구하라.
- 모호함을 사랑하라.

- 실패도 멋지게 웃어넘겨라.
- 네트워크를 확장하라.
- 첨단기술을 즐겨라.
- 젊은이와 어울려라.
- 기술 업데이트에 열정을 가져라.

이를 보면 브랜딩이 결코 쉬운 작업이 아님을 알 수 있다. 그가 제시한 것 가운데 '마케팅을 터득하라'는 것이 있다. 브랜딩이 마케팅과 연결된다는 말이다. 자기 브랜딩이 자기 마케팅self-marketing과 함께 사용되는 이유도 마찬가지다. PR시대이니 자기선전을 막을 수도 없다.

여기에 피터스가 더 붙인 말이 있다. "미래사회에서 자기 재창조는 선택사항이 아니다. 튀지 않으면 죽음뿐이다." 튀라는 말이다. 저마다 독특한 자기표현 방식을 찾아내고자 하는 사람들이 늘어가고 있다. 이것도 중요하다. 창의적일 수 있기 때문이다. 하지만 이보다 더 중요한 것은 브랜드의 철학과 정체성이다. 진정 바람직한 자기 가치가 무엇인가를 찾아내고, 그에 맞게 브랜딩하고 사람들에게 떳떳하게 보여주는 것이리라.

싸이의 강남 스타일이 세계를 춤추게 한다. 싸이는 자기 브랜딩에 성공했다. 축하할 일이다. 하지만 학회 임원회 자리에선 걱정이 앞섰다. 사회학자 정수복은, 싸이가 '오빠 강남 스타일' 하면서 토해낸 말들을 보면 저속문화를 그대로 드러내고 있다고 말한다. 윤리적으로 문제가 있다는 것이다. 한국인, 특히 강남 사람들이 세계인의 눈에 그렇게 브랜딩될까 두렵다. 그런데도 그 내용을 따지는 사람은 별로 없다. 어쩌면 세계인이 한국어를 몰라 다행이다. 격정적 톤에 말춤만으로도 흥이 나니 다행이다. 겉으로 드러난 브랜드 못지않게 내용도 좋다면 정말 완전한 브랜딩이 될 것이다. 그래서 강남 스타일에 아쉬움이 남는다.

25日 경주 최 부잣집
나누는 것이 성공이다

우린 경주 최 부잣집의 훈훈한 이야기를 익히 들어 알고 있다. 놀라운 것은 이것이 한 번의 이벤트로 끝난 것이 아니라 400년간 이어온 가문의 전통이라는 것이다. 최진립1568~1636 장군으로부터 시작해서 12대 최준1884~1970까지 장장 402년간 이어졌다. 이런 전통이라면 칭송받아 마땅하다. 마지막 최 부자 최준은 자신의 재산 대부분을 기부했고, 그것이 지금 영남대와 영남이공대 설립에 기초가 되었다.

최 부잣집은 경주 교촌에 있다. 그래서 교촌 부자라 불린다. 이 집안은 400년 넘게 12대 만석꾼, 9대째 진사를 배출했다. 경제적으로 부했고, 사회적으로도 안정되었다. 그러나 이 집안은 근검절약을 생활화하고, 주변이 어려울 때마다 가지고 있는 것을 솔선해 나눈 것으로 유명하다.

이 집안엔 유명한 '가문 6훈訓', 곧 집안을 다스리는 지침이 있다. 이것은 이 가문의 정신을 대변해주는 일종의 사명 선언문과 같다.

첫째, 과거를 보되 진사 이상 벼슬을 하지 마라. 이 집안 사람들은 과거에 합격해 진사나 생원으로 양반 신분은 유지했다. 하지만 관직을 받거나 정치에 나서지 않았다. 관직이 높으면 서민과 소통하기 어려울 것이고, 정치에 몸을 담그면 그것으로 인해 휘둘리게 될 것이다. 이것은 집을 지을 때에도 마찬가지였다. 이웃주민들에게 위화감을 주지 않기 위해 솟을대문도 부러 낮게 지었다. 겸손이 몸에 배었다.

둘째, 만석 이상의 재산은 사회에 환원하라. 1년 소작료 수입을 만석으로 미리 정하고 이를 초과할 경우 소작료를 깎아주었다. 자족할 줄 아는 집안이다.

셋째, 흉년기에는 땅을 늘리지 마라. 사회적 약자의 약점을 이용해 치부하지 말라는 것이다. 약아빠진 부자는 이런 기회를 놓치지 않는다. 하지만 그들은 달랐다. 나아가 파장 때의 물건은 사지 말고 값을 깎지 말라 했다. 한마디로 약자의 아픔을 알라는 것이다.

넷째, 과객을 후하게 대접하라. 사랑채를 개방하고 1년에 쌀 2,000가마니를 지나는 손님 대접에 할애했다. 500인을 독상으로 대접할 수 있는 놋그릇과 반상도 구비했다. 말로만 하지 않았다는 말이다. 나그네에 대한 사랑을 읽을 수 있다.

다섯째, 주변 백 리 안에 굶어 죽는 사람이 없게 하라. 백 리라 한 것은 최 부잣집의 농토와 소작인 분포이다. 이것은 이 가문이 돌볼 수 있는 궁휼의 거리다. 흉년이 들면 곳간을 열어 쌀을 풀었고, 활인소를 지어 주린 이웃에게 죽을 쑤어주었다. 최국선은 빚을 갚지 못하는 사람들의 차용증마저 태워버렸다. 한마디로 가난한 자의 이웃이 되어주었다.

끝으로, 시집온 며느리들은 3년간 무명옷을 입으라. 신혼 초부터 근검절약을 익히도록 한 것이다. 어디 그뿐이랴, 패물로는 은비녀 이상의 것은 가져오지 말라 했다. 사치와는 거리가 먼 사람들이다.

이 집안에는 이외에도 자신을 지키는 지침으로 6연然이 있다.

"스스로 초연하게 지내고, 남에게 온화하게 대하며, 일이 없을 때 마음을 맑게 가지고, 일을 당해서는 용감하게 대처하며, 성공했을 때는 담담하게 행동하고, 실의에 빠졌을 때는 태연히 행동한다."

그들은 스스로 자신을 지키는 사람들임을 알 수 있다.

지금 세계는 가진 자와 그렇지 못한 자의 양극화로 몸살을 앓고 있다. 한국도 예외 지대가 아니다. 양극화를 부추긴다며 신자유주의가 비판을 당하고, 이에 대한 대안으로 자본주의 4.0시대를 갈망하고 있다. 그러나 아무리 시대가 바뀌고 좋은 정책이 제시된다 하더라도 우리의 정신이 바꾸지 않으면 효과를 거둘 수 없다. 최 부잣집의 정신이 400년을 이어갔듯 우리에게도 수백 년을 이어갈 수 있는 새로운 정신무장이 필요하다. 우리 역사에 최 부잣집이 있어 행복하다. 자기 것을 결코 자기 것이라 하지 않고 나눌 수 있는 자가 성공한 자요, 성공한 가문이 아니겠는가.

하늘에 있다고
다 별이 아니다

제3부

❶ 게오르그 짐멜
삶은 동사다. 움직여라

독일어에서 er는 사람과의 관계를 나타내는 접두어다. Erleben은 삶을 사는 것이다. 자기의 삶을 사는 것과 연관된다. 체험적 삶이다. 일본어에서 노동은 ろうどう労働로 표시된다. 한자에 사람인 자가 들어 있다. 사람이 움직인다. 삶이 움직인다. 그래서 더 의미가 있다.

구조주의자들은 주체와 객체를 따진다. 고대로부터 인간은 객체로 평가되었다. 신과 동물 사이에 있는 존재였다. 그러나 데카르트 이후 인간의 사유가 강조되었다. 인간은 주체로서 사유하는 존재라는 말이다. 생각하는 사람, 얼마나 좋은가. 생각이 움직인다.

이벤트 이론event theory에 따르면 인간의 삶은 이벤트의 연속이다. 이벤트 속에서 의미를 갖는다. 그 속에서 사람과 사람이 만난다. 만남의 장에서 주체와 객체가 동화된다. 그곳엔 순수 객관성이 없고, 상호 주관성이 존재한다. 서로 자기 생각을 말하고 교류하게 되는 것이다. 물론 소통의 문제는 존재한다.

인간을 다른 말로 '사람'이라고 한다. 그리고 사람이 사람답게 사는 사회를 만들어야 한다고 외친다. 그런데 사람이라는 단어 또한 의미가 깊다. 언어학자에 따르면 사람이라는 단어는 우리가 자주 애용하는 사랑, 삶이라는 말과 어근이 같다. 모두 몽고어나 만주어의 '샅sat' 또는 '살sal'에서 왔다고 한다. 사람은 사랑하는 존재, 살아 있는 존재라는 뜻이다. 삶은 우리말 가운데 '사르다'는 말에서 파생되었다. 사른다는 것은 에너지를 사르는 것처럼 어떤 일에 목적을 두고 최선을 다하는 것을 말한다. 우리가 여성들을 향해 살림살이를 잘해야 한다고 말하는데 그 살림이나 살이나 모두 사르는 존재를 의미한다. 사랑하고, 최선을 다해 남을 살리는 살림 잘하는 사람이 바로 사람이다.

사람, 삶, 사랑 모두 어근이 같다는 것은 무슨 의미일까? 사람은 살아 있는 존재이고 사랑을 하는 존재라는 말이다. 살아 있지 않다면, 사랑을 하지 않는다면 사람이 아니란 말이다. 인간의 삶이 무엇이어야 하는가를 그대로 보여준다.

사회학자 게오르그 짐멜G. Simmel은 '삶의 철학Lebensphilosoph'을 말한다. 그에 따르면 삶의 에너지는 형체가 없고 영적이다. 그러나 그것은 항상 움직이며 발달해간다. 유동flux이다. 그리고 스스로 초월해나간다. 이렇게 하면서 새로운 실체entity를 만들어낸다. 이것을 됨becoming이라 한다. 이것이 삶 이상의 것more-than-life이 되고, 문화culture를 형성한다. 문화는 삶의 유산인 셈이다.

문화도 객관문화와 주관문화로 나뉜다. 객관문화는 이미 만들어진 것이고 접근이 쉽지만 주관문화는 개인 측면에서 보기 때문에 접근이 쉽지 않다. 두 문화 모두 나름대로 경계선을 가지고 있지만 철저히 분리시키고 억압하기보다 서로 도움을 주는 쪽으로 움직여야 삶이 조화를 이룰 수 있다. 물론 갈등이 없을 수 없다. 이럴 때마다 그것을 극복하고 벗어나려는 초월적 노력이 필요하다. 그것도 삶이다.

가끔 우리는 "나는 누구인가" 묻는다. 인간은 생각하는 존재 아니던가. 빅토르 위고도 『레미제라블』에서 수없이 그 질문을 던졌다. "정의가 먼저인가? 사랑이 먼저인가?" 그는 자베르와 장발장의 입을 빌려 자신뿐 아니라 신을 향해서 계속 질문을 했다. 삶에는 두 가지 모두가 필요하다. 그러나 배고픈 사람들에게 더 필요한 것은 사랑이다. 그렇다고 정의를 내던지라는 것은 아니다. 삶은 동사다. 움직여라. 갈등하고 또 초월하라. 그것이 바로 우리에게 주어진 삶이 아니겠는가.

직업
선한 생각이 당신의 미래를 결정한다

라오스의 산골 소녀가 "커서 뭐가 될래요?"라는 엄청난 질문에 금방 답을 한다. "전 커서 간호사가 될 거예요. 그래서 아픈 엄마를 돌봐드릴 거예요." 주저하지 않는다. 결연하기까지 하다. 이미 결단이 되어 있다는 말이다.

이것은 라오스의 소녀만 하는 말이 아니다. 이 땅의 많은 사람이 병으로 고통받는 식구의 모습을 보고 자극을 받는다. 그래서 의사가 되고, 간호사가 되고 싶어 한다. 어디 그뿐이랴 변호사가 되어 억울한 자의 한을 풀어주고자 하는 사람도 있다. 이런 것을 보면 사람은 선하다는 생각이 든다. 성선설은 이래서 나왔으리라.

헨리 포드, 그는 밤중에 아픈 어머니를 업고 먼 곳에 있는 병원까지 가야 했다. 그때 생각했다. '이런 때 자동차가 있으면 얼마나 좋을까. 미국인들에게 자동차라는 신발을 신도록 해야겠다.' 그 뒤 그는 자동차 대량 생산시대를 열었다.

청와대 대통령 경호원들의 사부로 통하는 최강의 무인 장수옥은 중학생 때 서울역에 왔다 야바위꾼에게 맞았다. 억울하기 그지없었다. 순간 더 이상 억울하게 당하는 사람이 없어야겠다고 생각했다. 그 후 이를 악물고 운동을 시작했다. 그리고 그는 경호 분야의 대가가 되었다. 어릴 때의 아픈 기억이 사람을 달라지게 한다.

강신표 교수는 문화인류학자다. 그의 아버지는 그에게 한의학을 권했다. 한의사가 되어 아픈 사람을 고치는 인물이 되라는 뜻에서다. 그런데 그는 얼마 안 되는 환자를 고치는 인물이 되기보다 인류를 고치는 사람이 되겠다며 문화인류학을 택했다고 했다. 그 말을 들었을 때 난 인류학도 의학이라는 생각을 하게 되었다.

누구나 직업을 가지고 있다. 그 직업을 갖고자 얼마나 피나는 노력을 했던가. 돌이켜보면 나름대로 그 직업을 갖게 된 이유가 있다. 나에게 있어서 그 이유는 과연 무엇인가? 처음에 가졌던 그 뜻을 잘 이루고 있는가? 오늘따라 궁금하다. 그야 물론 사람마다 다를 수 있다. 그래서 삶이 더 풍성해지지 않겠는가. 무엇보다 뜻이 선한 만큼 방법도 선하고 결과도 선하기를 바란다.

'돈을 버는 방법과 쓰는 방법'. 어떤 클래스에서 학생들에게 주어진 과제다. 이 문제를 생각하면 우리는 흔히 돈은 정직하게 땀 흘려 벌어야 하고, 쓸 때는 절제하되 힘든 이웃을 위해 나눌 수 있어야 한다고 말한다. 맞는 말이다.

그런데 이 클래스에서 강조된 것은 버는 것보다 쓰는 것이 아주 중요하다는 것이었다. 그 돈이 자기 돈인가, 남의 돈인가, 그리고 자신을 위해 사용할 것인가, 아니면 남을 위해 사용할 것인가 등 크게 4가지 경우를 놓고 생각해보았다.

첫 번째 경우, 자기 돈을 자신을 위해 사용하는 것이다. 이것은 우리가 가장 많이 취하는 방법이다. 그렇게 힘들어 돈을 벌었는데, 자신과 자기 식구를 위한 것이라면 몰라도 남을 위한 것이라면 꽁꽁 문을 닫는다. 하지만 누구를 탓하겠는가. 세상에 믿을 것은 자기와 돈밖에 없는데.

두 번째의 경우, 자기 돈이지만 남을 위해 사용하는 것이다. 젊었을 때부터 아주 힘들게 돈을 벌었지만 거금을 장학금으로 또는 가난한 이웃을 위해 내놓는 사람들을 볼 수 있다. 이들이라고 어찌 아깝지 않겠는가. 하지만 자기를 위해 쓰는 것보다 더 의미 있게 쓰일 수 있다면 생명처럼 아까운 그것도 전혀 아깝지 않다. 그래서 진한 감동이 있다.

　세 번째의 경우, 남의 돈을 자기 돈처럼 사용하는 것이다. 내가 남의 돈을 쓰는 경우는 기부를 받는 것이리라. 종교기관, NGO, 각종 문화단체 등이 받는 돈은 대부분 자기가 버는 것이 아니라 기부를 받은 것으로, 남의 돈이다. 그런데 때로 기부자의 뜻을 따라 공익을 위해 사용하는 것이 아니라 조직의 대표가 자기를 위해 마음대로 사용한다면 문제가 아닐 수 없다. 남의 돈일수록 더 투명하게 관리되어야 할 터. 쌈짓돈처럼 남용한다면 지탄받아 마땅하다.

　끝으로, 남의 돈을 남을 위해 사용하는 것이다. 이것은 앞의 경우와는 달리 남의 돈이라 할지라도 공익을 위해 철저히 관리되고 사용되는 것을 말한다. 비록 자신이 번 것은 아니라 할지라도 기부자의 뜻에 맞게 잘 활용한다는 점에서 바람직하다. 이런 일을 잘하는 조직이나 사람도 필요하다.

　이 네 가지 경우에서 가장 수준이 높은 것은 두 번째 경우이리라. 그런데 이 경우는 돈만으로 끝나지 않는다는 것이다. 공부도 그렇고 재능도 그렇다. 우리는 흔히 "공부해서 남 주느냐" 한다. 그런데 어느 시대나 남 주기 위해 공부하는 사람이 있다. 이웃을 위해 시간기부도 하고, 재능기부도 한다. 이것이 사회를 훈훈하게 한다. 돈 잘 버는 것보다 잘 쓰는 것이 중요하듯 당신의 시간도, 재능도, 사랑도 이웃을 위해 기꺼이 내줄 때 더 빛이 날 것이다.

　선한 생각이 당신의 미래를 결정한다. 직업은 하늘이 당신에게 주신 기회요, 선물이다. 아름다운 마음을 주신 분이 바로 조물주이기 때문이다. 직업을 통해 당신의 삶을 멋있게 만들라. 돈은 버는 것보다 쓰는 것이 중요하다.

3日 대천덕
돈을 사랑하면 남을 사랑할 수 없다

대천덕 신부, 본명은 루벤 아처 토리 3세Reuben Archer Torrey Ⅲ, 1918~2002다. 성공회 신부로 개신교 수도공동체 예수원 설립자다. 그는 특이한 인물이다. 아니 바르게 살려 한 인물이다. 그가 우리 곁을 떠난 지 벌써 10년이 넘었다.

그는 원래 중국 산동성 지난에서 미국 장로교 선교사의 아들로 태어났고, 중국과 평양에서 어린 시절을 보냈다. 선교에 대한 의견 차이로 장로교에서 성공회로 옮겨 성공회 사제가 되었고, 성공회대학교 전신인 성 미가엘 신학원 재건을 위해 한국에 들어와 학장을 지낸 뒤 1965년 강원도 태백에 성공회 수도원인 예수원을 설립했다. 빈부의 격차가 없는 평등사회를 실천하고자 한 것이다. 그는 40년 동안 "돈을 사랑하면 남을 사랑할 수 없다"며 평생을 청빈과 나눔으로 일관된 삶을 살았다.

그는 칼럼으로, 책으로, 강연으로 많은 사람에게 영향을 주었다. 그는 온전한 복음whole gospel을 외쳤다. 이 복음은 예수 그리스도의 십자가를 중심에 두고 성령님의 사역을 강조하는 순복음full gospel과 가난한 사람들을 위해 공의를 실행하는 사회복음social gospel을 결합한 것이다. 예수 십자가로 인한 대속을 중심에 두고, 성령의 은사와 코이노니아, 그리고 그 열매 등 성령의 온전하신 사역을 포괄하며, 가난한 사람들에 대한 관심과 사랑으로 희년의 공의를 실현하는 것이다.

예수원은 하루 세 번의 기도와 묵상, 대화, 독서 등으로 영성을 키워나가고 목장과 목각 등 공동 노동을 통해 자급생활을 했다. 회원뿐 아니라 비회원들도 이곳을 찾아 '노동이 기도요, 기도가 노동'이라는 신부의 설교를 들으며 삶의 틀을 잡아갔다.

그는 개인적 영성뿐 아니라 이를 사회정의에 연결시키는 작업을 했다. 그는 토지에 대한 성경적 가르침이 모든 경제 정의의 기초라 주장한 미국 경제학자 헨리 조지의 경제철학과 "토지를 영구히 팔지 말 것은 토지는 다 내 것임이니라" 한 레위기 25장 23절의 말씀에 근거해 성경에 바탕을 둔 경제정의를 실천하고자 했다. 그의 이러한 신학은 '성경적 토지 경제 정의를 위한 모임(성토모)' 설립에 영향을 주었다. 그는 토지정의에 관심을 보여 노동세를 폐지하고 토지세를 올려야 한다고 주장했다.

브래드 롱Brad Long이 쓴 『대천덕 신부에게 배우는 영성』에 이런 글이 있다.

"내가 대천덕 신부를 마지막으로 본 것은 2001년 10월이었다. 직감적으로 이번이 세상에서 갖는 그와의 마지막 만남이라는 것을 알았다. 그는 나와 대화 중에 하염없이 눈물을 흘렸다. 전에는 전혀 본 적이 없는 모습이었다. 우리가 9 · 11 테러와 팔레스타인의 상황에 관해 이야기를 나누는 동안에도 그는 예수님이 길이요, 진리요, 생명이라고 말하면서 눈물을 흘렸다. 현재인 사모가 준비한 멋진 저녁을 먹으면서 세상의 불의에 관해 이야기를 나눌 때도 그는 눈물을 흘렸다.

그때 갑자기 눈물을 흘리는 것이 대천덕 신부가 아니라는 생각이 들었다. 내가 보고 있는 것은 예수님의 마음이었다. 예수님이 울고 계셨다. 세월이 흘러도 사라지지 않는 인간의 불의를 보며 울고 계셨다. 에덴동산 밖에서 일어나는 너무나도 비극적인 인간의 운명을 보시면서 우리와 함께 울고 계셨다. 나는 감격에 복받쳐 한마디도 할 수 없었다. 이 땅에서 나의 영적 아버지와 마지막 식사를 하면서, 이것이 대천덕 신부를 통해 온 세상과 나를 위해 우시고, 온 세상과 나를 사랑하시는 그리스도와의 마지막 식사처럼 느껴졌다."

그는 복음주의 전통에 서 있으면서도 사회정의 문제에 깊은 관심을 보인 신학자였다. 그의 부인 현재인Jane Grey Torrey은 2012년에 소천했고, 그의 아들 대영복Ben Torrey은 성공회 신부가 아니라 동방 정교회 전통을 잇는 사도적 교회Apostolic Church의 신부가 되어 예수원 내 삼수령 수련원 원장으로 북한선교 프로젝트를 진행하고 있다. 대를 이은 복음 사역뿐 아니라 이 땅의 가난한 자를 위한 사회 사역에서 모범이 되었다. 하나님은 복음을 외치면서도 자기희생이 없는 교회를 볼 때마다 눈물을 흘리실 것이라는 그의 말이 오늘도 무겁게 들린다.

④ 사회변동
사회는 쉼 없이 변하고 있다

사회학자들은 사회가 구조적으로 변하는 데 관심을 둔다. 사회가 미분화에서 분화로, 닫힌사회에서 열린사회로 가는 데 그 차이를 느끼지 않을 수 없다. 그것이 사회를 읽는 재미이기도 하다.

전통적으로 가족은 중요한 생산단위였다. 종족보존을 위한 생산도 있지만 가족단위로 상품을 만들고 파는 기지가 되기도 했다. 국가가 교육을 전담할 수 없을 때 가정은 중요한 교육기관이 되었다. 그러나 가족 개념은 점차 달라지고 있다. 통제와 권위가 상대적으로 약화되고, 정서적으로 유대를 높이는 측면이 강화되고 있다. 집안보다 각자의 능력이 강조되고, 가정의 사회화 기능이 강조되고 있다.

과거에는 태어날 때부터 갖는 여러 속성이 강조되었다. 어느 집안에서 태어났는가 하는 것이다. 그에 따라 사회적으로 신분이 달라졌다. 그러나 지금은 사회적 이동성social mobility이 높아지면서 과거의 귀속성은 자취를 감추게 되었다. 사회가 그만큼 열린 것이다. 사회적 가치 시스템도 바뀌었다. 과거엔 전통이 중시되었다. 그러나 지금은 경직된 전통적 가치보다는 신축성과 자율성, 전문화와 특수화가 가치관의 주류를 이루고 있다.

현대사회의 구조적 특징은 무엇일까? 첫째, 산업화에 따른 분화specialization다. 분화는 전문성으로 나타난다. 전문성이 높으면 남녀 구분 없이 달리 본다.

둘째, 세속화secularization다. 학자들은 산업사회의 특성 중 하나로 세속화를 든다. 산업화될수록 세속화 물결은 빨라진다. 종교도 이 물결을 피해갈 수 없다. 사람들은 세속화된 종교의 모습에 회의를 갖게 된다. 달라야 하는데 다른 구석이 보이지 않기 때문이다. 요즘 불교나 기독교 모두 사회로부터 공격을 당하는 것을 보면 자업자득이라는 생각이 든다.

셋째, 합리성rationalization이다. 산업사회는 생산성과 효율성을 중시한다. 프로테스탄트윤리가 근대자본주의 출현을 자극했다고 보는 베버의 생각도 이 흐름과 닿아 있다. 기업은 기본적으로 생산성과 효율성을 벗어날 수 없다. 그러나 요즘 사회적 책임과 기업윤리가 강조되고 있다. 효율성도 중요하지만 착한 기업이 되라는 것이다.

넷째, 민주화democratization와 평등화equalization다. 전근대사회에서 국가는 중앙집권에 구조적 압력과 속박이 심했다. 그러나 분권화되면서 올가미로부터 벗어난다. 대중의 힘이 강해지면서 사람들도 불균등이나 불평등 타파에 나선다. 요즘 복지를 내세우는 것도 사회변화의 흐름이다.

끝으로, 대중문화mass culture다. 밀J. S. Mill은 『자유론』에서 사람들은 같은 것을 읽고, 듣고, 보며, 같은 곳을 가고, 같은 권리와 자유를 누리고자 한다고 했다. 그런 문화로 간다고 본 것이다. 토크빌은 인간 사이에 구별과 차별이 소멸되며, 생각과 태도도 균등해진다고 했다. 대중문화의 출현을 예견한 것이다. 예견은 지금 현실이 되었다. 문화는 과거에 특정계층집단의 전유물이었다. 그러나 지금은 모든 사회구성원이 소유하고 향유한다. 시대가 바뀐 것이다.

사회를 보는 눈은 학자마다 다를 수 있다. 그러나 확실한 것은 사회는 구조적으로 변하고 있다는 것이다. 지금은 분화, 세속화, 합리성, 민주화와 평등화, 대중문화를 꼽지만 앞으로 어떻게 변할지 아무도 단정할 수 없다. 또 그런 사회가 최고의 사회라 말할 수도 없다. 하지만 한 가지 확실한 것은 있다. 각자가 처한 세대에서 최선을 다하며 사람답게 사는 사회를 만드는 것이 우리의 직무라는 점이다. 우리 중 어느 누구도 모든 세대를 살 수 없기 때문이다.

키르케고르

5 유럽은 지금 파산해가고 있다

실존철학자 키르케고르가 유럽 지성인들을 향해 화를 냈다. 그리고 선언했다.

"유럽은 지금 파산해가고 있다."

그의 눈에 낭만주의자들은 도덕적 책임감 없이 환상 유희에 빠졌다. 헤겔이라고 다르지 않다. 헤겔은 우린 단지 인간일 뿐이라는 사실을 외면하고 공상의 세계를 그리고 있다. 존재 전체를 설명하다가 자기 이름이 무엇인지 잊어버리고 또 자기가 사람이라는 것조차 잊어버렸다. 경황이 없다. 헤겔의 역사주의는 개인으로부터 삶에 대한 책임을 박탈했다. 키르케고르의 비판은 앙칼지다.

그는 우리가 처한 상황을 심각하게 보고 있다. 독화살에 상처를 입은 그런 상태의 사람이다. 그 사람은 화살의 재료가 무엇인지, 어떤 독을 바른 것인지, 어떤 각도에서 자기가 화살을 맞았는지 이론적으로 따지는 것에 관심이 없다. 지금 당장 누군가가 화살을 뽑고 상처를 치료해주기 바라고 있다. 지금 사느냐 죽느냐가 문제이기 때문이다. 이것이 바로 중요한 실존의 문제다. 책상 앞에 앉아 세계정신에 대해 사색만 할 수 없다.

사람들은 큰 사고를 맞았을 때 인과율이나 칸트의 직관 형식을 생각하지 않는다. 제아무리 위대한 이성적 진리라 할지라도 그것이 지금 나에게 아무 의미가 없다면 그것은 더 이상 효력을 발휘할 수 없다. 임종의 순간에 철학자의 이성적 진리 문제로 골치를 썩이겠는가.

인간의 삶은 즐거움만을 주도록 되어 있지 않다. 현대인은 오히려 불안과 절망 속에서 살고 있다. 그러나 너무 염려하지 마라. 불안은 우리가

174

실존적 상황에 처해 있다는 표시요, 불안하다는 것은 우리가 살아 있다는 증거다. 불안은 오히려 긍정적 신호일 수 있다. 다른 세계를 보도록 하기 때문이다.

도시에서 인간은 대중이나 군중이 되어가고 있다. 군중은 무엇인가? 수다를 떨며 산다. 수다는 책임감 없는 언어요, 무의미한 것이 특징이다. 수다는 삶에 대한 진지한 열정보다는 모든 사람이 자기처럼 같을 거라 생각하고 존재를 너무 희롱하듯 대한다. 가볍다.

키르케고르는 주저하지 않고 말한다. "다수는 진리가 아니다. 진리는 언제나 소수에 있다." 그는 한창 유행하고 있는 낭만주의에 결코 아첨하지 않았다. 오히려 하나님에 대한 절대적인 믿음과 하나님을 향한 도약만이 인간 실존의 무의미함을, 불안과 절망감을 극복할 수 있다고 했다. 그를 싫어하는 사람들은 그를 '민중의 적'이라 했다. 그에게도 적이 생겼다.

그는 유럽인들에 대해 왜 그토록 비판적이었을까? 낮은 단계의 삶을 살고 있다고 생각했기 때문이다. 그는 미적 단계에서 윤리적 단계를 거쳐 종교적 단계로 나아가도록 했다. 미적 단계는 순간을 즐기며 향락을 구한다. 아름답고, 멋지고, 편한 것을 찾는다. 지루한 것이나 선정적인 것이 아닌 모든 것에 대해서는 부정적이다. 낭만주의자들, 현실에 대해 혹은 자기가 종사하는 예술이나 철학을 가지고 놀이하는 사람은 바로 이 단계에 살고 있다. 이 사람들은 불안과 공허의 감정에 빠지기 쉽다. 윤리적 단계는 진지성과 도덕적 척도에 따라 산다. 그러나 이 단계에 머물러서는 안 된다. 미적 향락과 이성의 명령보다 신앙을 택한다. 이것이 종교적 단계이다. 살아 계신 하나님과의 관계에 들어가는 것은 엄청난 일이다. 하지만 그분과의 관계가 바로 설 때 인간은 비로소 자기의 삶과 화해할 수 있다. 우리는 언젠가 그 앞에 설 수밖에 없는 존재 아닌가.

키르케고르는 당시 많은 유럽 지성인조차 미적 단계에 머물고 있음을 분개하며 유럽은 지금 파산상태에 있다 했다. 하나님이 없는 듯 살아가고 있고, 도덕적으로도 무책임하다. 이 일이 어찌 그 시대뿐이겠는가. 그는 지금을 살아가는 우리를 향해서도 엄한 말을 할 것이다. "당신들 지금 뭘 하고 있는 거요?" 가슴이 철렁한다.

조원상 교수도 한마디 한다. "세계는 미적 단계 밑으로 내려가 동물적·육체적 단계로 떨어진 것 같습니다. 그 이상의 것에는 의심만 하고, 그리고 실제는 동물이 되는." 그렇다면 정말 문제가 아닌가.

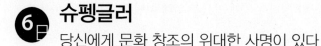

6 슈펭글러
당신에게 문화 창조의 위대한 사명이 있다

오스발트 슈펭글러Oswald Spengler는 문화의 생명 주기life cycle of culture 이론을 내놓았다. 여기서 문화는 종교, 예술, 정치, 사회생활, 경제 그리고 과학 등 여러 영역에 걸쳐 있으며, 그것에 관련된 모든 위대한 창조 및 형식들이 포함된다. 문화는 살아 있는 주요 현상prime phenomenon으로 시간에 따라 태어나고 죽는다. 즉, 출생, 유년기, 성숙기, 노년기, 그리고 죽음에 이르는 주기적 성격을 가지고 있다. 이것은 그가 유기체적 사고organic thought를 가지고 있음을 알 수 있다.

그 가운데 몇 가지를 살펴보자. 그에 따르면 문화의 출생은 원시의 정신성proto-spirituality, urseelenhaften Zustande에서 나온다. 아무 형태가 없다가 로마네스크나 고딕과 같은 어떤 형식이 태어나는 것과 같다. 유년기는 초기 호메로스 시대early Homeric, 초기 도리스지방 건축 스타일early Doric, 초대 교회early Christian, 이집트의 구왕국Old Kingdom 시대를 예로 들 수 있다. 노년기로, 그는 지금의 서구를 꼽는다. 그만큼 쇠퇴해가고 있다는 말이다.

그에 따르면 문화는 스스로 무엇을 이룸과 동시에 죽어간다. 역사적 현상도 상동관계homology, 곧 마찬가지다. 그는 역사도 인간이 유년기, 성장기 그리고 쇠퇴기를 가지는 것처럼 이런 코스를 밟아가는 것으로 보았다. 비유나 유추analogy가 아니라 실제 그렇다고 주장한다. 문화가 이런 주기를 가지는 것은 어떤 축적된 의미가 없다는 것을 나타낸다. 그래서 잘못도 반복된다.

슈펭글러에 따르면 문화는 태어나고 죽는다. 영원한 것은 없다는 말이다. 이 경우 우리 문화는 어떤 주기에 와 있을까를 생각하게 만든다. 그리고 이 문화를 보다 생명력 있게 만들기 위해 어떤 노력을 해야 하는가를 보여준다. 비록 언젠가 죽는다 할지라도 지금 우리가 최선을 다할 때 그만큼 의미 있는 창조가 될 것이다.

죽어가는 문화와 새로 태어나는 문화 사이에 바로 우리가 있다. 릭 워렌Rick Warren은 지금 우리가 누리고 있는 시간은 가장 귀한 선물이라 한다. 이 주어진 현재를 어떻게 활용하는가에 따라 미래가 달라지기 때문이다. 그가 쓴 『목적이 이끄는 삶』은 '이 땅에서 그리스도인으로서 삶을 어떻게 살아야 하는가'를 가르쳐주는 기본서이다.

그의 글 중에 와 닿는 말이 있다. "삶은 관계이다. 시간은 당신의 삶에서 가장 귀한 선물이다. 그것을 선물하라." 바쁜 세상에서 시간을 내주는 것은 어쩌면 희생이다. 희생하면서까지 그 귀한 시간을 내주니 어찌 고마운 일이 아니겠는가.

어떤 이는 '나에게 남는 것은 시간밖에 없다'고 말한다. 자기에겐 시간이 남아돈다는 얘긴데 이쯤 되면 시간은 별 가치 없는 것처럼 느껴진다. 그럼에도 불구하고 워렌은 우리에게 있어서 시간은 매우 소중한 것이요, 생명이라 한다. 이 땅에서 우리가 가진 시간은 매우 한정되어 있다. 앞으로 얼마나 살지 알 수 없다. 그러니 더 소중한 것이 아니겠는가.

바로 그 소중한 시간을 이웃을 위해, 친구를 위해, 가족을 위해 주라는 것이다. 그저 남아도니까 주는 것이 아니라 내 생명의 일부를 나누는 것이니 얼마나 귀한 일인가.

물론 그 귀한 시간을 하나님께 드린다. 또한 이웃에게 할애한다. 이 모두 중요한 일이다. 하나님은 우리에게 그 귀한 시간을 선물로 주셨다. 그 귀한 것을 하나님과 이웃에게 다시 선물로 돌려주는 것이다. 이것처럼 중요한 문화 창조는 없다.

하나님은 오늘도 우리 모두에게 하루를 선물하셨다. 그분은 우리가 시간을 낭비하며 사는 것을 원치 않으신다. 시간은 생명이다. 당신의 친구가 기꺼이 시간을 내어준다면 당신은 그의 생명을 선물로 받은 것이다. 그러니 그를 귀히 여기고 사랑하라. 아니 새로운 문화를 창조하라. 당신에게 문화 창조의 위대한 사명이 있다.

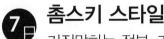

촘스키 스타일
거짓말하는 정부, 거짓을 가르치는 교육은 가라

미국인으로서 미국을 비판적으로 보는 대표적인 지식인으로 찰스 라이트 밀스C. Wright Mills와 노암 촘스키N. Chomsky가 있다. 그들의 눈을 통해 미국을 읽으면 미국의 다른 면이 보인다. 이들 가운데 촘스키는 요즘도 심심찮게 언급되는 인물이다.

촘스키는 유대계 러시아 이민 2세이다. 언어학자인 그는 히브리 언어학자였던 부모의 영향을 받았다. 그는 부모로부터 유대문화는 물론 언어학 연구에 대한 기본자세를 배웠다.

그는 날카로운 현실비판자이다. 유년 시절에 그는 학년이나 성적에 구분이 없는 진보적인 대안학교를 다니며 자유주의 정신을 몸에 익혔다. 하지만 유대인이라는 소수의 눈으로 볼 때 다수의 폭력은 문제가 되었다. 공산주의자였던 외삼촌, 외숙모의 영향을 받아 비판정신에 눈을 뜨기 시작했다.

MIT 교수로 있던 그는 1960년대 미국의 베트남전 참전을 반대하며 포문을 열었다. 1966년 '지식인의 책임'이라는 《뉴욕타임스》 기고문을 통해 지식인이라면 정부의 거짓말을 세상에 알려야 하고, 정부의 명분과 동기 이면에 감추어진 의도들을 파악하고 비판해야 한다고 주장했다. 이 글은 그를 비판적 지식인의 반열에 올려놓았다. 1967년 그는 국방성과 국무성 앞에서 시위를 벌였고, 이 일로 투옥되었다.

하지만 그는 비판을 멈추지 않았다. 캄보디아의 킬링필드에는 엄청난 관심을 쏟으면서 정작 더 많은 살육이 일어나는 동티모르 사태에는 무관심한 미국의 외교정책을 비판했다. 유고 공습은 물론 미국의 이라크 침

공도 비판했다. 사담 후세인을 지지하지는 않지만 그를 키운 것은 미국과 영국의 책임이 크다고 공격했다. 국제 분쟁과 지역 분쟁에 미국의 계산이 깔려 있다며 중남미에 대한 미국의 간여도 비판했다.

그는 『실패한 교육과 거짓말』을 통해 현재의 교육체계는 학생들에게 거짓을 가르치고 있다고 전제하고 민주주의의 가치를 가르쳐야 하는 학교가 순종을 강요하고, 독립적인 사고를 가로막는 통제와 억압 시스템으로 제도화되어 있다고 했다. 이런데도 그것이 시민들에게 드러나지 않는 것은 언론이 진실을 외면하기 때문이라며 언론을 공격했다.

그는 대안으로 깨어 있는 교육을 제시했다. 교사가 진실을 가르치고, 진실을 깨달은 사람들과 연대하고, 방관자가 아닌 행동하는 참여자로 나서고, 학생들도 그 대열에 참여하도록 하는 것이다.

학자들은 촘스키의 이런 행동을 두고 마르크스와 조지 오웰의 영향을 받은 것이라 평가 했다. 그러나 이 평가는 부분적으로는 맞지만 전부 맞는 것은 아니다. 그는 마르크스로부터 비판정신을 습득했다. 하지만 마르크스를 추종하진 않았다. 그는 소련식 독재도 비판했다. 국가권력과 억압적 제도에 저항했다는 점에서 조지 오웰의 무정부주의적 영향을 받았다. 하지만 정부 자체를 부정하지 않았기 때문에 그를 무정부주의자라 할 수 없다.

이런 독특한 성향으로 인해 그는 늘 외톨이였다. 이것이 촘스키 스타일이니 어쩌랴. 무엇보다 "정부든 학교든 거짓말과 억압은 안 돼!"라는 그의 주장이 잊히지 않는다. 역사적으로 고통당한 유대인이었기에 이 문제들이 더 피부에 와 닿았을 것이다. 역사와 문화는 끊임없이 개인의 삶에 영향을 주고, 사회를 일깨운다.

8日 오방색
조화, 균형, 평화, 공생을 추구하라

　　　돌이나 명절에 어린아이가 입은 색동저고리, 잔칫상 국수에 올리는 오색 고명, 궁궐이나 사찰에서 볼 수 있는 오색단청, 다섯 가지 색으로 오른 비빔밥, 고분벽화나 조각보의 색깔, 이 모두에 공통된 것이 하나 있다. 오방색五方色이다.

　왜 오방색일까? 오방색은 다섯 방위를 상징하는 색이다. 이것은 음양오행설陰陽五行說에 바탕을 둔 것으로, 오행의 각 기운과 직결된 청靑, 적赤, 황黃, 백白, 흑黑의 다섯 가지 기본색을 말한다. 이 다섯 가지 색은 순수하고 섞음이 없는 기본색으로 정색正色. 定色, 오정색五正色, 오색五色, 오채五彩 등 다양하게 불린다.

　청은 동쪽, 적은 남쪽, 황은 중앙, 백은 서쪽, 흑은 북쪽을 나타내 오방五方이라 한다. 각 색마다 동물 상징이 있다. 청은 청룡靑龍, 적은 주작朱鵲, 황은 황웅黃熊, 백은 백호白虎, 흑은 현무玄武다. 동서남북에 자리한 동물은 신으로 대우한다. 왜 "좌청룡, 우백호" 하는지 알겠다. 이 동물들은 주로 벽화에 많이 등장한다.

　황黃은 오행 가운데 토土에 해당한다. 우주의 중심이라 하여 가장 고귀하고 신성한 색으로 여겼고, 임금의 옷도 이 색으로 만들었다. 중국인들이 왜 황이라는 단어를 좋아하는지 알 것 같다.

　청靑은 오행 가운데 목木에 해당한다. 만물이 생성하는 봄의 색으로 탄생, 젊음, 희망을 상징한다. 요사스러운 귀신을 물리치고 복을 비는 색으로 쓰였다.

　백白은 오행 가운데 금金에 해당한다. 결백과 진실, 삶, 순결, 선비정신 등을 뜻하기 때문에 우리 민족이 귀히 여기는 색이다. 백의민족 아니던가.

적赤은 오행 가운데 화火에 해당한다. 생성과 창조, 정열과 애정, 적극성을 뜻하여 가장 강한 벽사의 빛깔로 쓰였다.

흑黑은 오행 가운데 수水에 해당한다. 죽음과 함께 인간의 지혜를 관장한다.

색	방위	오행	상징동물	의미
청(靑)	동방	목(木)	청룡	탄생, 젊음, 희망
백(白)	서방	금(金)	백호	결백, 순결, 진실, 선비정신
황(黃)	중앙	토(土)	황웅	우주의 중심, 신성함
적(赤)	남방	화(火)	주작	생명력, 창조, 정
흑(黑)	북방	수(水)	현무	최상의 권위, 지혜, 죽음

오방색은 음양오행사상에 바탕을 두어 우리의 생활과 밀접한 관련을 맺어왔다. 위에 언급한 것 외에도 차례상에 올리는 나물이나 과일도 오방색에서 골랐다. 간장 항아리에 붉은 고추를 끼워 금줄을 두르는 것, 음귀를 몰아내기 위해 혼례 때 신부가 연지곤지를 바르는 것, 붉은 빛이 나는 황토로 집을 짓는 것 모두 이것과 연관된다.

오방색이 한 민족의 삶에 얼마나 깊이 스며들었는가를 알 수 있다. 그런데 오방색에 관해 사람들은 말한다. "우주와 자연, 그리고 사람이 하나되어 살고자 했던 선조의 세계관을 반영한다. 우주를 이루는 만물의 기운이 조화를 이루는 완전하고 평화로운 삶을 추구했다. 오방색을 생활 곳곳에 끌어들여 어느 한쪽으로 치우치지 않는 균형 잡힌 삶을 살았다. 함께 어울려 살아야 하는 인간들의 모습을 우주만물의 법칙에서 그 교훈을 찾고자 했다." 조화, 균형, 평화, 공생이라는 말이다. 이 단어들을 보면 선조들이 무엇을 가르치고자 했는지를 알 수 있다. 음양오행설은 원래 조화와 통일을 강조하는 세계관이니 그것은 당연하다.

당신은 음양오행설을 믿는가? 금방 '예'라고 말하는 사람은 별로 없다. 현대인들에게 이것은 사실이지 생소하기 그지없다. 기원전 4세기 초 중국의 전국시대에 음양설과 오행설이 결집되고, 이것이 삼국시대에 우리나라에 전해지면서 우리 생활 속에 깊숙이 파고들었다. 우리 태극기에까지 음양오행의 원리가 담겨 있지 않은가. 이것을 믿느냐 안 믿느냐 하는 것은 개인마다 다를 수 있다. 그러나 알게 모르게 우리 속에 들어와 있다는 것은 누구도 부인할 수 없다. 긍정적이든 부정적이든 문화의 생명력은 이처럼 강하고 질기다. 문화를 가볍게 여기지 마라.

9 진화론
인간도 변화하는 환경에 적응해야 산다

다윈의 진화론을 가리켜 생물학적 진화론biological evolution이라 한다. 그러나 생물학적 관점에서 끝나지 않는다. 경제, 사회, 과학 등여러 분야에 걸쳐 영향을 주고받았다.

다윈에게 영향을 준 두 인물이 있다. 한 사람은 경제학자 맬서스T. R. Malthus이고, 다른 한 사람은 사회학자 스펜서H. Spencer이다. 맬서스는 생존을 위한 경쟁에서 최적의 변종the most fit variations만이 살아남을 수 있다는적자생존론을 폈다. 질병과 기근은 인구의 균형을 이루는 역할을 하며 여기에서 살아남은 사람들이 다음 세대를 이어간다. 스펜서는 사회도 진화하고 발전을 한다 했다.

다윈의 사상은 크게 세 가지로 요약된다. 첫째, 종들 사이에 상당한 변이가 존재한다. 이것은 '획득된 특질은 유전된다'는 라마크주의자Lamarckian의생각과는 반대된다. 둘째, 결과적으로 종 안에서 그리고 종들 사이에 생존경쟁이 일어난다. 끝으로, 적자만 생존하고 약자는 도태된다. 이것이 자연선택의 확고한 법칙이라는 것이다. 이것은 우리가 익히 아는 진화론이다.

다윈의 사상을 살펴보면 두 가지 이론이 더 등장한다. 하나는 모나드이론monad theory이고, 다른 하나는 됨의 이론becoming theory이다.

모나드는 흔히 단자라 한다. 이것은 넓이나 형체를 가지고 있지 않으며, 무엇으로도 나눌 수 없는 궁극적인 실체로서 모든 존재의 기초를 뜻한다. 그는 이 모나드가 생명체로 자연 발생한다고 보았다. 라마르크는이를 가설적인 기초생명체라 했다. 다윈에 따르면 불규칙적인 가지를 가진 나무처럼 각 나무에 종들이 번식하면서 진화한다. 종들의 생명주기는 모나드에 따라 결정된다. 예를 들어 지구상의 종들이 갑자기 대량으로 죽음을 맞게 되는 것도 모나드 때문이다. 이 지구적 재해를 지구 역사에 있어서 격변 이론catastrophist theories이라 한다. 그는 이 이론에 근거해 성서에 나오는 홍수 이야기를 신뢰하지 않았다.

뵘의 이론은 나이든 어떤 종들은 신생 종들에게 길을 내준다는 것이다. 어떤 종들은 때로 오래 생존하기도 하지만 결국 후손들에게 길을 터주고 물러간다. 그렇게 삶이 이어간다.

다윈의 이론은 많은 학자로 하여금 인간이 환경에 어떻게 적응해야 하는가를 생각하게 했다. 어떤 학자들은 단순성simplicity, 곧 단선형 발전을 택했다. 단선unilinear이론, 근대화이론, 시스템이론, 마르크스사상이 그 보기다. 복잡성complexity을 택한 학자들은 생태환경의 고도의 복잡성, 분화, 차별화, 상관성을 주장한다. 환경에 대한 인간의 지배 쪽으로 이해하려는 파슨스의 균형이론이나 인간생태학이 이에 속한다.

진화론은 하나의 학설로서 갈등론 및 균형론과 함께 사회변동을 이해하는 중요한 축이 되었다. 다윈의 진화론은 종국적으로 인간도 변화하는 환경에 적응해야 한다는 것을 가르쳐주었다. 하지만 이 이론은 신의 역할을 배제한 채 각 종, 특히 인간 스스로의 변화와 적응을 강조함으로써 신학적인 논쟁을 불러일으켰다. 인간의 힘으로 될 수 없는 일도 많기 때문이다.

진화론이 맞느냐 창조론이 맞느냐 하는 것은 어쩌면 인간이 풀기 어려운 난제일 수 있다. 과학은 끊임없이 의심하며 논리를 쌓아가고, 종교는 믿음을 바탕으로 신의 창조를 믿는다. 그러나 과학이 믿는 이성이나 종교인들이 가진 믿음 모두 신이 주었다는 점에서 공통된다. 중요한 것은 우리 모두가 이 땅에서 신의 뜻을 생각하며 때론 주어진 환경에 적응하고, 때론 맞서며 살아야 한다는 사실이다. 이 엄연한 사실에서 자유로운 인간은 없다.

한 민족과 아리랑, 그리고 한글
다민족 국가라도 공통된 것이 있다

다문화가정이 늘어나면서 한국이 앞으로 곧 다민족국가가 될 것이라 우려하는 분도 종종 본다. 그러나 인류학자 김병모에 따르면 한국인은 이미 단일민족이 아니다. 그의 주장은 우리의 일반적인 생각을 뒤집는다.

그에 따르면 한민족은 남방계_{동남아시아}를 통해 유입된 종족과 북방계_{몽골과 스키타이 등}를 통해 유입된 종족이 만난 혼혈족이다. 김수로왕의 부인은 인도나 아랍계 여인으로 추정되고 있다. 그뿐 아니다. 충북 제천의 고인돌에서 발견된 두개골은 북유럽형의 골격을 가졌고, 정선 아우라지에서 발견된 유골의 DNA 검사결과 유럽인으로 일차 판명되었다. 그는 우리 민족이 한 민족이 아니라 수십 민족의 피가 섞인 혼혈민족임을 강조한다. 이미 다민족이라는 것이다.

그는 한국어에도 여러 민족의 언어들이 흘러들어 왔다고 한다. 한국어는 흔히 알타이어라 한다. 시베리아계 언어라는 말이다. 이것은 신석기시대나 청동기시대의 주민 이동이 한국어가 알타이어로 되는 데 기본요인으로 작용했고, 우리 언어가 시베리아, 몽고, 만주의 영향을 받았다는 말이다. 그런데 우리말 어휘 중에는 인도 고어인 드라비다어도 많이 들어와 있다. 그중 쌀, 벼, 씨, 알, 풀, 메뚜기 등 400여 단어들이 이 언어에 뿌리를 두고 있다. 이것은 두 지역 간에 주민 이동이 있었음을 보여준다. 서울은 신라어인 서라벌이 서불로 발전하여 서울로 변화된 것으로 알고 있다. 그런데 이것은 원래 고대 광동어인 셔불_{聖吊. 그 지방에서 중심이 되는 마을}에서 유래하였다는 주장도 있다. 이것은 우리 언어도 한반도 고유 언어라기보다 다문화 성격을 띠고 있음을 보여준다.

김병모는 한국의 건국신화 내지 조상신화에서도 다문화의 성격을 보여준다 했다. 조상신화도 단군신화 하나로 통일된 것이 아니라 천손신화, 난생신화, 동혈신화 등 다양하다. 단군이나 부여의 해모수는 하느님의 아들로서 땅에 강림하여 국왕이 되는 천손신화를 대표한다. 고구려의 주몽, 신라의 박혁거세, 김알지, 가락국의 김수로, 신라 4대 왕 석탈해 등은 알이나 상자에서 나온 아이가 자라서 국왕이 되는 난생신화를 대표한다. 제주도의 삼성혈이나 곰이 일정기간 시련을 겪은 후 사람으로 변신하여 단군을 낳았다는 것은 동혈신화를 대표한다. 천손신화는 한국·만주·몽고에서 나타나고, 난생신화는 한국·대만·태국·인도에 분포하며, 동혈신화는 한국·중국의 묘족·일본에서 나타난다. 이것은 우리의 신화마저 다문화임을 보여준다.

단일민족, 단일문화가 아니어서 실망했는가? 그럴 필요 없다. 오늘날과 같이 글로벌화한 시대에서 다민족, 다문화가 장점이 될 수 있다. 한민족의 우수성은 오히려 이런 문화적 다양성 속에서 더 빛을 발할 것이다. 기대하시라.

다민족국가라 할지라도 공통된 가락이 있다. 그것이 바로 아리랑이다. 이 속에 한민족의 신비가 담겨 있다. 한민족의 대표 가락 '아리랑'이 마침내 유네스코 인류무형유산으로 등재 되었다. 자랑스러운 일이요, 마땅한 일이다. 그런데 아리랑에 대한 뜻과 유래를 알아보니 정확히 감을 잡을 수 없다. 우리 민족이 다민족국가라 한 만큼이나 다양하다. 그러고도 열심히 불렀다니 그야말로 아리고 쓰리다.

우선 한민족의 대표적 민요라는 데는 다들 동의한다. 기본으로 불리는 아리랑 외에도 진도아리랑, 정선아리랑, 밀양아리랑, 경기아리랑 등 지방마다 약간씩 다른 아리랑이 있다. 지방 아리랑에도 아리랑은 공통적으로 있다.

문제는 아리랑이 무슨 뜻이냐는 것이다. 여기에는 설이 너무 많다. 옛날 밀양 사또의 딸 아랑이 억울하게 죽임을 당한 것을 슬퍼하며 불렀다는 아랑설阿娘說, 신라의 시조 박혁거세의 왕비 알영을 칭송하여 '알영, 알영' 하고 노래 부른 것이 '아리랑, 아리랑'으로 변했다는 알영설閼英說, 흥선대원군 시절 경복궁을 짓는 공사장에 불려와 힘들게 일하던 백성들이 고향을 그리워하며 '아리랑, 아리랑' 하고 노래하면서 시작되었다는 아리랑설 등 하나둘이 아니다. 양주동이나 이병도 등은 아리랑을 옛 지명으로 보기도 했다. 하지만 왠지 마음에 와 닿지 않는다.

오히려 일반인들이 나름대로 주장하는 것을 보면 그럴싸하다. 그중에 많은 것이 임이다. 아리랑은 아리따운 임 또는 아리게 그리운 임이며 너무 보고 싶어 오늘도 마음이 쓰린 임이라는 것이다. 아리랑과 쓰리랑은 여기에서 나왔다는 것이다. 이와는 달리 내 곁을 떠나간 임이라는 아리랑我離郎이란 사람도 있다.

아리랑을 고개로 보기도 한다. 아리랑은 동쪽 고개를 뜻하며 우리 민족이 계속 동쪽으로 이동해서 한반도까지 왔다고 주장한다. 또 아리랑은 '아리령'으로, 이것은 『격암유록』의 천파, 곧 하늘 언덕과 같다 한다. 알영고개설도 있다.

어떤 이는 종교와 연관시킨다. 아리는 소리라는 뜻으로 산에서 신을 부르는 메아리에서 왔다는 것이다. 심지어 신을 의미하는 알과 '함께'라는 뜻을 가진 '이랑'의 합성어라 한다. '신과 함께'라. 심지어 아리랑은 '나아我', '이치리理', '즐거울랑朗'으로 참 나를 깨닫는 즐거움을 노래한 것이며 '나를 버리고 가시는 임'은 참 나를 깨닫기를 포기하는 사람을 의미한다는 것이다. 이런 높은 뜻이 있단 말인가. 글쎄다.

한과 연관된 것도 있다. 귀가 있어도 들을 수 없었던 설움과 모든 것을 잃을 수밖에 없었던 한을 아이롱我耳聾으로 표출한 것이 아리랑이 되었다는 아이롱설我耳聾說이다. '아이롱고개 날 넘겨주소'는 그렇게 한 맺힌 아픔의 고비를 빨리 지나가게 해달라는 간구가 담겨 있다는 것이다. 또한 남존여비사상에 힘들어하던 여인네들이 자신의 심경을 표현한 것이라는 주장도 있다. 바이칼 호수 근처에서 사용하는 아리랑은 참고 견딘다는 뜻이라는데 이것과 맥을 같이하는 것일까.

고려의 역사와 연관된 주장도 있다. '신이臣李 막가서', 즉 역적 신臣하 이李가 막가서 발병, 곧 고려가 망하게 되는 것이 한스럽다며 새로운 왕조를 부정하고, 고려를 부활시키자는 내용이라는 것이다. 나라를 애써 지키려는 충신들의 혼이 담긴 대서사시란 말이다.

이외에도 여러 주장이 있다. 이로 보아 아리랑이 정확히 무엇을 뜻하는지 알 수는 없다. 그럼에도 불구하고 이 가락이 민족적 감정과 울분을 호소하고 민족적 동질성을 확보했다는 것이 놀랍다. 아리랑은 한민족의 혼이 담긴 민요임에는 틀림없다.

이쯤에서 난 곰곰이 생각해본다. 오히려 그 뜻을 정확히 알 수 없어 더 신비한 것은 아닐까. 아리랑, 끝까지 비밀에 붙여두자. 아니, 영원히 풀리지 않을지 모른다. 하지만 의미만큼은 각자의 몫으로 남겨두자. 그래야 더 많은 아리랑이 나오지 않겠는가.

한 민족으로서 공통되는 것이 또 하나 있다. 한글 사용이다. 1926년 한글 반포 480돌이 되던 날 한글날이 선포되었다. 이름은 한글날이 아니라 '가갸날'이었다. 두 해 후 가갸날이 한글날로 바뀌었다. 한글날도 음력으로 지키다가 양력으로 바뀌고, 훈민정음 원본이 발견되면서 양력 10월 9

일로 확정되었다.

　한글은 모든 백성이 글을 읽고 쓸 수 있기를 원했던 세종대왕이 창제했다. 그러나 잘 사용되지 않았다. 사대부의 저항도 만만치 않았다. 성경 번역은 한글 확산에 크게 기여했다. 1880년 일본에서 마가복음이 번역되었고, 중국에서는 로스 목사가 누가복음과 요한복음을 번역했다. 1907년 평양대부흥운동도 한글 확산과 무관하지 않다.

　한글을 사랑한 미국인 선교사로 호머 헐버트가 있다. 그는 1886년 23세의 나이에 조선에 왔다. 처음엔 한글이 서툴렀지만 한글에 매료되면서 조선인보다 한글을 더 사랑했다. 그는 조선인들이 한글을 업신여기고 한자를 떠받드는 풍조를 안타깝게 여겼다. 그의 한글 사랑은 독립운동에까지 이어졌다. 그는 고종의 헤이그 밀사 파견에 관여했다. 그 일로 고종이 퇴위하자 미국으로 돌아가 이승만의 독립운동을 도왔다. 평소 "웨스트민스터 사원보다 한국 땅에 묻히기를 바란다"고 했던 그는 지금 양화진 외국인 묘지에 묻혀 있다.

　한글의 확산은 개인적으로 주시경의 역할이 크다. 그는 배재학당에서 국어를 가르쳤다. 그러나 그의 국어사랑은 학교에 한정되지 않았다. 장안을 돌며 국어문법을 가르치고, 상동교회에 조선어 강습소를 열어 외솔 · 한결 · 열운 · 가람 등 수많은 제자를 낳았다. 외솔은 주시경의 수제자였다. 그는 조선어학회 사건으로 3년간 수감되었다. 그에게 있어서 한글은 목숨이었다.

　미국 과학전문지 ≪디스커버리≫는 한글을 가리켜 독창성과 기호배합의 효율성 면에서 아주 돋보이는 세계에서 가장 합리적인 문자라 했다. 우리는 매일 한글을 쓰고 있다. 한글을 사랑하고 자랑하라.

11 술

장진주보다 단진주가 필요하다

이백李白의 시 중 「장진주將進酒」라고 있다. 술을 권하며 쓴 것으로 우리말로 '술 한잔 받으시오'이다. 애주가에겐 딱 맞는 시다. 이 시는 이렇게 시작된다.

그대 보지 못했는가?
황하의 물, 하늘로부터 내려와서
거칠게 흘러 바다에 도달하면 돌아오지 못하는 것을.
그대 보지 못했는가?
높은 집 맑은 거울에 비친 슬픈 백발,
아침에 청실 같던 것이 저녁에는 눈이 되고 만 것을.
인생은 뜻대로 될 때 마냥 즐겨야 하리니,
황금 술잔을 달 아래 놀려두지 마라.
하늘이 주신 재능 반드시 쓸 데가 있을 것이요,
천금을 다 흩어버리면 다시 돌아올 것이다.
양을 삶고 소를 잡아 잠깐 즐거움을 누리세,
모여서 한 번 마신다면 삼백 잔은 들어야 하리.

황하의 물도 바다에 달하면 돌아오지 못하고, 청실 같은 인생 백발 되니 지금 마냥 즐겨야 할 것 아닌가 한다. 인생의 허무가 담겨 있다. 이어 잠 선생, 단구 씨를 불러 대작하는 장면이다.

잠 선생, 단구 씨,
술을 권하니 잔을 멈추지 마소.

그대 위해 노래 한 곡 하리니,

그대는 나를 위해 귀 기울이시라.

멋진 음악 맛깔스러운 음식도 필요 없네,

다만 오래 취해 깨어나지 말기를.

예부터 성현들은 모두 쓸쓸했고

오직 술꾼만 그 이름을 남겼다네.

옛날 조식은 평락관에서 잔치하면서,

한 말에 만 냥 하는 술을 마냥 즐겼었지.

주인이 어이하여 돈이 없다고 하리오?

당장 술을 사다 그대와 대작하리다.

오화마와 천금의 갖옷을

아이놈 시켜 내다가 좋은 술 바꿔 와서,

그대와 더불어 만고의 시름을 풀어 볼거나.

성현은 쓸쓸했지만 술꾼의 이름은 남지 않았는가. 한 말에 만 냥 하는 술을 마신 조식도 있지 않았는가. 천금 갖옷 가져다가 좋은 술 바꿔 만고 시름 푸세나. 한번 거나하게 마실 참이다.

이백, 두보 모두 술을 잘했다. 주유천하라던가. 나라 돌아가는 꼴 보며 들고, 세상사 허무한 것 보며 들고, 이래저래 한숨 길어 든다. 그만큼 삶이 팍팍하고 어려웠다는 말이다.

우리는 어떨까? 세계보건기구가 188개국을 조사한 결과 한국이 알코올 도수가 높은 독한 술인 소주·위스키 등 증류주의 1인당 소비에서 세계 최고인 것으로 확인되었다. 일반 술까지 포함하면 한국의 전체 알코올 소비량은 전 세계 13위이다. 엄청난 술 소비국이다. 지나치다 말하기엔 뭔가 문제가 있다.

술은 요사이 담배와 함께 건강을 위해 피해야 하는 품목 중 하나이다.

그럼에도 술 소비는 줄지 않고 있다. 대학 신입생이나 직장 새내기들에게도 술은 강요된다. 그래서 고민이 많다. 이백의 시 「장진주」는 멋있어 보일 수 있지만 삶에 대한 태도를 일깨우는 데는 너무 미흡하다. 술이 사회적으로 미치는 영향이 너무 커 '장진주'가 아니라 '단진주斷進酒' 해야 할 것이다. 벗님들, 주량 자랑할 것 못 되니 제발 술 줄이고, 몸 생각하시라.

달의 유래

2월은 왜 28일밖에 없을까

역사적으로 보면 이집트인들은 나일 홍수의 주기를 1년으로 계산해 태양력을 사용했고, 로마인들은 태음력을 사용해왔다. 그러나 로마의 장군 율리우스 시저가 이집트처럼 태양력을 사용하는 것이 더 정확하다 판단하고 1년을 365일로 정했다. 그동안 355일로 한 태음력은 여러모로 맞지 않고 불편했기 때문이다.

365일은 지구가 태양을 한 바퀴 도는 것을 나타낸 것인데, 정확한 것은 365일 5시간 48분 46초이다. 그래서 4년 정도 지나면 하루 정도 시간차가 난다는 것을 알게 되었다. 4년마다 하루를 2월에 더 넣어 그해의 1년을 366일로 했다. 이해가 바로 윤년이다. 이것이 시저의 이름을 딴 율리우스 Julius 월력이다. 그런데 신하들이 3년마다 한 번씩 윤년을 잘못 집어넣는 실수를 했고, 율리우스의 조카인 아우구스투스 황제가 바로잡았다.

이것은 1년을 365일 6시간으로 계산한 것일 뿐 달력의 날짜가 계절과 정확히 맞는 것은 아니었다. 1200년 동안 이 월력을 사용하다 보니 달력의 날짜가 계절보다 10일 정도 앞서나갔다. 1582년 로마교황 그레고리 8세는 400년마다 윤년을 세 차례 없애 계절과 달력의 차이를 거의 없앴다. 이것이 지금 우리가 사용하고 있는 그레고리 Gregory 월력이다. 우리나라도 고종 때인 1894년부터 이것을 사용했다.

1년이 처음부터 January로 시작된 것은 아니었다. 로마가 태음력을 사용했던 당시엔 3월 March이 첫 달이었고, 현재의 12월은 10번째 달 December 이었다. 1년이 10개월이었다. 이것을 통치자 폼필리우스가 January와 February를 뒤쪽에 붙여 1년을 12개월로 만들었다. 기원전 153년 지금의 January를 새해 첫 달로 바꾸면서 12개월의 순서도 지금과 같이 정해졌다는 설도 있고, 기원전 46년에 율리우스가 이달을 첫 달로 삼았다는 설도 있다. 12개월의 명칭을 살펴보면 우리가 알지 못한 역사와 문화가 보인다.

January 1월는 문과 통로의 로마 신 야누스Janus에서 왔다. 앞뒤로 두 개의 얼굴을 가진 야누스는 하늘의 문지기로서 한 해를 여는 신이 되었다. 일을 시작하기 위해서는 문을 열고 들어가야 하리라.

February 2월는 '깨끗이 하다'는 뜻의 라틴어 '페브루아리우스februarius'에서 왔다. 로마의 태음력에서 이달은 1년의 마지막 달로 새해를 맞이하기 전 온몸과 마음을 깨끗이 한다는 의미를 담고 있다. 당시 이달에 성결 축제일인 페브루아Februa가 있었다.

March 3월은 전쟁의 신 마르스Mars에서 왔다. 그리스신화에서는 군신 아레스Ares에 해당한다. 로마가 태음력을 사용했을 때는 이달이 첫 번째 달이었다.

April 4월은 로마가 태음력을 사용했을 때 1년 중 두 번째 달이었기 때문에 '두 번째' 또는 '나중'을 뜻하는 라틴어 '아페로apero'에서 왔다는 설과 이 시기에 초목에 싹이 터 '개시하다'는 뜻을 가진 라틴어 동사 '아페리aperie'에서 왔다는 설이 있다.

May 5월은 봄과 성장의 여신 마이아Maia에서 왔다는 설이 있고, 노인들Majores에게 바쳐진 달이라는 의미에서 노인의 줄임말 마이우스Maius에서 왔다는 설이 있다.

June 6월은 로마의 최고 신 주피터Jupiter의 여동생이자 아내이며 결혼과 출산의 신인 주노Juno에서 왔다는 설과 젊은 사람들Juniores에게 바쳐진 달에서 왔다는 설이 있다.

July 7월는 원래 다섯 번째를 뜻하는 Quintilis 퀸틸리스였고 30일밖에 없었다. 이달에 태어난 율리우스 시저가 이달을 큰 달로 만들고자 2월에서 하루를 가져와 31일로 만들었다. 시저가 암살을 당하자 원로원은 그를 기념하여 퀸틸리스를 율리우스Julius로 바꿨다. July는 율리우스의 이름이다. 로마의 태음력을 태양력으로 바꾼 공로도 있으니 봐줄 만하다.

August8월는 원래 여섯 번째를 뜻하는 '섹스틸리스Sextilis'였고, 30일이었다. 율리우스 시저의 조카이며 로마제국 초대 황제인 아우구스투스Augustus가 자신의 생일이 들어간 8월을 위대하게 만들고자 2월에서 하루를 빼내 31일로 만들었다. 결국 2월은 이틀이나 빼앗겨 지금의 28일로 남았다. 로마인들은 그를 칭송하는 의미에서 섹스틸리스를 그의 이름으로 바꾸었다.

September9월는 7을 나타내는 라틴어 '셉템브리스septembris'에서, October10월는 8을 나타내는 라틴어 '옥토베르october'에서, November11월는 9를 나타내는 라틴어 '노벰베르november'에서, 그리고 December12월는 10을 나타내는 라틴어 '디셈베르december'에서 나왔다.

9월에서 12월의 명칭은 로마의 태음력과 연관된 것이지만 두 달이나 차이 나게 되었다. 아우구스투스 다음 황제인 티베리우스는 11월을 그의 이름으로 바꾸라는 건의가 있었지만 사양했다. 12월은 원래 29일밖에 없었지만 율리우스가 이틀을 더 보태 31일로 만들어 한 해의 대미를 장식하게 만들었다.

태음력을 사용하던 로마가 태양력을 받아들인 것은 획기적이었다. 그것이 맞다 생각했기 때문이다. 그런 것이 계절을 고려해 다시 전열을 다듬었다. 그러나 명칭만큼은 혼재되어 있다. September가 7인 로마인들이 그것을 9월로 치라니 얼마나 혼란스러웠을까 싶다. 역사를 알면 재미는 있지만 억지도 있다.

13□ 미터법
단위가 통일되지 않으면 도랑에 빠진다

1998년 12월 11일 플로리다의 케이프 케너베럴에서 화성 기후 탐사선이 발사되었다. 그러나 탐사선은 286일의 여행을 끝으로 목적지 화성에 진입하면서 폭파되었다. 1조 원이 넘는 고가의 프로젝트였다.

폭파 이유는 엉뚱하게도 공동으로 개발하던 영국의 로켓과학자들과 미국의 로켓과학자들이 사용하는 단위법이 달랐기 때문이었다. 당시 미국은 미터법이 아닌 옛 영국의 도량형을 사용하고 있었다. 잘못 계산된 추진력 탓에 탐사선은 예정된 100km보다 낮은 60km의 궤도에 진입하며 대기와 마찰을 일으켜 폭발하고 말았다.

미국이 옛 도량형을 고집하는 이유는 간단하다. 그동안 익숙해왔던 문화인 데다 새로운 것에 대한 심리적 저항이 컸기 때문이다. 피트와 파운드로 교육을 받은 엔지니어들은 미터와 킬로미터를 사용하는 것이 불편할 뿐 아니라 그들의 직관적인 지식이 사라져버리지나 않을까 걱정했다. 하지만 서로 다른 도량형의 사용은 커뮤니케이션에 문제를 일으킬 뿐 아니라 때론 치명적이다.

미터는 '재다'는 뜻을 가진 라틴어 '메트룸metrum'에서 나온 말이다. 미터법은 길이와 너비 등은 미터를, 부피는 리터를, 무게는 킬로그램을 기본 단위로 하고, 십진법을 사용하는 국제단위이다. 우리나라에서는 공식적으로 미터법을 쓰고 있지만 척관법을 사용하는 사람들도 많다.

프랑스는 1799년 12월 10일 맨 처음으로 미터법을 도입했다. 당시 프랑스에는 약 800개의 이름으로 25만 개나 되는 도량단위를 사용하고 있었다. 시민혁명 못지않게 도량형에도 혁명이 필요하던 시기였다. 1801년

나폴레옹은 프랑스 전역에 미터법의 사용을 의무화하며 과학자들의 미터법에 대한 업적에 찬사를 보냈다. 그러나 새로운 도량형의 등장으로 사회가 혼란에 빠지고 러시아 침공 실패로 자신의 처지가 위태로워지자 그마저 미터법에 대한 지지를 바꿨다. 하지만 그는 엘바 섬으로 추방당했다. 그는 가고 없지만 미터법은 지금까지 살아남았다.

현재 EU 회원국 대부분이 미터법을 사용하고 있다. 영국의 경우 학교에서는 미터법을 가르치지만 시장에서는 파운드와 온스 등 옛 단위를 선호하고 있다. 올림픽 경기와 같은 공식적인 행사에는 미터법이 사용되기도 하지만 자동차에는 여전히 마일과 갤런 등 전통적인 단위가 사용되고 있다. 미국도 예외가 아니다.

도량형이 바뀌면 불편하고 혼란스럽다. 그러나 도량형 체계의 혼선으로 다양한 분야에서 각종 사고의 위험이 커지고 사회적 비용이 증가한다. 영국의 경우 일부 지식층만 미터법을 알고 사용하고 있어 계층 간 격차도 나타나고 있다. 더 큰 일이 벌어지기 전에 통일할 필요가 있다. 단위가 통일되지 않으면 도랑에 빠진다. 소통이 먼저다.

옥수수
옥수수에는 마야의 신비가 알알이 박혀 있다

일리노이에서 공부하고 있을 때를 생각하면 가도 가도 끝없는 옥수수밭이 잊히지 않는다. 아이오와나 오하이오를 방문했을 때도 마찬가지였다. 중국에 갔을 때도 그 너른 대지에 옥수수밭이 있었다. 우리 삶에 옥수수가 큰 부분을 차지한다는 것을 알 수 있다.

옥수수 하면 맨 먼저 떠올려야 할 곳이 아메리카 대륙이다. 그곳이 원산지이기 때문이다. 옥수수는 볼리비아를 중심으로 한 남아메리카 북부 안데스산맥의 저지대나 멕시코가 원산지인 것으로 추정된다.

옥수수는 마야와 아스텍인들의 주식이었다. 마야인들은 옥수수를 신성시한다. 그들의 신화에 따르면 신 '훈 후나푸'는 옥수수 모양의 머리를 가지고 있었다. 이 신은 희랍의 제우스에 해당한다. 그는 지하세계의 신과 싸우다 장렬히 전사한다. 적들은 그의 목을 베어 죽은 나뭇가지에 꽂았다. 그런데 무슨 일인지 죽은 나무가 자라더니 훈 후나푸의 머리를 닮은 열매가 열렸다. 이것이 바로 옥수수다. 마야문명에서 옥수수는 신이 죽었다가 부활한 작물이다.

그뿐 아니다. 그들은 인간이 옥수수에서 창조되었다고 믿는다. 즉, 창조의 신 케찰코아틀이 옥수수 가루를 반죽해서 인간을 만들었다는 것이다. 그만큼 그들은 자신의 삶과 옥수수를 동일시했다.

그 신비의 옥수수가 콜럼버스를 비롯한 여러 탐험가의 손을 거쳐 유럽에 전해졌고 세계 곳곳으로 퍼져 나갔다. 미국의 인디언들은 식민지 개척자들에게 옥수수 재배법을 가르쳤다. 옥수수는 종류도, 맛도 다양했다. 그중에 전통적으로 추수감사절이면 사용했던 품종이 있는데, 사람들은 그것을 인디언 옥수수Indian corn라 했다.

중국에서는 옥수수를 옥미玉米, 옥촉서玉蜀黍라 부른다. 옥미라 한 것은 옥수수를 쌀처럼 중시했음을 알 수 있고, 옥촉서라 한 것은 촉나라와 연관됨을 알 수 있다. 우리나라에는 16세기에 중국을 통하여 들어온 것으로 추정된다. 우리나라에서 옥수수라 한 것은 옥촉서의 중국 음 '위수수'에서 유래한 것이다. 한자의 옥과 중국 발음 수수가 섞인 것이다. 옥수수를 강냉이라 하기도 하는데 이것은 중국의 강남에서 건너왔다는 데서 유래되었다는 설이 있다.

옥수수는 많은 손이 필요하지 않고, 어떤 토양에서나 잘 자라며, 한랭한 기후에도 잘 견디는 특성이 있어 널리 재배되어 왔다. 옥수수는 사람들에게는 식량이 되고, 가축의 먹이가 되었으며, 산업 원료 등으로 쓰여 왔다.

지금도 연변과기대에서 이따금 먹은 옥수수국수를 잊을 수 없다. 그렇지만 옥수수는 처음부터 사람들이 먹기 쉬운 음식은 아니었다. 추사 김정희는 그의 『완당집』에서 70세 노인이 끼니로 옥수수를 먹는다는 말을 듣고 애처롭게 생각하는 글을 썼다. 옥수수 먹는 것을 가난의 대명사로 생각한 것이다. 이중환은 『택리지』에서 강원도 오지 정선에서 옥수수로 올챙이국수를 해먹고 있다고 했다. 먹기 어려운 것을 먹기 쉽게 만든 것이다. 그만큼 우리 선조들은 어려움 속에서도 삶의 지혜를 모았다.

지금 옥수수는 국수, 팝콘, 빵, 푸딩, 과자, 엿, 샐러드, 차, 술, 기름, 마가린 등 다양하게 사용되고 있다. 오지의 가난한 먹거리가 아니라 우리 식탁의 중요한 먹거리로 자리하고 있다. 그러나 이것은 다른 곡류에 비해 영양가가 떨어진다. 옥수수를 주식으로 하게 되면 나이아신 결핍으로 펠라그라에 걸리기도 한다. 음식은 골고루 먹어야 한다. 오늘도 옥수수를 먹는다. 마야의 신비가 알알이 박혀 있는 옥수수다.

15 초콜릿
초콜릿 뒤에는 슬픈 역사가 있다

빼빼로데이와 밸런타인데이에 공통된 것이 하나 있다. 바로 초콜릿 선물이다. 수능고사를 치르는 수험생들에게도 초콜릿이 인기다. 뇌에 영양을 공급하고 뇌의 움직임을 활발하게 해주기 때문이다. 페닐에틸아민이라는 성분이 정신을 안정시켜 집중력을 높여주고 머리 회전에 도움을 준다고 한다.

초콜릿은 젊은이들의 전유물이 아니다. 초콜릿의 건강 기능성이 알려지면서 성인들에게도 인기다. 폴리페놀 성분이 심장병이나 당뇨병 등 각종 성인병과 스태미나에 좋다고 한다. 기존의 밀크 초콜릿보다 카카오 성분이 더 들어간 다크 초콜릿에 대한 선호도도 높아지고 있다. 초콜릿 시장이 달아오르는 이유가 있다.

초콜릿은 카카오 콩Cacao bean에서 나온 것으로 3,000년 전 아스텍 문명의 사람들이 처음 재배했다. 이 사람들은 카카오 콩뿐 아니라 옥수수도 세계 최초로 재배한 사람들이다. 또한 멕시코의 삼림지대에 살았던 마야인들이 카카오 콩을 으깨어 초콜릿음료로 마셨다는 주장도 있다.

카카오 콩에서 초콜릿을 만드는 것은 결코 쉽지 않다. 카카오나무의 씨앗인 카카오 콩을 건조시키고 발효시키는 복잡한 과정을 거쳐 초콜릿이 만들어진다. 어떻게 이 복잡한 과정을 거쳐 만들어냈을까 놀랍다. 그만큼 건강을 생각했다는 증거이자 창의적 산물이 아니겠는가.

당시 초콜릿은 주로 특권층을 위한 음료였다. 바닐라와 같은 향신료를 넣어 마시기도 했다. 국가 행사가 있을 때나 맛볼 수 있을 정도로 귀했다. 카카오 콩은 화폐 대용이 되기도 했다.

이것이 유럽으로 퍼지게 된 것은 15~17세기였다. 콜럼버스가 카카오 콩을 유럽에 가져갔고, 아스텍 제국을 멸망시킨 스페인의 에르난 코르테스도 금과 함께 카카오 콩도 가져갔다. 아스텍 사람들은 자기들과 다른 코르테스를 신기하게 여겨 초콜릿 음료를 주며 융숭하게 대접했는데 그만 배반한 것이다. 스페인의 카를로스 1세는 초콜릿 음료에 설탕을 넣어 즐겼고, 귀족들도 아침에 초콜릿 한 잔, 곧 모닝 초콜릿the morning chocolate 을 즐겼다. 이 비밀스러운 음료가 유럽인들에게 널리 알려지면서 곳곳에 코코아 하우스가 생겨났다. 오늘날로 말하면 커피숍이다. 영국에서는 초콜릿 애호가 클럽이 생겼고, 이곳에서 초콜릿 음료를 마시며 정치를 논했다.

미국인들이 초콜릿 음료를 좋아하게 된 것은 독립운동과 연관이 있다. 재정상태가 악화된 영국이 식민지로 들어가는 설탕, 차 등에 세금을 매기기 시작했다. 모든 문서에 인지를 붙여 세금을 내도록 했고, 심지어 놀이용 카드나 졸업장에도 인지를 요구했다. 부당 과세에 화가 난 미국인들이 보스턴 항구에 정박해 있던 선박을 습격해 차를 바다에 던지고, 영국 차 보이콧 운동을 벌였다. 이것이 독립운동의 불씨가 되었고, 그 후 미국인들은 차보다 초콜릿 음료를 더 즐기기 시작했다.

지금 우리가 즐겨 먹는 고체형 초콜릿에도 역사가 있다. 스페인의 지배를 받았던 플랑드르 지방현 벨기에 사람들이 17세기 말부터 브뤼셀에 정착하면서 한입 크기로 먹을 수 있는 수제 초콜릿 프랄린Praline을 만들었고, 이어 고디바Godiva 등 여러 브랜드를 내놓았다. 스위스에서는 다니엘 피터스D. Peters가 앙리 네슬레가 개발한 분유를 이용해 밀크 초콜릿을 만들었다. 미국에서는 19세기 밀턴 허쉬M. Hershey가 기계를 이용해 초콜릿 양산체제의 문을 열었다. 그리고 우연히 개발된 물방울 모양의 키세스Kisses는 미국의 대표적 초콜릿이 되었다. 이 모두는 초콜릿을 끊임없이 개발한 창의적 제품이었음을 보여준다.

　네덜란드는 초콜릿에서 카카오버터를 제거해 미세한 분말 형태의 코코아Cocoa를 만들어 근대화된 초콜릿 음료를 만들었다. 초콜릿을 즐긴다면 역사도 알아야 하리라. 그 속엔 특히 아스텍 문화의 창의성과 슬픈 역사가 담겨 있다. 키세스가 그들의 눈물방울이 아니기를 바란다.

16日 물
물이 격렬해지고 있다

단막 영상의 한 장면이다. 일단의 군인들이 벽에 수도꼭지를 박는다. 꼭지를 틀어보지만 물이 나오지 않자 화가 난 그들이 상점에 들어가 주인을 해코지한다. 물이 안 나오는 수도꼭지를 팔았다는 것이다. 꼭지가 수도관과 연결되어야 한다는 것을 몰랐던 때의 이야기다.

그런 일이 과연 있을 수 있을까? 답은 '예'다. 1917~1918년 아랍혁명 당시 아랍민족을 위해 싸운 영국군 장교이자 사막의 영웅인 토마스 에드워드 로렌스의 이야기다. 그는 고고학자로 중동전문가였다. 영화 〈아라비아의 로렌스〉에 소개된 전설적 인물이다.

한번은 그가 12명의 아라비아 친구를 데리고 프랑스로 갔다. 전시회에 참가하기 위해서였다. 프랑스를 처음 방문했던 아라비아인들은 신기하기 그지없었다. 문제는 그들이 숙소에 돌아와서 발생했다. 목욕탕에 들어간 사람들이 몇 시간이고 밖에 나오지 않은 것이다. '이렇게 목욕이 좋은데 밖엔 왜 나가.'

다음 날 아라비아인들은 전시회 구경은 뒷전이고 빨리 숙소로 돌아가 자고 했다. 욕실에 들어가 또 목욕을 하고 싶은 것이다. 다시금 몇 시간 동안 목욕을 즐겼다.

여행 마지막 날 로렌스는 호텔 로비에서 아라비아인들을 기다렸다. 공항으로 가기 위해서였다. 그런데 비행기 출발 시간이 가까워져 오는 데도 한 사람도 얼굴을 보이지 않았다. '혹시 지금까지 목욕하는 것은 아니겠지?' 이상하다는 생각이 들어 그들 방으로 올라가 보았다. 아나나 다를까 12명이 수도꼭지를 떼어 내려고 안간힘을 쓰고 있었다.

로렌스가 물었다.

"왜 수도꼭지를 떼어 내려 하시나요?"

"아라비아에 가져가려고요. 이걸 가져가면 실컷 목욕을 할 수 있잖아요."

지금 우리는 물의 근원에 닿은 관에 연결하려 하기보다 수도꼭지만 좋아하는 것은 아닌가 싶다. 실상보다 허상을 붙들며 그것 없이는 못 살 것처럼 행동하지 않는지 모르겠다. 허상보다 실상을 붙잡도록 하는 사람이 진정한 친구다.

물 이야기가 나왔으니 물에 대해 알아보자. 우선 여름과 겨울은 어떻게 다를까? 여름은 덥고 겨울은 춥다고? 그것은 사실이다. 그러나 문자적으로 보면 여름은 빛을, 겨울은 물을 상징한다. 여름은 빛의 계절이요, 겨울은 물의 계절이라는 말이다.

왜 그럴까? 여름을 가리켜 summer라 한다. sum은 합계 또는 총계를 나타내는 단어이고, mer는 빛을 나타내는 라틴어이다. 그러므로 여름은 빛의 합, 곧 햇볕이 가장 많은 계절을 의미한다. 여름에 바닷물을 생각한 사람들에겐 조금 미안한 얘기다. 그렇다면 겨울은 어떨까? 겨울은 winter로, 물을 뜻하는 옛 독일어 'wintar'에서 나온 것이다. 영어 고어에서도 물로 표현된다. 낮은 기온과 함께 비와 눈을 나타내던 단어가 winter로 굳어졌다.

≪네이처≫지의 편집고문이자 과학 관련 글을 써온 필립 볼$_{Philip Ball}$이 물에 관한 책 『H_2O』를 내놓았다. '지구를 색칠하는 투명한 액체'라는 부제가 붙어 있다. 우리 몸의 3분의 2를 차지하는 것도 물이니 사람과 친숙하기 그지없다.

우선 수소$_H$와 산소$_O$가 어떻게 만났을까? 그에 따르면 빅뱅 초기에 우주 전체 질량의 4분의 3은 수소였고, 나머지 대부분은 헬륨이었다. 헬륨은 불활성의 고독한 원소여서 수소는 우주에서 세 번째로 많은 산소를 짝으로 맞아야 했다. 그러나 그것이 물로 나타나기까진 수많은 세월이 필요했다. 지구가 냉각되면서 물이 응축될 정도로 온도가 떨어져 최초로 비가 내린 때는 지금으로부터 약 4천만 년 전이란다. 지금은 강물이 흐르고, 구름은 수분을 머금고 우아하게 모였다 흩어진다.

인류는 강줄기를 따라 문명을 만들어냈다. 물줄기를 막아 농사를 지었다. 노자는 최고의 선물은 물과 같다며 물을 높였다. 그만큼 우리 삶에 없어서는 안 될 필수 물질이 되었다. 물은 인간을 비롯해 모든 생명체에 생명의 원천이다.

그런데 지금 지구는 물난리로 몸살을 앓고 있다. 기상이변으로 물이 더욱 격렬해지고 있다. 어찌 그뿐이랴. 물을 잘 관리하지 못해 물 부족으로 사막화 현상이 급속하게 퍼지고 있다. 과학자들은 탐사선을 지구 밖으로 띄우면서 물을 찾기도 한다. 사람이 살 수 있는 다른 별을 찾는 것이리라. 물 쓰듯 하는 시대가 가고 있다. 사람들이여, 물이 화나지 않게 하라. 물을 아끼고 사랑하지 않으면 희망이 없다.

퐁타넬
17 목욕이나 방 얘기가 궁금하다면

　　베아트리스 퐁타넬이 쓴 『살림하는 여자들의 그림책』을 보면 17세기까지 유럽인은 지독하게 목욕을 하지 않았다고 한다. 특권층도 1년에 한 번만 목욕을 했다. 그때 속옷 입는 습관이 생기면서 속옷만 정기적으로 갈아입으면 충분하다 생각했다.

　그들이 목욕을 하지 않은 이유는 전염병 때문이었다. 중세에 유행했던 공중목욕탕은 페스트와 콜레라가 유행하면서 사라졌고, 16세기에는 물이 오히려 병을 옮긴다는 의심을 받으면서 목욕습관이 사라지기 시작했다. 유럽 인구의 절반 이상이 죽어 나가는 판에 살기 위해선 목욕쯤 안 한들 어쩌리. 하지만 무역선이나 군 수송선을 타고 온 쥐가 페스트의 원인이라는 것만 일찍 알았어도 그러진 않았을 것이다. 예르시니아 페스티스라고 하는 복잡한 계열의 세균에 감염된 벼룩이 쥐에 옮은 것이다.

　원래 유럽은 목욕문화가 번창했던 곳이다. 역사상 로마인은 목욕을 가장 좋아한 민족으로 꼽힌다. 기원전 33년 율리아 수로가 건설되면서 공중목욕탕이 폭발적으로 늘어났다. 로마제국 황금기에 수천 개의 공중목욕탕이 세워졌다. 목욕탕은 휴식은 물론, 사교·건강·오락 등 다목적 공간이 되었다. 목욕탕이 고급화되면서 그 안에 신전이 세워지고, 석굴·산책로·음악당·정원·도서관·체육관·화랑까지 갖춘 곳도 있었다. 벽은 프레스코화로 치장되었다. 퇴폐문화와 연결되면서 로마는 목욕문화로 인해 망했다는 소리까지 듣게 되었다.

　그러나 13~14세기 전염병이 번지면서 목욕에 대한 모든 것이 변했다. 퐁타넬에 따르면 욕실이 보편화된 20세기 초 이전만 해도 여성들은 침대

옆 테이블 밑에 목욕통을 숨겨 사용하거나 물병으로 물을 따라가며 최소한의 물과 큼직한 스펀지로 몸을 씻어야 했다. 머리를 감지 않는 대신 오랫동안 빗질을 했고, 몸의 냄새는 향수로 가름했다. 머리는 보통 1년에 네 번만 감았다. 요즘처럼 타일을 바른 욕실이 생긴 것은 1910년 이후였다.

목욕의 한자어는 沐머리 감을 목과 浴몸을 물로 씻을 욕이다. 머리카락과 몸을 씻는다는 뜻이다. 오래전 목욕하러 갈 땐 '멱 감으러 간다'고 했다. 멱은 미역의 준말로 냇물이나 강물에 들어가 몸을 씻거나 노는 일을 가리킨다. 우리는 지금 하루가 멀다고 목욕을 하고 머리를 감는다. 집마다 욕실이 있다. 격세지감이 있다. 목욕에도 역사와 문화가 있다.

방 이야기를 해보자. 가난했던 시절 문풍지가 왱왱 울어대던 추운 겨울밤, 한 방에서 식구들이 한 이불을 덮고 자던 일이 새롭다. 당시 자기 방을 갖는다는 것은 꿈이었다. 집에 방이 하나 더 생겼을 때 그 방을 쓰는 사람은 특권층이었다. 하지만 손님이 올 때마다 함께 자야 하는 불편을 겪어야 했다. 그 특권도 종래 특권이 아닌 것이다. 그래도 그 손님과 이런저런 얘기를 나눌 수 있어서 좋았다. 돌이켜보니 가난했던 시절이 오히려 추억이 되고 기억에 오래 남는다.

유럽도 그랬다. 퐁타넬에 따르면 17세기까지 개인의 사생활은 없었다. 한 방에 여러 개의 침대를 두고 주인과 하인, 부모와 아이들이 한 공간에서 잤다. 방이 많지 않은 것도 있지만 추워서 땔감을 마련하기 어려운 형편도 작용했다. 상류층이라고 예외는 아니다. 사교계 부인들은 다른 침대와는 조금 구별된 전시용 침대 위에서 손님을 맞았다. 침실이 응접실이 된 것이다. 거실이 있지만 그곳은 가장만이 누릴 수 있는 특권적 공간이다. 아버지가 죽으면 아들은 집안의 통솔권과 함께 거실의 잠자리를 물려받았다. 이런 모습은 우리가 생각하는 화려한 유럽과는 거리가 멀다. 유럽도 그만큼 어려웠다는 말이다.

침실에 문이 생긴 것은 18세기 프티 부르주아가 탄생하면서부터다. 당시 살롱이 사교 공간으로 등장하면서 집에서도 자기만의 은밀한 공간을 갖고 싶은 욕구가 강해졌기 때문이다. 그러나 아직은 개인적인 공간을 가질 수 있는 형편은 아니다. 단지 칸막이만 했을 뿐이다. 사람들이 자기만의 방을 가질 수 있었던 것은 19세기 후반, 20세기에 이르러서였다.

지금 사람들은 크든 작든 대부분 자기 방을 가지고 있다. 집안 모두 함께 쓰던 전화도 이젠 개인 휴대폰으로 발전하고, 인터넷까지 가능한 스마트폰으로 변화를 즐기고 있다. 얼마나 세상이 바뀌고 있는가. 그런데 한 가지 아쉬운 것이 있다. 문명의 이기가 늘고, 세상이 발전하면서 사람들은 점차 혼자되어 가고 있다. 직접 만나 대화하기보다 SNS로 문자를 남긴다.

현대인들은 옛날에 비해 아주 호화로운 자기 방에서 홀로 외로워한다. 전자기기와 가까워지면서 다른 사람들과 점점 멀어진다. 이럴 땐 이런 말이 나올 것 같다. "옛날이 좋았어. 그땐 사람 사는 것 같았어." 가난이야 싫겠지만 북적이며 살던 때가 그리워지는 걸까. 방은 당신을 알고 있다.

18 겨우살이
기생하며 살아도 유익을 줄 때가 있다

"지난 일요일 겨우살이를 따러 산에 또 갔다. 장장 여섯 시 간을 헤맸지만 귀한 것이다 보니 없기도 하고 있어도 너무 높은 나뭇가지에 있어서 군침만 흘리다 왔다." "지난번 받은 겨우살이청국장을 드디어 맛을 보게 되얏구만요. 모두들 한목소리로 맛있다고 야단들인다. 요것이 바로 겨우살이 이파리인게뵈용?" 겨우살이에 관한 블로그 글들이다.

날씨가 쌀쌀해지면 여인들은 바쁘다. 김장을 하고, 연탄을 들인다. 겨우살이 준비다. 겨우살이는 겨울 동안 먹고 입고 지낼 옷가지나 양식 따위를 통틀어 이르는 말이다. 그런데 또 다른 겨우살이가 있다. 식물이다. 쌍떡잎식물 단향목 겨우살이과의 상록 기생관목. 산사람들은 기꺼이 겨우살이를 채취해 요긴하게 사용한다.

왜 이 식물에 겨우살이라는 이름이 붙었을까? 우선 겨우살이라는 이름은 경기도 지방의 방언이라 한다. '겨우살이'가 '겨울살이, 겨으살이'에 비해 널리 쓰이자 '겨우살이'를 표준어로 삼은 것이다. 누구는 기생하여 살아가는 습성때문에, 누구는 한겨울에도 푸르게 살아서 붙은 이름이라 하니 정확한 기원은 알 수 없다.

겨우살이는 기생식물이다. 다른 나무에 기생하며 스스로 광합성하여 엽록소를 만들며 사계절 푸른 잎을 지닌다. 참나무·밤나무·동백나무 등에 기생해 참나무겨우살이·밤나무겨우살이 등으로 불린다. 겨울에도 푸르러 동청이라 하고, 잎을 말리면 황금색으로 변해 황금가지라고도 한다.

까마귀·산비둘기·까치와 같은 산새들이 겨우살이 열매를 좋아한다. 열매에는 살과 물이 많아 먹기 좋다. 열매를 먹은 새의 변을 통해 이 나무저 나무로 옮겨 퍼진다. 또 종자에는 점액물질이 둘러싸여 있어 새의 부리에 붙으면 잘 떨어지지 않는다. 이것을 떼어내기 위하여 산새들은 나무의 수피에 부리를 비벼대고, 수피 사이에 떨어진 종자는 발아하여 번식하게 된다. 종자가 나무에 뿌리를 내리게 하는 삶의 노하우도 대단하다.

겨우살이는 나무의 양분을 빼앗아가므로 삼림에는 해로운 식물이라 흔히 말한다. 그러나 이것이 다 맞는 말은 아니다. 나무에 기생해서 사는 것은 맞다. 그러나 완전기생이 아니라 반기생이다. 숙주나무에서 수분만 취하고 엽록소가 있어 영양분은 자기광합성 작용을 통해 만들어 산다. 수분을 주로 이용하지 영양분을 다 빼앗는 것은 아니란 말이다. 겨우살이 나름대로 양심은 있어 보인다.

겨우살이는 약재로도 사용된다. 항암작용, 고혈압, 관절염, 신경통, 지혈, 이뇨, 당뇨병 예방 등에 효능이 있기 때문이다. 항암요법에 쓰는 미슬토란은 겨우살이의 다른 이름이다. 겨우살이의 생약명은 상기생桑寄生이다. 생약에서 기생목寄生木은 이것 전체를 말린 것을 말한다. 주성분은 베타아미린β-amyrin과 라페올Lapeal로 한방에서는 가지와 잎을 말려 강장 · 진통제로 사용한다. 간경 · 신경에 작용한다. 풍습을 없애고 간신을 보하며 힘줄과 뼈를 튼튼하게 하고 태아를 안정시키며 젖이 잘 나게 한다.

일반인들은 술을 담아 먹기도 하고, 차로 들기도 한다. 겨우살이로 담근 술을 기동주寄童酒라 한다. 겨우살이 차도 별미다. 이쯤 되면 사람도 이 겨우살이에 반기생하는 겨우살이 아닌가 싶다. 사실 우린 부모에 의지해왔고, 스승에 등을 기댔고, 친구에 의존해오지 않았는가. 너무 겨우살이, 겨우살이 하지 마라. 그것이 우리 인생인 것을. 겨우살이는 기생하며 살아도 사람에게 유익을 준다. 이젠 우리도 남은 인생 다른 사람들에게 유익을 주며 살아야 하지 않겠는가. 겨우살이 못지않게.

이면수와 멍텅구리
이름엔 우리 문화와 애환이 녹아 있다

우리나라 생선 이름을 보면 참 별나다는 생각이 든다. 그중에 잊을 수 없는 것들이 몇 가지 있다. 이면수, 명태, 멍텅구리, 아귀다.

이면수는 쥐노래밋과에 속한 바닷물고기로 찬물에 사는 어종이다. 동해와 일본 북동부에 많다. 원래 이름은 임연수어林延壽魚로, 관북지방, 곧 함경북도 마천령 북쪽 지방에 살았던 임연수가 이 고기를 잘 잡았다는 데서 붙여진 말이다. 임연수는 죽었어도 고기에 자기 이름을 남겼다. "이면수 쌈 먹다가 천석꾼이 망했다"는 말이 있다. 강원도 동해안에 사는 부자가 비싼 이면수로 쌈만 먹다가 망했다는 것인데 겨울 생선으로 별미다.

명태는 약 300년 전 강원도 명천군에 사는 태太 씨가 잘 잡았던 고기였다. 관찰사가 명태라 불러준 것이 고기 이름이 되었다 한다. 지역이나 상태, 잡는 방법 등에 따라 이름도 다르다. 강원도, 경기도 이남에서는 북어北魚, 동해 연안에서는 동태凍太라 한다. 신선한 명태를 선태鮮太, 그물로 잡은 명태를 망태網太, 낚시로 잡은 명태를 조태釣太라 부른다. 새끼는 노가리다.

추운 겨울 황태 덕장 사람들의 입가엔 웃음이 지지 않는다. 날씨 때문이다. 그들은 영하 20도를 넘나드는 바람을 축복이라 한다. 추위를 축복이라 하는 사람들을 보니 별난 사람이다 싶다. 하지만 그것이 우리가 사는 세상이다.

머리에서 꼬리까지 어느 하나 버릴 것이 없는 것이 명태라 한다. 명태를 처마 끝에 걸어두면 매서운 추위에 얼고 녹기를 반복하면서 꾸덕꾸덕 마른다. 품질 좋은 명태를 얻으려면 추워야 한다. 살을 에는 바람이 불수록 더 좋은 명태가 된다. 명태처럼 국거리, 안줏거리로 쓰이는 것 있을까. 명태는 노래로서도 유명하다.

"검푸른 바다 밑에서 줄지어 떼 지어
찬물을 호흡하고 길이나 대구리가 클 대로 컸을 때
내 사랑하는 짝들이 노상 꼬리치고 춤추며
밀려다니다가 어떤 어진 어부의 그물에 걸리어
살기 좋다는 원산 구경이나 한 후
이집트의 왕처럼 미라가 됐을 때
어떤 외롭고 가난한 시인이 밤늦게 시를 쓰다가
소주를 마실 때 그의 안주가 되어도 좋다
그의 시가 되어도 좋다
짝짝 찢어지어 내 몸은 없어질지라도 내 이름만 남아 있으리라
명태, 명태라고 이 세상에 남아 있으리라."

명텅구리는 도칫과의 바닷물고기 뚝지의 별칭이다. 심통이, 도치, 싱튀 등 여러 다른 이름을 가지고 있다. 뚝지의 뚝은 뚝머슴, 뚝심처럼 무뚝뚝하고, 미련하고, 융통성이 없는 대상을 가리킬 때 사용된다. 동작이 굼떠 사람이 다가가도 도망가지 않고, 잡은 뚝지를 실수로 떨어뜨려도 도망하지 않아 다시 잡힌다. 그래서 명텅구리다. 하지만 그건 사람들 생각이지 여유만만 아닐까 싶다. 공격을 받으면 바위에 빨판을 대 움직이지 않는 기지도 있다는 것을 잊지 마시라. 심통이라 한 것은 통통한 모습에 다문 입이 마치 심통이 나 있는 것처럼 보인다 해서 붙인 이름이다. 그래도 무시하지 마라. 겨울에 맛이 난다.

아구의 정식 이름은 아귀다. 불교 경전에서 굶주림과 목마름의 형벌을 받는 귀신의 이름 아귀餓鬼에서 나왔다. 입이 크고 흉한 데다 먹성이 좋아

214

붙은 이름이다. 워낙 못생겨 잡혀도 재수 없다며 바다에 버릴 만큼 대접을 받지 못했다. 오죽하면 '물 텀벙'이라 했을까. 하지만 지금은 다르다. 맛있다며 서로 먹으려 한다. 사람들의 식성에 아귀도 놀라 자빠질 형국이다.

　우리 조상들은 생선에도 이름을 그저 붙이지 않았다. 어부의 이름을 붙이기도 했고, 물고기의 심성과 모습을 따라 이름 짓기도 했다. 나름대로 우리 문화와 애환이 녹아 있다. 우리 이름이라 정겹다. 그래서 더 사랑을 받는가 보다.

20일 팁
삶의 불꽃을 바르게 조절하라

"에펠탑 근처 파스타 집에 갔습니다. 그냥 카페였는데 맥주도 팔고 파스타도 팔고. 지나가다가 빵 굽는 냄새가 너무 좋아서 들어갔었어요. 가서 맥주 500cc쯤 되는 거 한 잔이랑 파스타 하나 시켜서 기본으로 나오는 감자 칩이랑 맛있게 먹고 계산서를 보니 한 27.××유로쯤 나왔던 거 같습니다. 그래서 그냥 팁 겸해서 계산서+후식 사탕+커피+조그만 쿠키 하나 서빙 해주는 접시에 30유로를 두었습니다. 지나가면서 힐끗힐끗 보고는 안 가져가고, 커피 다 먹고 잠깐 인터넷 하느라 휴대폰을 만지작거리고 있어도 안 가져가기에 혹시 적은가 해서 2유로짜리 동전 하나 더 놓으니 가져가더라고요. 음, 적었구나 그제서야 알았습니다." 어느 분의 파리에서 겪은 팁 이야기다.

여행을 하면서 신경을 써야 할 부분이 있다. 팁이다. 호텔에 짐을 풀 때나 식당에서 나올 때 그리고 택시에서 내릴 때 팁을 준다. 대체로 식대의 15~20%를 따로 계산해준다. 서비스의 대가다. 대체로 후불이지만 일반 뷔페의 경우 선불인 경우도 있다. 그런데 한국에서는 별로 팁에 신경을 쓰지 않는다. 팁 문화에 익숙하지 않기 때문이다. 하지만 팁에 얽힌 이야기는 많다. 지나치게 팁을 뿌려대는 사람이 있는가 하면 지나치게 인색한 사람도 있다.

팁은 시중을 드는 사람에게 위로와 고마움의 뜻으로 일정한 대금 이외에 더 주는 돈이다. 일종의 봉사료다. 기쁨으로 주고받는다면 문제가 없지만 강요되거나 배보다 배꼽이 큰 경우 문제가 된다. 그럴 때 집에서 먹을 걸 괜히 레스토랑에 갔다며 후회한다. 하지만 후회하기엔 이미 늦다.

팁의 어원을 보면 생뚱맞다. 18세기 때 영국의 다방에서는 급사가 '신속한 서비스를 위하여to insure promptness'라고 쓴 상자를 들고 객석을 돌며 동전을 모으는 풍습이 있었다. 나중에 이 단어의 첫 글자만 남아서 오늘날의 팁으로 통용하게 되었다는 것이다. 후불이 아니라 선불이다.

받는 사람의 입장에선 약간의 팁이 아니라 두둑한 팁, 후한 팁을 받으면 기분이 좋을 것이다. 그러나 한 가지 생각해볼 점은 있다. 내가 그만한 서비스를 했는가 하는 것이다. 서비스를 잘하지 못하면서도 후한 팁을 바란다면 그것은 잘못된 소망일 것이고, 충분히 서비스를 했는데도 박한 팁을 받았다면 섭섭함이 있을 수 있다. 그러나 팁의 액수야 어떻든 서로 감사하고 배려하는 마음을 잊지 않아야 한다. 팁을 마구 뿌려대는 사람이야 그만큼 낭비도 클 터이니 그것까지 따라 배울 필요는 없을 것이다.

그런데 살펴보면 봉사료만 팁이 아니다. 어떤 일에 대한 유용한 정보나 충고도 팁이다. 겨울에 안전하고 따뜻하게 지내기 위한 팁, 논술 팁, 새내기 대학생활 팁, 농구 팁 등 유익한 정보도 다양하다.

어디 그뿐이랴. 야구나 테니스에서 공이 배트bat나 라켓에 스치고 지나가는 것도 팁이고, 주식 시세를 움직이는 정보를 남보다 먼저 아는 것도 팁이고, 재료를 열처리로 땜질할 때에 가열시키는 프로판가스와 산소가 연결된 공구의 끝 부분도 팁이고, 직접 절삭작용을 하는 부분에 경랍 땜을 해 붙이는 절삭날 재료의 작은 조각도 팁이다. 팁도 다양하다.

그런데 재미있는 것은 열처리 팁은 불꽃이 나오는 곳으로 불꽃 규격을 조절하는 장치를 갖고 있다. 불꽃을 바르게 조절하는 팁이라면 얼마나 좋은가. 그런 팁, 그런 서비스엔 후하게 팁을 주어도 되리라. 부디 삶의 불꽃을 바르게 조절하라.

멍게 체험
세상엔 먹을 것과 먹지 못할 것이 있다

고등학교 2학년 때다. 3학년이 되면 공부하느라 여행할 시간이 없을 것 같아 두 친구와 함께 전국을 도는 가운데 경포대에 오게 되었다. 멍게를 먹고 난 다음 얼마 지나지 않아 토하기 시작했다. 처음엔 식중독인가 생각했다. 그래도 그렇지 그걸 먹었기로서니. 그날뿐 아니라 다음 날도 여행은 고역이었다. 아픈 배를 어찌할 수 없었다. 그 기억을 지금도 지울 수 없다.

그 뒤론 멍게를 먹지 않았다. 멍게만 보면 토할 것 같고, 그 냄새가 싫었다. 그런데 사람들은 잘도 먹는다. 아내도 좋아한다. 그래도 나를 생각해서 멍게를 사오는 일은 없었다.

그로부터 50년이 더 지난 어제 식당에서 점심으로 멍게 비빔밥을 먹었다. 참 맛있게 먹었다. 그럼 그렇지. 식성도, 체질도 변하는 모양이다. 안심하고 있었다. 그런데 문제는 두 시간 지나고 나서였다. 그만 토하고 만 것이다. 세 번이나 토하고 나서 겨우 집에 돌아왔다. 그리고 밤새 설사를 해댔다. 나와 식사를 함께한 사람들은 정말 아무렇지도 않은데 무슨 꼴이람.

지금 회복 중이다. 다시는 멍게를 먹지 않을 것이다. 아니 가까이 가지도 않을 것이다. 내 몸은 밤새 강하게 저항했다. 멍게 한쪽 남김없이 배출해내고, 그 냄새까지도 용납하지 않았다. 철저했다.

먹지 않아야 할 것이 어디 그뿐이겠는가. 창세기 2장 17절에 선악과를 놓고 '먹지 말라(로 토칼)'는 말씀이 있다. 단순 부정으로 결코 먹어서는 안 된다는 강한 의지가 담겨 있다. 하나님은 우리로 하여금 먹을 것과 먹지 못할 것을 철저히 구분하셨다. 선악이 대표적이다. 선은 취하되 악은

끝까지 버릴 일이다. "네가 반드시 네 모든 악 때문에 수치와 욕을 당하리라(렘 22:22)." 악에 대해선 철저하다.

오늘은 멍게에게 고마워해야 할 것 같다. 나를 알게 했으니. 아니, 앞으로 살아가면서 무엇을 하지 말아야 하는가를 깨닫게 했으니. 세상에 그저 지나가는 것은 없다. 다 교훈이 된다. 세상엔 먹을 것과 먹지 못할 것이 있다. 매사에 조심할 일이다. 악한 것엔 끝까지 저항하라.

그런데 생로병사에 관한 텔레비전 프로그램을 시청하면서 놀란 것이 하나 있다. 일반적으로 항체 거부반응에는 두 가지가 있다. 혈액형이 달라서 거부하는 혈액형 항체 거부반응과 조직형이 달라서 거부하는 조직형 항체 거부반응이다. 몸도 자신의 것이 아니면 거부한다. 종전에는 이런 거부반응이 일어나면 수술이 불가능했다. 하지만 지금은 다르다고 한다.

질병을 일으키는 원인물질이 혈장에 존재할 때 이러한 병적 물질이 포함된 혈장을 제거하는 혈장교환술plasma exchange을 통해 이 문제를 간단히 해결하기 때문이다. 질병의 원인물질들인 자가항체, 동종항체, 면역복합체, 단백결합독소, 이상단백 등을 제거하기 위해 성분채집기를 사용하여 혈장성분만을 제거한 다음, 제거된 혈장량만큼 알부민 또는 신선동결혈장FFP 등의 치환용액으로 보충해준다. 남는 혈구는 환자에게 되돌려주고 새로운 혈장이나 혈장단백을 보충해주기 때문에 혈장교환술이라 한다. 내 몸이 멍게를 거부하면 멍게 수용술을 통해 고칠 수 있겠다 싶다. 하지만 의료적인 데까지 갈 의사는 전혀 없다. 생체적으로 반응하는 것도 내몸의 특성이요, 다 필요해서 그러지 않겠는가. 억지로 할 필요는 없다.

일을 하려다 보면 반대자가 있기 마련이다. 일에 대한 열정 못지않게 반대편에 선 사람들도 증오를 품게 될 것이다. 여기서 뚜렷이 대비되는 사실이 있다. 의학은 수많은 실험 결과 거부반응에 대해 어느 정도 해결책을 찾은 반면, 인간 행동의 경우 해결은커녕 오히려 비화되고 있다. 같은 인간인데 생리적인 것과 감정적인 것이 어쩌면 이처럼 다를까. 감정을 바꾸는 교환술은 왜 지금까지 없는 것일까. 그러나 너무 애달아 할 일이 아니다. 인간은 기계가 아니기 때문이다. 온갖 증오와 난관에도 불구하고 오늘도 계속 열정을 품고 사는 이 땅의 일꾼들에게 박수를 보낸다. 당신의 그 모습이 오히려 아름답다. 당신이 있어 우리는 조금씩 전진할 수 있지 않은가.

그렇다고 편식하면 안 된다. 편식은 당신을 병들게 한다. 인간은 섭취한 음식을 통해 영양을 공급받는다. 보약이 따로 있는 것이 아니다. 음식만큼 좋은 보약은 없다. 나아가 우리가 무엇을 먹었느냐에 따라 몸의 화학적 성분도 달라진다. 편식을 하게 되면 특정 성분이 넘치게 되고, 다른 성분은 부족하게 된다. 결국 몸의 화학적 균형이 깨지면서 병이 생긴다. 몸의 화학적 균형을 유지하기 위해서는 편식하지 않고 골고루 먹는 것이 중요하다.

프랑스 파스퇴르 연구소 책임자 메치니코프는 노벨화학상을 받은 인물이다. 1900년부터 그는 생명을 무한정으로 연장할 수 있는 방법을 찾아냈다고 주장했다. 대장에서 번식하는 치명적 박테리아가 인체를 중독시키는데, 그 박테리아를 먹어치울 미생물이 요구르트라는 것이었다. ≪뉴욕타임스≫도 요구르트를 신장염, 류머티즘, 장티푸스 및 인류를 파괴하는 모든 질병과 싸우는 강력한 무기라며 그의 손을 들어주었다.

1914년 69세의 메치니코프는 선언했다. "지난 17년 동안 나는 조리된 음식만 먹었다. 과일은 물론이고 날 음식은 한 번도 입에 대지 않았다. 그러나 지금 나는 요구르트에서 추출한 불가리아 간균 때문에 건강하다. 식습관만 바꾸면 140세까지 장수할 수 있다."

그렇게 자신만만했던 그가 1916년 70세를 넘기고 죽고 말았다. 음식은 조리해야 할 것도 있고, 그대로 먹을 수 있는 것도 있다. 자연식을 만병통 치라며 고집하던 장수마을 사람들도 사실 건강하게 사는 것이 아니라 눈 병 등 여러 질병으로 고생한다. 자연식이 만병통치약은 아니라는 말이다.

하비 리벤스테인은 『음식 그 두려움의 역사』에서 건강식 정보 뒤에 숨 어 수익을 챙기는 세력이 있다고 말한다. 음식도 특정 시기에 특정 제품 이 유행하는 것을 보면 작전세력이 있음을 알 수 있다. 건강한 소비자는 이 작전에 쉽게 속아 넘어가지 않는다. 음식을 골고루 들라. 요구르트도 좋다. 그러나 다른 음식도 골고루 먹어야 한다. 그래야 몸이 화학적으로 균형을 이루고, 건강할 수 있다. 편식은 당신을 병들게 한다. 어디 음식뿐 이랴. 사상도 편식하면 당신을 병들게 한다.

22日 도루묵과 도로 아미타불
애쓴 일이 헛되지 않게 하라

아무 소득이 없는 헛된 일이나 헛수고를 속되게 이를 때 '말짱 도루묵'이라 한다. 도루묵에 관한 이야기는 발생시기가 선조 때라는 설도 있고, 인조 때라는 설도 있다. 선조는 임진왜란을 겪었고, 인조는 병자호란을 겪었다. 임금이 피신해 있을 때 먹을 것이 변변치 못했다. 신하들이 모처럼 물고기를 구해왔는데 묵이었다. 임금이 먹어보니 맛이 있었다.

"이 고기 이름이 무엇인고?"

"묵이라 하옵니다."

임금은 맛있고 배가 은빛으로 빛난다 하여 고기이름을 은어銀魚로 고쳐 부르도록 했다.

훗날 다시 궁으로 돌아간 임금이 은어 맛이 생각나 그 고기를 가져오도록 했다. 그런데 이번에는 맛이 없었다. 그러자 임금은 "그 고기 이름을 도로 묵이라 하라" 했다. 이후 민가에서 '말짱 도루묵이 되었다'는 말을 사용하기 시작했다.

도로와 연관된 다른 말로 '도로 아미타불'이 있다. 이것은 애쓴 일이 소용없게 되어, 처음의 상태로 되돌아간 것과 같음을 이르는 말이다. 이 유래는 여러 가지가 있는데 그중 두 가지를 보면 다음과 같다.

첫째는 금강산 장안사 만송 스님과 그의 문하에 있던 석두 행자 얘기다. 머리가 나빠 공부는 하지 못한다고 생각해 그저 '아미타불'만 부르도록 했다. 석두 행자가 10년간 '아미타불'만 부르다 직지사에 편지를 전하라는 심부름을 받았다. 보통 일주일 걸려 가는 길인데 '아미타불'을 염송하다 보니 하루 만에 가게 되었다. 이를 신기하게 여긴 직지사 스님이 '아미타불'은 부처의 이름이니 그렇게 염불하지 말고 그에게 귀의한다는 뜻으로 '나무아미타불'로 하라 했다. 갑자기 '나무아미타불'이라 하려 하니 자꾸 혼동되어 돌아오는 길은 그만 꼬박 일주일이 걸렸다. 자초지종을 들은 만송 스님은 일갈했다.

"아미타불이 나무아미타불이고 나무아미타불이 아미타불이야."

그 말이 그 말이라는 것이다. 이에 석두가 크게 깨닫고 외쳤다.

"도로 아미타불이네요."

둘째는 유교 선비 얘기다. 얼음이 언 강을 건너던 선비가 물에 빠질까 겁이 나 연달아 '나무아미타불'을 했다. 강둑에 거의 닿자 선비로서 염불을 했다는 것에 죄책감이 들어 '지랄이나 나무아미타불'하며 중얼거렸다. 그런데 뒤돌아보니 부담롱, 곧 물건을 담아 말에 싣는 농짝이 강 한가운데 떨어져 있었다. 할 수 없이 강으로 다시 들어간 선비는 크게 외쳤다. '나무아미타불!' 이것이 도로 아미타불이 되었다는 것이다.

우린 흔히 "10년 공부 도로 아미타불"이란 말을 한다. 오랫동안 공들여 쌓은 탑이 한순간 무너지는 것이다. 백 번 잘하다가도 한 번 실수로 '말짱 도루묵' 되기도 한다. 열심히 다이어트를 했는데 어느 한순간 폭식하게 되면 이런 말을 듣는다. 요즘 정치쇄신, 정치개혁이란 말을 자주 듣는다. 그런데 함께 듣는 말이 있다. "한 달 후면 도로 아미타불이에요." 제발 도루묵, 도로 아미타불 되지 말기 바란다. 애쓴 일이 헛되지 않게 하라.

엄지
첫째 손가락으로 꼽히는 데는 다 이유가 있다

민간요법이기는 하지만 체하면 어르신들은 유독 손가락을 많이 딴다. 아이들은 상상만 해도 아프다. 손가락 중에서도 엄지손가락이 꼽힌다. 엄지손가락이 말한다. "저 빼주시면 안 돼요? 손등이나 다른 부분도 있는데." 그래도 할머니는 무참히 피를 내고 만다. 아, 이것이 엄지손가락의 운명인가 보다. 그런데 할머니의 답이 더 놀랍다.

"얘야, 엄지손가락 손톱과 마디 사이를 따는 이유는 아프지 않으라고 하는 거야. 더 중요한 것이 있지. 체한 혈을 순환하기 위해서란다."

"아프지 않다고요? 얼마나 놀랐는데. 할머니 체하시면 내가 따줘야지."

"얘야, 그건 내가 해도 돼."

아이는 그만 입을 다문다.

전철이나 버스에서 신세대들은 양손의 엄지를 이용해 문자를 순식간에 날린다. 신기에 가깝다. 구세대들은 이 모습을 아주 신기한 눈으로 본다. "어쩜 그럴 수가." 지금 엄지손가락은 신·구세대를 가르는 자가 되었다. 지금까지 별로 주목받지 못한 손가락이 왜 이렇게 등극을 했을까 궁금하다.

엄지손가락은 손가락 중에서 가장 굵고 짧다. 그러면서도 첫째 손가락으로 꼽혀왔다. 왜 그랬을까. 손가락 중 가장 안쪽에 자리하고 있기 때문일 수 있다. 그뿐일까. 또 다른 이유가 꼭 있을 것 같다. 엄지손가락은 영어로 엄지thumb 또는 큰 손가락big finger이라 한다. 중국어로는 다무치大拇指, 일본어로는 오야유비親指다. 명칭이 다른 만큼 뜻도 다를 것이다.

따지고 보면 엄지는 태어나자마자 가장 친숙했던 손가락이다. 배가 고

프면 엄마 젖을 생각하며 엄지를 빨았고, 먹을 것인가 싶어 엄지를 빨았다. 갓난아기들은 지금도 엄지를 빨며 대리만족을 얻는다. 그러니 다무치요, 오야유비가 아닐 수 없다.

그런데 사람들은 엄지를 경시해왔다. 서양인들은 서투르고 재주가 없다 할 때 '올 썸스all thumbs'라 했다. 그러나 경시 당할 엄지가 아니다. 농기구를 잡을 때 엄지가 없다 생각해보라. 농사를 지을 수 없다. 어디 그뿐이랴. 물론 로마시대엔 황제가 엄지를 어떻게 하느냐에 따라 생사가 갈렸다. 엄지를 치켜 올리면 목숨을 살리지만 거꾸로 하면 그것은 곧 죽음이었다. 이쯤 되면 엄지를 경시할 일이 아니다. 엄지는 두려움의 대상이다.

엄지의 설명을 보니 'the first digit of the hand'라 했다. digit은 손가락의 또 다른 표현인데 디지트라는 말이 새롭다. 디지털 시대에 각광을 받는 첫손가락이 되었으니 말이다.

이것은 게임기가 도입되면서 예견된 일이었다. 1980년대 닌텐도 게임기가 널리 보급되었다. 조이스틱 등 게임기를 작동할 때 엄지 사용은 필수였다. 게임을 오래 하다 보면 엄지에 이상이 생겨 이것을 '닌텐도병Nintendinitis'이라 했다. 게임을 즐기기 위해선 엄지의 역할이 컸다는 말이다.

지금은 휴대폰이 엄지시대를 활짝 열었다. 일본에서는 엄지로 문자메시지를 쉴 새 없이 날리는 신세대를 오야유비 세다이, 곧 엄지손가락 세대라 한다. 이것이 어디 일본뿐인가. 엄지는 오늘도 수십억의 문자메시지를 세계 각 곳으로 날려 보내고 있다. 엄지야, 그러다 병날라. 요즘 문화인류학자들은 말한다. "엄지손가락을 자유자재로 사용할 수 있느냐에 따라 인간과 다른 동물이 구별된다." 알겠는가. 엄지가 첫째 손가락으로 꼽히는 데는 다 이유가 있다. 얕보지 마라.

24 난초병
건강하려면 야성을 길러라

　　의사 박민수의 글을 읽었다. 사람이 보다 건강하게 살려면 야성야생성을 길러야 하는데 우리의 모습을 보면 그것과는 거리가 멀다. 그는 야성을 방해하는 세 가지 요소로 난초병, 몸 안 쓰기, 민감한 성격을 들었다. 이 가운데 먼저 해결해야 할 것이 난초병이다.

　그에 따르면 난초병은 문명이 제공하는 상품을 쉽게 소비하고 남용해 편리만을 추구하는 것을 말한다. 애초 우리 몸은 모진 비바람과 추위에 견딜 수 있는 잡초로 만들어졌는데 환경과 안이한 선택으로 인해 온실 속의 난초로 길러진 것이다. 갈수록 편리해지는 문명의 이기들과 첨단의료 산업의 팽창은 난초병을 더욱 심화시켰다.

　각종 보신물과 약물 사용도 난초병을 키운다. 우리나라 사람들은 몸의 기운을 돋우는 보약이나 병을 치료하는 약물에 너무 의존한다. 보약이 된다 하면 가리는 것이 없다. 개구리, 고양이, 너구리, 지네, 구더기 등등. 평소엔 먹을 수 없다고 생각하던 것도 먹이 대상이 된다. 오래 살기 위한 안간힘이다. 과학적으로 입증되지 않은 보신물은 얼마나 많은가.

　어떤 사람이 죽었다. 사람들은 그가 더 오래 살 수 있었을 터인데 스스로 수명을 단축했다고 했다. 그 사람은 평소 보약이 된다 하면 가리는 것이 없었다고 한다. 돈도 많아 세상에 진귀한 보약은 다 들어보았다. 그러다 아예 집 안에 한약방을 차렸다. 전문의까지 두어 약을 짓게 했다. 사업을 하기 위한 것이 아니라 자기의 보약을 짓기 위한 것이었다. 그렇게 오래 살려고 하던 사람이 죽은 것이다. 병명은 다름 아닌 보약중독이었다. 지나친 얘기이긴 하지만 보약에 대한 과신도 지나치긴 마찬가지다.

몸에 좋다면 약도 예외가 아니다. 이것저것 한 주먹에 가까운 약을 한 꺼번에 털어 넣는다. 약 전문가들은 말한다. "이 약 저 약 가리지 않고 그 렇게 많은 양의 약을 먹는 것은 오히려 몸에 해로울 뿐이다." 약은 하나의 작용을 위해 만들어진 것이므로 서로 엉키면 복합작용을 일으켜 몸을 망 가지게 한다. 약을 복용할 때도 우유나 주스 등과 함께 마시는데 이것도 좋지 않다. 하나의 약에 한 잔의 물이어야 한다. 그것보다 더 좋은 것은 가급적 약을 들지 않고 견디는 것이다.

박민수는 난초병을 뿌리 뽑기 위해 먼저 약에서 탈출하라 한다. 감기 에 걸렸다면 며칠 앓아본다. 콧물을 흘리고, 기침을 하고, 열이 나는 과정 을 견딘다. 이것은 우리 몸이 면역력을 높이기 위해 생기는 반응이기 때 문에 오히려 좋다. 이를 거추장스럽게 생각하는 당신의 편견이 문제라 한 다. 나아가 보신물을 끊는다. 값비싼 보신물이나 건강보조식품이라고 약 효가 뛰어난 것도 아니다. 우리가 일상적으로 먹는 음식이 오히려 건강에 좋다. 야성은 그저 생기는 것이 아니다. 의지도 필요하다. 이제 먹는 약의 숫자부터 줄여야겠다.

나아가 몸을 안 쓰게 만드는 것들로부터 벗어난다. 여름이 되면 우리 가 늘 듣는 말 가운데 냉방병을 조심하라는 말이 있다. 냉방병은 에어컨 이 만드는 병이다. 바깥 날씨에 적응한 몸은 냉방기를 접하면 즐겁기보다 는 고통스럽다. 편안함을 느끼는 것은 단지 뇌의 일부다. 냉방병은 내 몸 전체가 아닌, 뇌 일부의 욕구에 맞추다 생기는 바보 병이다. 어디 그뿐인 가. 엘리베이터, 에스컬레이터, 자동차 등을 비롯한 대부분의 이기들이 여기에 해당한다. 몸으로 하여금 야성보다 쾌락을 좇게 하는 현대적 일상 은 결국 내 몸의 퇴화를 가져온다. 몸을 움직여라. 그래야 건강하게 산다. 우리 사회의 질병 만연에 대한 해답은 바로 여기에 있다.

끝으로, 몸의 체질을 강화하기 위해 민감한 몸을 다시 둔감하게 만들 필요가 있다. 민감한 몸이란 사소한 환경 변화에도 견디지 못하는 약한 몸을 말한다. 민감한 몸은 외부자극에 일일이 반응하며 몸에 과부하를 일으켜 과잉 증상을 만들어내는 체질이다. 민감한 몸 해결법은 아주 간단하다. 몸과 마음에 깃든 난초를 뽑아버리고 야생적인 몸으로 바꾸라.

25日 전영범
하늘에 있다고 다 별이 아니다

　　별 하면 무엇이 떠오르는가? 맨 먼저 우주에서 반짝이는 천체, 곧 해와 달과 지구를 빼고, 밤하늘에 보이는 작은 천체들을 떠올릴 것이다. 맞다. 그러나 별엔 그것만 있는 것이 아니다. 장군의 계급장에도 별이 있고, 전과자의 감옥살이 햇수를 가리켜 별이라 한다. 같은 말인데 스타라 하면 의미가 다르다. 스타 되고 싶은 사람들이 얼마나 많은가. 다 별이 되고 싶어 한다. 하지만 별이라고 다 별이겠는가.

　보현산 천문대에 전영범 박사가 있다. 국내에서 별을 가장 오래 관측한 사람으로 통한다. 그에 따르면 우주에서는 태양도 미미한 존재다. 한마디로 말해 우리가 늘 보는 태양도 우주에서 보면 그저 수없이 많은 소왕국의 한 군주 정도란 말이다. 모든 것을 태양 중심으로 생각한 것이 잘못되었나, 아니면 과대평가 되었나? 진실을 알고 보면 위대한 것도 그다지 위대하지 않을 수 있다.

　나아가 그는, 지구를 별 생성 과정의 찌꺼기라 했다. 우리가 몸 붙여 살고 있는 이 지구가 고작 찌꺼기란 말인데 너무하신 말씀이 아닌가 싶다. 하지만 진실인 것을 어떡하랴. 이 아름다운 지구가 고작 그 정도라면 우주는 진정 신비가 아니겠는가 하는 생각도 든다. 하지만 그는 이 지구를 가리켜 '행성의 공격에서는 천혜의 요새'라 했다. 그만큼 자리를 잘 잡았고, 가치가 있다는 말이다. 하늘의 보석이 아니랴. 그 정도라도 인정을 받았으니 다행이다.

　그는 "하늘에 있다고 다 별이 아니다. 빛을 내는 것이 별이다" 했다. 빛을 내지 못하는 것도 있다는 말인데, 그럼 쏟아지는 밤별은 나름대로 그

빛을 자랑스럽게 뽐내는 것이구나 싶다. 그래, 빛을 내는 별은 인정을 받을 만하다는 사실, 그것은 잊지 말자.

그의 여러 말 중에 아직도 잊을 수 없는 것이 바로 '하늘에 있다고 다 별이 아니다'는 말이다. 사람들은 다 별 같은 존재들이다. 그런데 어떤 이는 빛을 내고, 어떤 이는 빛을 내지 못한다. 사람이 빛을 낸다는 것은 무엇을 의미할까?

소로우는 노동자의 목표는 돈을 벌거나 좋은 일자리를 차지하는 것이 아니라 어떤 일이든 그것을 잘해내는 데 있다 했다. 돈을 많이 벌었다고 빛이 나는 것도 아니고, 좋은 일자리와 지위를 차지했다고 빛이 나는 것도 아니다. 주어진 일에 최선을 다하는 자다. 돈과 지위를 별자리로 생각하는 것과는 생각이 다르다.

일만 잘한다고 빛이 날까? 그것은 아닐 것이다. 개인의 이익을 앞세우기보다 전체의 이익을 생각하고 자기보다 이웃의 구원을 위해 애쓰며, 그런 자신의 노고를 밖으로 드러내기보다 오히려 감추는 사람이 빛이 나는 사람이 아닐까 싶다. "하늘에 있다고 다 별이랴, 빛을 내는 것이 별이지." 생각할수록 맞는 말이다.

우리말에는 별을 놓고 별나게 사용할 때가 많다. 예를 들어 "별이 보인다" 하면 그것은 충격이나 고통 따위로 정신이 없다는 말이다. 그런데 "별 볼 일 없다" 하면 그것은 중요하지 않다는 말이다. 의미가 아주 다르다. 또 "세상에 별난 놈 다 있네" 하면 보통 것과는 다르게 이상하거나 엉뚱하다는 말이다. 긍정적인 의미일 수도 있고 부정적인 의미일 수도 있다. 그러니 함부로 별이라는 단어를 좋아할 일은 아니다.

그러나 한 가지 예외가 있다. 별이 빛날 때이다. 별이 총총 빛나는 밤, 사람들은 그 별을 보며 기뻐한다. 사람들은 "Starry, Starry Night"하고 노래하며 인생에 가장 외롭고, 가장 힘들던 순간을 별빛에 띄운다. 사람들은 밤에 빛나는 별만 보지 않는다. 우리 삶 속에서 아름답게 총총 뜨는 별들을 보며 삶의 의미와 보람을 느낀다. 당신이 바로 당신 주변에서 그 빛나는 별이 되기 바란다. 사람들은 당신 때문에 행복할 것이다.

의미가 달라지면
삶의 모습도 달라진다

제4부

1 델피 신탁
불안은 오늘도 당신의 주머니를 노린다

대사를 앞두고 있다면 개인이든 국가든 차이가 별로 없다. 불안하다. 성공할 것인가, 실패할 것인가. 전쟁을 해야 하는 경우라면 심각하다. 실패라면 그 결과는 너무 처절하다. 그래서 어떤 이는 예언자를, 어떤 이는 점술가를 찾아간다. 고대 그리스인들은 델피 신전을 찾았다. 그곳에는 답을 알려줄 신탁神託이 있기 때문이다. 신탁이란 신을 통해 예언이나 조언을 해주는 사람이나 그 매개 기관을 말한다. 신에게 물어 그 답을 얻는 것이다.

그리스 파르나소스 산에는 델피신전이 있다. 가장 유명한 신탁의 장소다. 델피는 아폴론 신전에 자리하고 있다. 아폴론 신전은 이곳 외에도 여러 곳에 있다. 그리스인들은 여러 지역에 아폴론 신전을 둠으로써 아폴론을 결국 떠돌이 신으로 만들고 말았다. 다 신탁 때문이다. 장사가 되는 일이니 이곳저곳에 둬도 상관이 없다.

그런데 특이한 것이 있다. 다른 곳에는 남성을 예언자로 뒀지만 파르나소스 산의 델피만큼은 여성이다. 원래 고대 그리스인들은 여성의 신전 출입을 금할 만큼 남성우월주의가 강했다. 그런데 이곳만큼은 예외다. 퓌티아라 불리는 여사제는 왕을 폐할 수 있을 만큼 권한이 막강했다. 신의 이름으로 말하니 어찌할 수 없다.

호메로스가 쓴 『오디세이』를 보면 미케네의 왕 아가멤논이 델피 신탁에게 조언을 구하는 장면이 나온다. 적 트로이 원정군에게 닥칠 재난이 무엇인지 궁금했던 것이다. 전투에서 이길 것인지, 패할 것인지에 대한 질문도 있지만 세상사 궁금한 것이 어디 그뿐이랴. 풍년 여부, 법 개정 여부, 전염병 문제, 결혼 상대나 유산 처리 문제 등 다양했다. 지금 같으면 대학입시나 선거 결과, 사업성공 여부가 주를 이룰 것이다.

퓌티아는 도대체 무슨 능력이 있어 예언을 할까? 만약 예언이 결과와 맞지 않으면 어떻게 될 것인가? 궁금한 것이 한두 가지가 아니다. 작가들의 표현에 따르면 질문에 답할 때 여사제는 몽환의 경지나 광란 상태에 빠져 있다. 성스러운 장소의 바닥의 갈라진 바위틈에서 증기가 올라온다. 사람들은 이를 신비한 영이라 했다. 하지만 과학자들은 이 증기를 탄화수소의 분출이라 한다. 퓌티아는 증기를 마신 상태에서 아폴론 신으로부터 들었다며 메시지를 전한다. 거짓말을 어떻게 제정신으로 전할 수 있겠는가. 메시지가 애매한 경우 이것을 보다 정확히 해석해주는 신탁해석가도 곁에 있다. 이 경우 돈을 더 지불해야 한다. 이것도 신성한 예언 풀이 직업이다. 예언이 맞지 않아도 뭐라 할 수 없다. 아폴론이 그사이 마음을 바꿨다면 어쩔 것인가. 그러게 마음이 바뀌지 않도록 웃돈을 더 줬어야지.

그것도 날마다 신에게 물을 수 있는 것은 아니다. 1년 중 아홉 달만 허락된다. 신도 석 달은 휴가를 간다. 아니 사제들이 쉬고 싶었을 것이다. 게다가 한 달에 하루만 물을 수 있다. 1년에 단 9일만 허락되는 것이니 델피의 신탁은 그야말로 금값이 아닐 수 없다. 용하다 하여 외국인들도 이곳을 찾았으니 순서에 들려면 하늘의 별 따기다. 다 돈이 말한다. 서기 393년 로마 황제 테오도시우스가 이 신전을 폐쇄할 때까지 신탁은 계속되었다.

서양이든 동양이든 사람들은 자신의 운명을 알고 싶어 한다. 고대 그리스인들은 신탁에 자신의 운명을 걸었다. 신탁이 신의 뜻을 알려준다 생각했기 때문이다. 답답한 사람들은 지금도 점집을 찾는다. 그것은 인간의 불안이 얼마나 큰가를 보여준다. 불안은 오늘도 당신의 주머니를 노린다.

2ᄃ 뒤르켐
성과 속은 구분되어야 한다

뒤르켐E. Durkheim은 종교에 대해 다양한 해석을 내놓았다. 그는 사회학자답게 종교를 가리켜 사회적 요구를 성화한 것이라 주장했다. 한마디로 사회의 상징이 종교라는 말이다. 그는 신을 사회의 표현 또는 인격화된 집단으로 본다. 그는 그가 쓴 『종교사회학』에서도 사회를 신이라 했다. 사회가 신이 될 수 있을까? 글쎄다. 왜 사회를 신격화했는지 궁금하다. 프랑스혁명을 시민종교로 봤으니 종교관이 특이하다 할 수밖에. 그러면 르네상스도, 종교개혁도 다 시민종교겠다. 다원주의적 가치관이 엿보인다.

그는 종교체험의 기반을 사회에 두었다. 특히 사회성원이 모일 때 발생하는 감정적 흥분상태, 곧 집단감격 또는 집합적 열기몰입collective effervescence에서 종교가 발생한다고 보았다. 흩어진 개인은 종교행위보다 사냥에 더 관심이 많다. 그러나 겨울에 의도적으로 모두 모이게 될 때 종교행위가 이뤄진다. 샤먼이 활동하고, 열광적 집회가 탄생한다. 초월적 힘이 느껴지고 성스럽다는 인식도 커진다. 토템 종교가 모든 종교의 원천이 되는 이유다. 열기는 쉽게 사라진다. 이를 막기 위해 나름대로 교리, 축제, 의례를 발전시킨다. 집합적 열기는 그가 사회분석도구로 삼은 사회적 사실에 해당한다. 하지만 이것은 심리적 설명을 거부하는 그의 논리에 모순된다. 나아가 종교의 근원을 원시토템 종교에 둔 것은 논란의 여지가 있다.

그는 성聖과 속俗을 구분하고 종교의 특성은 성에 있다고 주장했다. 이것은 종교에 대한 아주 탁월한 생각으로 평가받고 있다. 그는 종교 안에 내재한 성적인 체험을 다음과 같이 표현했다.

- 성은 초월적 힘에 대한 인지나 믿음을 내포한다.
- 성은 모호하다. 호의적이면서도 적대적이고, 인간적이면서도 자연적이다.
- 성은 비실용적이고 비경험적이다.
- 성은 대상에 부여된 것이다. 지위 변동이 가능하다. 의식을 통해 속적인 것이 성스럽게 되기도 한다.
- 성은 신앙인을 고양시켜 자기 이상으로 높여준다. 용기를 주어 강하게 한다.
- 성은 도덕적 의무감을 부과하는 힘을 가지고 있다.
- 성은 속적인 것보다 우월하다. 성스러운 것에 두려움을 느끼고 순종하게 된다.
- 성은 속적인 것을 완전히 떠난다. 장소도 떨어져 있고, 분리되어 있으며, 격리 보존된다. 둘이 너무 가까이 있으면 어느 쪽이든 본연의 지위를 상실하기 쉽다.

종교는 의식을 통해 강화된다. 의식은 기쁨, 내적 평화, 평온, 열성을 맛보게 하고 믿음을 창조하고 재창조한다. 의식은 행동에 의미를 부여하고 인생으로 하여금 고난을 견디게 한다.

의식에도 부정적 의식과 긍정적 의식이 있다. 부정적 의식은 터부, 금기 등이 있다. 속의 오염에서 보호하기 위해 특정 행동을 금하는 것이다. 긍정적 의식은 예배와 제사다. 이것에도 기본적 의식, 대표적 의식, 속죄의식이 있다. 기본적 의식에는 제사와 신을 모방해 도덕적으로 고양하는 모방의식이 있다. 대표적 의식에는 하나의 동물이나 식물이 씨족과 동일시되어 숭배되는 것을 말한다. 속죄의식은 불안과 슬픔 가운데서 집행된다.

종교는 사회 통합적 기능을 수행한다. 이것은 친밀감, 동류의식, 규범, 공통의 믿음, 전통, 이상을 만들어 사회를 하나로 규합한다.

지금까지 뒤르켐의 종교에 대한 여러 견해를 살펴보았다. 종교에 대한 그의 생각이 종교현상을 다 설명하거나 맞는 것은 아니다. 각 종교 및 사회관에 따라 비판이 가해질 수 있다. 그러나 그가 주장한 것 가운데 의미 있는 것들이 있다. 특히 종교는 성에 속한다는 것과 종교는 사회통합기능이 있다는 점이다. 그는 성과 속이 너무 가까이 있으면 어느 쪽이든 본래의 지위를 잃기 쉽다 했다. 성은 성이고, 속은 속이라는 것이다. 이것이 사회의 요구일까?

지금 종교가 너무 세속화되어 성과 속을 구분하기 어렵다고 말한다. 그만큼 타락한 것이다. 그렇게 되면 종교의 사회통합기능도 저하될 수밖에 없다. 이젠 종교가 더 늦기 전에 본연의 자리로 돌아갈 때가 되었다. 그렇지 않으면 뒤르켐도 가만있지 않을 성싶다. "그것이 종교라고?" 아니 신이 노하기 전에 속적인 것일랑 빨리 다 내려놓을 때다.

황우석
과학자는 불가사의에서 하나님을 발견한다

　　　　　황우석 박사는 불교인이다. 그는 자기 자신의 몸에서 건강한 줄기세포를 배양하여 암의 진척을 막는 일에 관심을 가지고 있다. 이른바 환자 맞춤형 체세포핵 이식SCNT, Somatic Cell Nuclear Transfer이다. 그의 성공을 빈다. 그와의 만남을 통해 놀라운 고백을 듣게 되었다. 실험을 하면서 점점 더 '하나님이 존재한다'는 것을 느꼈다는 것이다. 이따금 우주의 놀라운 질서나 인체의 오묘함을 보면서 신의 존재를 고백하는 학자는 있었다. 하지만 실험을 통해, 그것도 직접 들으니 느낌이 달랐다.

　　황우석에 따르면 돼지의 심장과 인간의 심장은 구별이 안 될 정도로 유사하다. 그러나 사람에게 돼지 심장을 이식하면 사람은 10분 안에 죽는다. 이어주는 혈관이 급속히 썩어 들어가기 때문이다. 현재 면역거부 반응이 적은 면역유전자로 바꾸는 작업을 하고 있지만 문제는 아직도 해결되지 않고 있다. 그는 이것을 보면서 '하나님은 존재한다'는 것을 느낀다 했다.

　　그는 요즘 줄기세포에 푹 빠져 있다. 사람은 머리에서 발끝까지 줄기세포를 가지고 있다. 세포가 약화되면 당뇨병도 걸리고 암도 걸린다. 줄기세포는 세포가 건강하도록 만들어준다. 그는 줄기세포의 활동 모습도 현미경으로 보여주었다. 고등학교 때 이 모습을 보았더라면 전공을 바꾸었을 것이라 말하며 나는 웃었다. 신기했기 때문이다. 중요한 것은 줄기세포가 이 작업을 지속하지 않으면 사람은 살아남을 수 없다는 것이다. 그는 여기에서도 하나님의 오묘하심을 깨닫는다 했다.

　　그는 과학을 통해 하나님을 발견한 인물 중 하나가 될 것이다. 리더스 다이제스트를 비롯해 여러 미디어는 미국의 한 과학자가 왜 하나님을 믿게 되었는지 그 이유 10가지를 소개했다.

1) 지구가 돌아가는 속도는 시간당 1,600km. 만약 지구가 한 시간 동안 160km
   로 돌아간다면 사람들은 낮에는 타 죽고 밤에는 얼어 죽고 말 것이다.
2) 지구와 태양과의 거리(1억 5,000만km)도 신비하게 아주 알맞은 거리를 유지하
   고 있다.
3) 지구가 23.5도 기울어져 있기에 사계절이 나타난다. 만약 지구가 수평으
   로 서 있다면 지구는 하루에 두 번씩 물에 잠기게 되며 남극 지역은 얼음이
   되고 만다.
4) 지구와 달의 거리가 8,000km의 알맞은 거리를 유지하고 있기 때문에 지구
   는 하루에 두 번씩 물에 잠기는 경우가 안 일어난다.
5) 지구의 두께가 3m만 더 두꺼웠다면 산소가 없었을 것이다.
6) 대기권의 두께가 지금보다 조금만 더 얇았더라면 지구는 별똥들에 의해
   불바다가 되었을 것이다.
7) 연어의 행로다. 연어는 누가 가르쳐주지 않는데도 바다에서 태어나 자기
   가 부화한 강으로 찾아서 올라온다.
8) 장어의 행로다. 장어가 바닷가에서 알을 낳고 죽으면 새끼들은 다시 호수
   나 강으로 돌아온다. 아메리카 뱀장어가 유럽에서 잡힌 일이 없고 유럽의
   뱀장어가 아메리카에서 잡힌 일이 없다.
9) 호주의 선인장이 빠른 속도로 번식되는 것을 억제시킬 수 있는 것은 선인
   장만 갉아 먹고 사는 곤충이 있기 때문이다.
10) 사람은 폐를 가졌으며 곤충은 관을 가지고 있다. 이 관은 성장을 억제시
    킨다. 만약 곤충도 폐를 가지고 있다면 사람만큼 성장할 텐데 다행히 곤
    충은 관을 가지고 있다.

이 과학자는 이런 사건들이 우연히 일어날 수 있는 일이 아니라 했다.
전능하신 하나님의 섭리가 없다면 존재 자체가 불가능하다. 과학자는 불
가사의에서 하나님을 발견한다.

4. 안거

사람들은 깨달음을 얻으려 한다

"불교 조계종 삼화불교 종정대행이 동안거에 들어가는 전국 사찰 스님들에게 결제 법어를 발표하셨다."

동안거, 결제. 일반인들에겐 생소한 말이다. 무슨 뜻일까?

동안거冬安居는 불교에서 음력 10월 15일부터 1월 15일까지 동절기 90일 동안 선종禪宗의 승려들이 바깥출입을 삼가고 사찰에 머물며 오로지 수행에 정진하는 것을 말한다. 90일 동안 외출을 하지 않는다 하여 구순금족九旬禁足이라 한다. 하절기에 하는 하안거夏安居도 있다. 음력 4월 15일부터 7월 15일까지다. 한국 불교에서는 이처럼 동안거, 하안거 기간 사찰에 머물며 수행에 전념한다. 이것을 안거제도라 한다.

이 제도는 석가 때부터 있었다. 출가한 수행자들은 한 곳에 머무르지 않고 돌아다니면서 생활하는 것이 원칙이다. 하지만 인도의 경우 여름이 지나 우기가 되면 어려움이 생겼다. 땅속에서 수많은 벌레가 기어 나왔다. 걸어 다니다 밟아 죽이게 되면 살생이다. 교통도 불편하고 질병이 창궐했다. 석가는 제자들의 청을 받아들여 우기 3개월 동안 돌아다니는 것을 중지시키고 일정한 장소에 모여 공부와 수행에 몰두하도록 했다. 여기서부터 안거가 시작되었다. 태국에서는 지금도 우기에 안거를 한다. 우안거雨安居다. 안거가 제도화되면서 신자나 왕족들이 헌금을 했고, 이것으로 사원을 짓게 되었다.

한국에서는 하절기 3개월과 동절기 3개월을 안거 기간으로 삼는데 이것은 기후 때문이다. 안거의 시작을 결제結制라 한다. 이때 종단 대표가 법어를 발표한다. 그 말을 붙잡고 깨달음을 얻으라는 것이다. 끝내는 것을 해제解制라 한다.

다음은 2010년 2월 9일 법정 스님이 길상사에서 하신 동안거 해제 설법의 한 토막이다. 이것은 그의 생애 마지막 동안거 해제 설법이다.

"오늘은 맺은 것을 푸는 해제 날이라 평소 제가 마음에 두고 있던 생각들을 풀어보려 합니다. […] 이 절을 처음 만들었을 때 가난한 절이 되었으면 했습니다. 교회나 절이 흥청망청하기 때문에 가난한 절을 표방했습니다. 제가 이 자리에서 법문을 하고 난 후, 불사를 하라는 돈 얘기를 꺼내게 되는데 그때마다 몹시 곤혹스럽습니다. 절을 운용하는 입장에서 사람들이 많이 모였을 때 불사의 내용을 알리지 않을 수 없습니다.

그러나 그 방법을 달리해야 합니다. 제가 그 방법을 제시하겠습니다. 불사는 소식지라든가 게시판과 같은 곳을 통해 모금해야 합니다. 이렇게 하면 신성한 법회를 돈 이야기로 먹칠하지 않을 수 있습니다. […] 법문이 끝난 후 바로 돈 이야기를 꺼내는 것은 법회에 대한 모독입니다. 이 같은 일은 반드시 시정돼야 합니다. 요즘은 경제적으로 어려운 시기입니다. 세상이 어려울 때는 절이나 교회 또한 어려움을 나눠야 합니다. 세상이 나아질 때까지 불사를 받지 말아야 합니다. 종소리가 좋고 곱고를 따지기 전에 종소리에 간절한 염원이 담겨 있는가, 있지 않은가가 문제입니다. […] 나이가 있고, 건강이 그전만 못해 이런 자리에 자주 나오지 못할 것 같아 마음에 담고 있던 말씀을 드렸습니다. 제 말을 서운하게 듣지 마시고 또 다른 법문으로 들어주셨으면 합니다."

그의 해제 설법이 실용적이면서 지금까지 마음에 맺힌 어떤 문제에 대해 답을 얻고자 했음을 알 수 있다. 절 운영도 간단치 않다.

안거에 들어가면 승려들은 외부와 연을 끊고 정진한다. 일탈은 일체 허용되지 않는다. 승려들뿐 아니라 불자들도 집에서 도를 닦는 심정으로 불경을 읽거나 마음을 비운다. 함께하는 것이다.

승려들이 동안거에 들어갈 즈음 숲의 나무들도 잎을 훌훌 다 떨쳐버리고 겨울로 들어간다. 나무도 안거에 들어가는 것일까. 모두 하늘을 바라보며 고요히 서 있다. 나무는 무슨 생각을 할까. 아니, 사람들은 각자 무슨 깨달음을 얻으려 할까.

5 위파사나와 간화선
깨달음을 실천한다면 더할 나위 없으리라

불교는 크게 티베트불교, 선불교, 그리고 학자불교라는 세 흐름이 있다. 티베트불교는 티베트에만 있는 것이 아니고 중국, 네팔, 몽고 등 너른 영역에 생활 종교로 자리 잡고 있다. 티베트 승려들은 하루에 최소한 12시간 이상의 수행을 한다. 경전을 읽고 참선을 하고 염불을 하고 스승의 가르침을 받는다. 10대 후반에 출가하면 이 과정이 20년 이상 계속된다. 치병과 예언의 능력도 가진다. 그래서 사람들은 이를 신비하게 여기기도 한다.

선불교는 개신불교다. 잡다한 것을 생략하고 화두 하나에 집중한다. 선불교의 시작은 중국이지만 문화혁명을 거치면서 없어졌고, 지금은 한국 조계종에서 이 전통을 이어가고 있다. 학자불교는 불교경전을 분석하고 이에 대해 학문적으로 연구한다. 일본불교가 이 분야에서 앞서 있다. 생활불교를 알고자 하면 티베트로 가고, 참선을 하려면 한국에 가며, 학문적으로 연구를 하려면 일본에 가라 할 정도다.

불교가 지역마다 독특하게 발전하고 있다고 해도 불교의 수행법은 참선을 통한 깨달음으로 통일된다. 명상을 통한 수행법으로 위파사나Vipasyana, 묵조선默照禪, 그리고 간화선看話禪이 있다.

위파사나는 초기 불교 경전에 많이 사용된 인도 북서부의 팔리어 단어로, '위'는 무상無常·고苦·무아無我를, '파사나'는 '올바른 지혜'를 뜻한다. 초기 불교를 고수하는 남방에서 주로 위파사나 수행을 하고 있으며, 특히 스리랑카·미얀마·태국 등 동남아 불교국가들이 이 방법을 택하고 있다. 남방불교의 대표적 참선 방법이다. 우리말로 지관참선법止觀參禪法 또는 관법觀法이라 한다.

위파사나는 석가모니 시절부터 전해져 오는 명상 수행법이다. 마음의 온갖 산란한 번뇌를 그치고 고요하고 맑은 슬기로써 모든 존재萬法를 비추어본다. 들숨과 날숨의 호흡에 집중하고 몸과 마음의 미묘한 변화를 단계적으로 관찰하고 알아차림으로써 깨달음에 접근한다. 무상 · 고 · 무아의 본성을 보는 것이 위파사나의 지혜이다. 최고의 깨달음을 얻은 아라한阿羅漢이 되면 더 이상 집착과 번뇌가 형성되지 않으며 윤회도 없다고 본다. 간화선 전통의 한국불교계에서는 위파사나를 외도外道로 간주해 경계하기도 했다.

묵조선은 참선이 가르치고 배우는 것이 아니라 고요하고 묵묵히 앉아서 모든 생각을 끊고 행하는 것이라는 데서 나온 방법이다. 다시 말해서 화두를 갖지 않고 참선을 하는 방법이다.

간화선은 화두話頭를 붙잡고 수행에 정진해 단박에 스스로가 부처임을 깨치는 수행법이다. 이것은 부처가 마하가섭 존자에게 염화시중拈華示衆의 미소로 법을 전한 데서 유래되었다. 인도의 조사祖師로 선종을 연 달마가 중국에 전한 뒤 중국에서 이 수행법이 확립되었고, 한국과 일본으로 전해진 북방 대승불교의 대표적 수행법으로 자리를 잡았다. 한국불교의 대표적 참선방법이다.

간화선은 화두에 집중하고 거기에 간절히 의심을 일으켜 삼매에 든 상태에서, 그 참뜻을 깨달음으로써 자신의 본성을 바로 보고 스스로 부처임을 자각하는 방법이다. 화두는 스승이 제자를 인도하기 위해 제시하는 과제를 말로 표현한 것을 말한다. 예를 들어 '나는 누구인가', '무', '뜰 앞의 잣나무' 등을 들 수 있다. 선은 불립不立이 특징이다. 어떤 개념이나 형이상학도 배척한다. 부처가 나타나면 부처를 죽이고, 조사가 나오면 조사를 죽이는 살불살조殺佛殺祖의 흐름이 있다. '내다, 네다' 하는 착각을 깨는 과정을 거치면서 원래 모두가 부처임을 깨닫기에 이른다.

불교의 특색은 무엇보다 참선에 있다. 선을 통해 불교의 기본적인 가르침에 집중한다. 선은 마음을 한 곳에 집중시켜 일사불란하게 몰입하는 것이다. 이런 가운데 자신과 만나고, 자신의 진실한 생명을 바로 보려 한다. 호흡에 집중하든 화두에 집중하든 깨달음의 경지에 도달하는 것은 좋은 일이다. 하지만 그 깨달음을 마음에만 묶어두지 않고 삶에서 실천한다면 더할 나위 없으리라.

6 바씨 의식
방황하는 영혼을 불러들이라

한때 라오스엔 백만 마리의 코끼리가 살았다고 한다. 란싼 왕국 땐 전쟁의 도구로 이용되기도 했다. 용감한 전사와 함께 적진을 향해 돌진하는 코끼리 군단 모습이 돌에 새겨져 있다. 물론 노동에 코끼리를 이용하기도 한다. 코끼리는 그만큼 라오스인의 삶과 깊게 연관되어 있다. 지금은 그 수가 크게 줄어 보호를 받고 있다.

그런데 한 가지 특이한 것은 코끼리나 사람에게 32개의 영혼이 있다고 생각한다는 것이다. 영혼 수가 많다 보니 어떤 영혼은 때로 몸을 떠나 방황하기도 한다. 영의 세계는 육체 안에 머문다고 생각해서 그런 영혼을 불러들이기 위해 의식을 행한다. 이른바 '바씨Baci 의식'이다. 아마 병이 들었거나 신체 능력이 떨어진 코끼리를 위해, 또는 코끼리의 안녕을 위해 비는 의식일 것이다.

불려온 코끼리의 코에 흰 실이 걸린다. 주례자는 코끼리를 향해 불경을 읽고 복을 빈다. 코끼리가 그것을 알랴만 그래도 가만히 서 있는 것이 신기하다. 몸을 떠난 영혼이 돌아온 것이라고나 할까, 아니면 주인에게 혼나는 것이 두려워서일까, 예식 뒤에 주어질 먹이를 기다리는 것일까. 하여튼 그것이 라오스 코끼리의 삶의 방식이다. 바씨 의식은 코끼리에게만 있는 것이 아니다. 사람에게도 있다. 손목에 실을 묶어주며 좋은 말을 해준다.

바씨 의식을 할 때 행운의 상징으로 다른 꽃들과 함께 꼭 사용되는 꽃이 있다. 라오스를 대표하는 꽃 참파Champa다. 이것은 필요한 향수를 만들거나 부처에게 제물을 바칠 때, 그리고 방문객이나 친구에게 주는 목걸

이를 만들 때 사용되기도 한다. 참파는 라오스 문화 속에서 희생과 존경, 그리고 젊은 연인들의 사랑을 상징한다. 라오스인들은 고향을 떠날 때 이 꽃을 지니고 가며 불교의 12의식에 나오는 유일한 꽃이다. 또한 신년에 이웃에게 전하는 향수를 만들 때도 이 꽃을 사용한다.

특히 흰색 참파가 선호된다. 이것은 중심의 노란색과 테두리의 흰색으로 다른 참파와 구별된다. 흰색은 선과 정의, 평화, 그리고 우정을 상징한다. 노란색은 불교승과 불교의 상징이다. 그리고 이 꽃에 있는 다섯 장의 꽃잎은 다섯 가지의 불교계율을 상징하는 것으로 간주한다.

- 살생하지 말라. 싸우거나 서로 상처 입히지 마라.
- 훔치지 말라. 훔치거나 다투지 마라.
- 거짓말하지 말라. 타락하지 마라.
- 간음하지 말라. 다른 이의 아내와 간음하지 마라.
- 술을 마시지 말라. 마약을 하지 마라.

라오스 사람은 물질적으로는 가난하다. 그래도 적게 가진 것을 부끄러워하지 않는다. 물질이 모든 것이 아니라 생각하기 때문이다. 적게 가졌어도 가진 것을 기꺼이 더 가난한 이웃과 나눠 흘러가게 한다. 이것이 라오스인의 정신이요, 행복이다.

라오스인은 초에 불을 붙여 강물에 띄운다. 촛불은 행운이 더 활활 타오르게 하라는 의미다. 나아가 비운은 강물에 띄워 흘려보낸다는 의미에서 그것을 강에 띄운다. 복을 받고, 불행을 피하고자 하는 염원은 누구에게나 있다.

라오스인의 이 같은 삶을 보면서 두 가지 생각이 나를 사로잡는다. 첫째, 내 영혼은 지금 하나님 앞에 바로 서 있는지, 혹시 하나님을 떠나 이

리저리 방황하고 있지는 않은지 스스로 물어본다. 방황하고 있다면 확 붙들고 고정시킬 일이다. 다른 하나는 작더라도 이웃을 위해 나눔의 삶을 살아야겠다는 것이다. 그것이 이 세상을 사는 행복이 아니겠는가. 그래서 삶은 가치 있고 경이로운 것이리라.

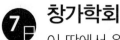

창가학회
이 땅에서 완전한 자유는 실현되지 않고 있다

      창가학회 하면 '나무묘호렌게교'라는 이상한 주문을 외는 일본 종교라는 생각을 한다. 창가학회는 원래 가치창조를 내세운 일본의 창가교육학회이다. 일본을 갱신하기 위한 방안들을 제시했는데, 그중 신사참배를 하지 않아야 한다는 것이 우리의 눈을 끈다. 또한 일본의 제3당인 공명당을 이끌고 있어 창가학회를 정치단체로 보는 이도 있다. 한마디로 일본의 혁신세력이다.

  이 학회가 종교성을 띠게 된 것은 창시자가 불교에 귀의하면서부터다. '나무묘호렌게교'는 종교의 명칭이 아니라 불교의 기원 방식이다. 우리말로는 '나무묘법연화경南無妙法蓮華經'이다. '묘법연화경으로 귀의합니다'라는 뜻이다. 묘법연화경은 불교의 법화경을 가리킨다. 종교적으로는 법화경을 중시하는 일본의 불교 종파임을 알 수 있다.

  창가학회는 무엇보다 만족스럽지 못한 혹은 불행한 현실의 개선에 관심이 크다. 자기 자신의 잘못된 생명의 경향성을 개선하고, 좋은 방향으로 바꾸어 차츰 올바르고 사회에 꼭 필요한 인간이 된다는 것이다. 인간혁명을 모토로 삼은 것은 불교에서 강조하는 불국토 건설과 연관된다. 한 사람의 인간혁명은 그가 속한 가정을 변혁시키고, 그 가정은 사회를 변혁시키고, 마침내 세계를 변혁시키는 것과 맥을 같이하기 때문이다.

  창가학회는 한국에서 포교활동을 했다. 그러나 창가학회라는 이름을 사용하기보다 일연정종日蓮正宗불교회, SGI한국불교회라는 이름을 내세웠다. 이렇게 된 데는 다 이유가 있다. 창가학회가 한국에서 조직적으로 배척을 받았기 때문이다. 대한민국 문교부는 1964년 공식적으로 창가학회의 포교를 금지시켰다. 창가학회가 일본의 국수적·배타적 성격을 갖고 있으며 우리의 민족정신을 흐리게 하는 반국가적·반민족적 단체라는 이유였다. 반일감정이 드높던 때다. 그로부터 창가학회는 경계의 대상이 되었고, 그들의 집회는 사찰을 받았다.

창가학회는 행정소송을 냈고, 법원은 행정처분은 근거가 없으므로 무효라 했다. 포교 행위를 막을 수 없기 때문이었다. 일본정부도 항의를 해왔다. 하지만 사찰과 경계는 계속되었다. 국민정서상 왜색종교를 용납할 수 없기 때문이다. 광복절만 되면 일제강점기에 대한 분노와 함께 창가학회가 거론되었다. 창가학회는 그만큼 반일감정의 희생양이 되었다.

한국에 들어온 일본계 종교가 18여 개나 된다. 그 가운데 창가학회가 가장 핍박을 받았다. 그런데 2005년 8월의 통계에 따르면 한국의 창가학회 신자는 150만에 이른다. 핍박 속에서 더 성장했다. 아이러니가 아닐 수 없다. 창가학회는 지금도 그 이름조차 공식적으로 내밀지 못하고 'SGI 한국불교회'라는 이름으로 조용히 포교를 하고 있다. 그러나 상당수 한국인들은 창가학회가 불교 종파라는 인식도 가지지 못하고 있다. 종교단체라기보다는 정체를 알 수 없는 무서운 단체라는 정도다. 정말 그럴까? 서로를 이해하고, 소통이 되려면 시간이 걸릴 것이다. 아니 일본과의 관계가 좋지 않은 이상 풀 길이 없을지 모른다.

지구상에 종교의 자유를 명문화하지 않은 나라는 거의 없다. 그러나 21세기에도 완전히 종교의 자유를 실현시킨 나라는 별로 없다. 나라마다, 지역마다 특정 종교에 대해 이런저런 이유로 거부감을 갖고 있기 때문이다. 종교가 무서운지 민족주의가 무서운지 알 수 없다. 창가학회는 이렇게 말할 것이다. "한국인들은 입을 열면 사상의 자유, 종교의 자유, 언론의 자유를 말한다. 하지만 이 땅에서 완전하게 이들 자유를 실현하는 곳은 찾아보기 어렵다. 한국도 그중의 하나다." 이런 말을 들으니 우린 아직도 문명한 사회에서 살고 있지 않은가 보다.

창가학회와 달리 한국에서 뿌리를 내린 종교가 있다. 바로 성결교다. 한국의 성결교는 일본을 통해 들어왔다. 성결교는 원래 미국인 카우만과 그의 친구 킬보른에 의해 시작되었다. 그들은 일본인 나가다 시게하루가 미국 무디 성경학원에서 유학하면서 알게 되었다. 나가다는 일본에 동양선교회 성경학원동경 성서학원을 설립했다. 한국에서는 동양선교회 복음 전도관으로 시작했고, 동양선교회 성결교회로 이름을 바꿨다. 해방 후 기독교 대한 성결교회가 되었다. 나가다는 한국의 성결교를 만든 주인공이다. 그러나 지금 성결교가 일본으로부터 왔다며 배척당하는 일은 보지 못했다. 창가학회는 이래저래 서럽다.

8단계 의미세계
의미가 달라지면 삶의 모습도 달라진다

폴 틸리히의 글을 보면 궁극적 실존ultimate reality과 의미세계란 말이 자주 나온다. 인간 실존이 궁극적으로 추구하는 의미를 매우 중시한다는 것을 알 수 있다. 그는 실존주의자들이 인간문제를 인간실존의 문제로 취급한 것을 인정하는 한편 인간문제의 궁극적 해결을 예수 그리스도와 결부시킨다. 그의 신학은 철학과 결부되어 있다. 철학적으로 질문을 하고 신학적으로 대답을 한다.

박영신의 글을 보면 상징체계에 관한 언급이 자주 있다. 윤치호와 서재필을 통해 초월적 상징체계와 전통적 사회질서 사이의 모순과 갈등이 의미 있는 자극을 유발하는 것에 주목한다. 여기에도 초월적 존재와의 만남과 의미가 강조된다. 초월적 존재에 대한 인식, 그리고 그에 대한 헌신과 충성이 삶을 바꾼다. 삶에서 변화는 그만큼 의미가 있다.

그는 윤치호가 기독교로 개종한 것을 놓고 과거의 나에서 지금의 나로의 변화라 한다. 과거의 나는 무절제한 나다. 그러나 지금의 나는 기독교인으로서의 소명의식을 가진 나이다. 같은 나지만 전의 나와 지금의 나는 성격이 전혀 다르다. 왜 그럴까? 그 사이에 초월적 의식이 작용하기 때문이다. 지금의 나가 가지고 있는 초월적 상징에 대한 자발적 복종과 충성은 과거 조선 사회에서 강요된 복종과 충성과는 성격이 다르다. 그만큼 실존체계가 다르다.

그는 영 J. 알렌과 W. B. 보넬 교수의 영향을 받고 1887년 4월 상하이에서 예수를 주로 고백하고 세례를 받았다. 그는 4년여 동안의 개신교 연구와 수련을 거쳐 기독교인이 되었다. 그는 노동을 천시하는 사농공상의 풍조와 출세욕, 관직열에 빠진 조선을 이해할 수 없었다. 미국에 유학을 하면서 서구의 민권사상과 합리주의, 직업윤리 의식, 민중의 참정권을 수용했고, 개혁의 필요성을 확신하게 되었다. 밴더빌트대학에서 공부하고 있을 때 그는 형무소를 방문해 수감자들에게 성경을 가르쳤고, 조지아 주에서는 가난한 흑인들에 관심을 갖고 그들에게 전도했다.

서재필의 경우 상징은 그리스도에 대한 인식이다. 그는 예수를 그리스도로 고백하면서 초월적 이상을 갖게 되었다. 그리고 삶이 달라야 한다고 생각했다. 그는 기독교윤리의식을 강조하며 낡은 질서를 공격했다. 끊임없는 투쟁과 역사참여정신은 하나님의 뜻이다. 하나님의 백성으로서 올바른 행동을 해야 한다. 옳고 그름의 이분법 인식이 분명해졌다.

서재필이 미국에 있을 때 성경공부, 예배, 기도회 등 열심히 집회를 찾아다녔다. 처음에는 신앙보다 영어를 배우기 위한 목적도 있었지만 이런 과정에서 기독교를 자연스럽게 받아들였다. 그를 가까이 모셨던 임창영林昌榮은 그가 어떻게 기독교를 믿게 되었는가를 이렇게 말하였다.

서재필은 얼마 안 가서 영어 이상의 것을 배웠으니, 그것은 그 자신이 기독교를 받아들였던 것이다. 그에게는 예수 그리스도가 선지자들 말대로 하나님의 아들이기 때문이라는 이유보다는, 하나님이 이 세상에 육신으로 오셨다면 그렇게 사셨을 것과 똑같은 방식으로 예수가 사셨기 때문에 그를 신적인 존재로 생각했다. 또한 서재필이 예수를 존경한 것은 성경의 가르침 때문이 아니라, 여러 가지 애매한 점과 모순들이 있는데도 그 자신의 체험을 통해, 예수가 길이라는 사실을 확인했기 때문이다. 다시 말해서 하나님에 대한 그의 관념은 그의 인애사상, 그 자신은 물론 인간의 안녕과 복지를 도모하려는 그의 열망, 그리고 자기 힘만으로는 그 의무를 다 수행할 수 없다는 인식 등에서 생겨난 것이었다. 그런 의미에서 그는 언젠가 자신이 "이 자연 세계를 초탈하고 그 무엇인가에 도달해보고 싶은 강력한 충동을 받고"

교회로 나간 것이 바로 이런 이유였다는 사실을 분명히 깨닫는다. 그리고 그가 죽느냐 사느냐의 갈림길에서 싸울 때, 자기 생명은 자기 이상의 것이라는 믿음으로 말미암아 자살을 단념했고, "나는 포도나무요, 너희는 가지니, 저가 내 안에 내가 저 안에 있으면 이 사람은 과실을 많이 맺나니……"라고 한 예수의 가르침을 발견하고 기독교인으로서 새 생명을 맞이했던 것이다.

기독교인으로서 예수를 구주로 모시는 것은 삶의 의미가 다르다. 과거의 나를 버리고 초월적 존재를 향해 기꺼이 나아가게 된다. 그 존재의 깊이를 알면 이전의 것은 더 이상 어떤 의미를 주지 못한다. 강요한 복종이아니라 자발적 헌신을 통해 새로운 차원으로 나간다. 삶이 달라진다. 그것이 바로 기독교가 가진 의미세계다.

9F 프랜시스 후쿠야마
선한 영향력을 기대한다

요즘 기독교는 종종 개독교로 불리고 있다. 목사도 먹사라 한다. 개독교는 무슨 뜻일까? 일설에 의하면 '개가 믿어도 그 정도는 믿는다'는 것이란다. 교회가 교회답지 않고, 교인들이 교인답지 않다는 말이다. 그러니 목사를 먹사라 해도 할 말이 없다.

이것은 한마디로 교회가 사회에 대해 선한 영향력이 아니라 나쁜 영향력을 주고 있다는 말이다. 믿지 않는 사람들이 화가 난 것이다. 사회를 변화시키고 이끌어가야 할 교회가 오히려 지탄을 받고 있다. 오히려 사회로부터 이끌림을 당하고 있다. 주도력이 완전히 무너졌다.

"너희는 세상의 소금이니 소금이 만일 그 맛을 잃으면 무엇으로 짜게 하리요 후에는 아무 쓸 데 없어 다만 밖에 버려져 사람에게 밟힐 뿐이니라(마 5:13)."

우리는 "너희는 세상의 빛이요, 소금이라"하신 예수의 이야기를 다시금 새기며 교회에 대한 세상의 평가를 겸허히 받아들일 필요가 있다.

세상도 기억할 것이 있다. 기독교가 인간에 의해 변질된 것이지 예수의 삶과 가르침, 그리고 이 세상을 지으신 하나님이 변질된 것은 절대 아니라는 점이다. 인간은 전적으로 타락하고, 부패했기 때문에 선한 것이 나올 것이 없다. 또한 예수는 "하나님 한 분 외에는 선한 이가 없느니라(막 10:18)" 하였다. 선한 것은 인간들로부터 나오는 것이 아니라 하나님으로부터 나온다는 말씀이다. 선한 영향력은 하나님으로부터 온다. 하나님과 바른 관계를 맺고 있을 때 그 선한 영향력이 우리를 통하여 이웃과 사회에 흘러간다. 그러나 우리가 하나님과 바른 관계를 갖지 못할 때 문제가 발생한다. 그러므로 잘못된 교인들의 행태를 비난할 수는 있어도 하나님을 비난해서는 안 된다. 교회의 잘못된 점에 대해선 하나님은 세상 못지않게 화가 나고 안타까워하실 것이다.

역사적으로 보면 기독교는 영향력이 컸다. 예링은 『정의를 위한 투쟁』의 저자이다. 그에 따르면 로마제국은 세계를 세 번 정복했다. 첫 번째는 무력으로, 두 번째는 기독교로, 세 번째는 로마법으로. 이 속에 기독교와 법이 있다.

프랜시스 후쿠야마는 『정치질서의 기원』을 통해서도 기독교와 법에 대해 언급했다. 그는 먼저 진시황이 최초의 근대국가를 세웠다고 했다. 이어 전국시대 254년이 있었고, 이 과정에서 군 조직, 관료제, 세제, 기술혁신, 사상이 발달했다. 서양에 뒤지지 않은 역사를 동양이 가지고 있다는 것이다. 나아가 그는 서유럽 법치주의 전통은 교회법이 모태라고 했다. 서유럽은 국가보다 사회가 먼저 발달했고, 국가보다 법의 지배가 먼저 자리 잡았다는 것이다. 뿌리는 기독교다. 그만큼 기독교의 영향이 컸다는 말이다.

법치주의는 교회가 스스로를 정당화하려고 체계적인 교회법을 마련하던 과정에서 나왔다. 11세기 교황은 황제와 서임권 투쟁을 하면서 독자적인 힘과 조직을 키워갔다. 유럽의 관료기구도 처음엔 교회조직 정비과정에서 탄생했다. 결국 교회조직은 유럽 근대국가의 원형이 되었다. 당시 교회는 세속권력과 투쟁하면서 나름대로 합리성과 정당성을 확보하기 위해 치열하게 노력했다. 물론 과오도 있었다.

예링이든 후쿠야마든 역사의 눈으로 법과 기독교를 본 것이니 틀린 말은 아니리라. 한국교회사를 볼 때 기독교가 단지 교육이나 기술, 사회봉사 등 여러 영역에서 끼친 선한 영향력은 헤아릴 수 없다. 사실 교회는 세상법과는 비교할 수 없을 만큼 수준이 높은 하나님의 법을 따르는 거룩한 집단이다. 그런데 요즘 교회를 두고 말이 많다. 교회는 정녕 세상을 뛰어넘을 수 없는가. 이것이 어찌 기독교만의 문제겠는가. 종교에 대한 거룩한 신비감이 조금씩 사라지고 있다. 이러다 종교에 등을 돌리는 사람들이 많아질까 두렵다. 그래도 이 어지러운 세상에서 마지막으로 기댈 수 있는 언덕은 교회다.

예수는 그리스도인을 향해 "너희는 교회에서 빛이자 소금이다" 하지 않았다. 오히려 "세상의 빛, 세상의 소금"이라 하였다. '교회의'가 아니라 '세상의'라는 말에 주목할 필요가 있다. 교회에서만 빛과 소금 역할을 하고 세상에 나가서 빛과 소금 역할을 하지 못할 때 기독교는 사회에 대해 전혀 선한 영향력을 발휘할 수 없다. 후쿠야마는 이렇게 말할 것이다. "현대교회여, 사회에 좀 더 선한 영향력을 줄 수 있기를 기대한다." 이것은 우리 모두를 향한 기대와 소원이기도 하다.

⑩ 애플사
사과가 진정 선악과이랴

스티브 잡스가 세상을 떠난 후 요즘 애플사는 전 같지 않다. 새로운 기술혁신보다는 특허권을 둘러싸고 삼성 등과 지루한 소송전에 더 매달리는 느낌이 든다. 기술에 대한 공격적 투자보다 기존 기술에 대한 방어에 몰두하면 어떻게 될까 궁금하다.

특허권 논쟁에서 늘 공격적인 애플이 러시아에서 공격을 당하고 있다. ≪크리스천포스트≫에 따르면 러시아정교회 교인들이 애플사의 한 입 깨문 사과 로고를 십자가로 교체해달라고 공식 요청했다. 사과 로고가 사단의 유혹으로 아담과 이브가 선악과를 따먹은 내용을 상징할 뿐 아니라 자신들의 종교적 신념을 모독했다는 것이다.

러시아정교회는 로고를 변경하기 전까지 애플사 제품에 대한 불매운동도 불사할 추세다. 러시아 의회는 '종교적·영적·국가적 가치를 표적으로 한 신성모독과 모욕'에 대한 새로운 법안을 발의했다. 이것은 애플사에 대한 압박이 공수표가 아니라는 것을 보여준다. 러시아 정치가들도 표를 의식해 눈독을 들이기 시작했다.

하지만 애플이 그 요구를 들어줄 것 같지는 않다. 성경에 선과 악을 분별할 수 있게 하는 선악과라 했지 사과라 한 것도 아니다. 그런데 왜 사과가 선악과가 되었을까? 이것이 궁금하다.

사과는 2000여 년 전 유럽에서 재배되었을 만큼 인기 품목이었다. 사과는 그리스 신화에도 등장한다. 불화의 여신 에리스가 '가장 아름다운 여인에게'라 쓴 황금사과를 여신들 앞에 던져놓자 헤라, 아테나, 아프로디테가 서로 자기의 것이라 하다 트로이 전쟁의 도화선이 될 만큼 유혹적이었다. 사과가 유혹적이라기보다 세상에서 가장 아름답다는 말을 듣고 싶어 한 것이었으리라.

성당에서 화가들이 선악과를 그려야 할 때 그 상상의 과일을 둥근 붉은 열매로 그려 넣었다. 그런데 문제는 이 붉은 과일을 사람들은 사과로 생각하고, 사과라 부르기 시작했다는 것이다. 르네상스 화가들도 선악과를 사과로 그려 넣었다. 이로써 선악과는 곧 사과라는 인식이 고착되었다. 게다가 사람들은 남자의 목젖을 가리켜 '아담의 사과Adam's apple'라 했다. 아담이 사과를 먹다가 그만 목젖에 걸렸다는 생각에서다. 물론 다 상상이다.

고대 영어에서 사과 apple은 과일, 눈동자 등 여러 의미로 사용되었다. '저 아이는 그 사람 눈의 애플the apple of his eye'이라 할 경우 그 아이는 그에게 있어서는 가장 소중한 사람임을 의미한다. 그런 사과에 악한 누명을 씌웠으니 사과해야 할 일이다. 그러나 라틴어에서 사과와 악은 '말룸malum'이라는 단어로 함께 사용되었고, 이로 인해 사과가 금단의 선악과로 인식되었을 것이라는 주장도 있다.

애플사가 사과를 로고로 사용한 것은 뉴턴이 사과나무 아래서 만유인력의 법칙을 발견했다는 것에 착안한 것이다. 선악과와는 상관이 없다. 처음엔 무지개색 줄무늬가 가로로 쳐진 사과였지만 직원들이 사과를 즐겨 먹는 모습을 보고 한입 베어 문 사과로 바꾸었다. 그래서 유혹의 사과로 인식한 것 아닌가 싶다. 하지만 이보다는 지적 호기심과 발견에 더 무게를 두었다.

잡스는 가고 없다. 하지만 그의 집 뜰에는 지금도 사과가 자라고 있다. "사람들이여, 호기심을 잊지 말고 새로운 것에 눈을 뜨라"는 유언처럼 들린다. 지금은 애플의 신제품이 사과가 되어 많은 사람을 유혹하고 있다. 러시아정교회의 불만과 애플의 대응이 어떻게 해결될지 그 귀추가 궁금해진다. 사과가 진정 선악과이랴.

⑪ 하누카
기도가 세상을 이긴다

안네 프랑크Anne Frank는 유대인으로 독일에서 태어났다. 히틀러가 전쟁을 일으키자 가족과 함께 독일을 떠나 네덜란드 암스테르담으로 갔다. 하지만 나치는 유대인을 검거하고 처형하기 시작했다. 은둔생활을 시작한 그의 식구들은 언제 들킬지 몰라 공포에 떨었다.

안네는 일기장을 선물로 받아 그 안에서 지내던 삶의 과정을 일기로 남겼다. 식량을 공급해주던 동료가 군인들에게 붙잡히고, 내부 분열까지 일어났다. 발각되면서 결국 악몽 같던 은둔생활은 2년 만에 끝이 났다. 수용소를 전전하던 안네의 식구들은 아버지를 빼곤 모두 죽임을 당했다. 독일이 패망한 다음 어느 날 아버지는 은신처를 찾아갔다가 우연히 안네의 일기장을 발견하였다. 그것이 바로 유명한 『안네의 일기』다.

그 일기를 보면 하누카 노래를 부르며 마음을 달래는 장면이 나온다. 모두들 숨죽이며 "내가 산을 향하여 눈을 들리라 나의 도움이 어디서 올까" 시편 121편을 외며 두려움을 달래는 모습도 있다. 유대인들은 그렇게 힘든 삶을 살았다.

크리스마스가 가까워져 오면 유대인들에게도 한 명절이 시작된다. 하누카Hanukkah다. 신약엔 수전절로 소개되어 있다. 구약 때는 없었지만 주전 2세기부터 지키기 시작한 유대인의 명절이다.

하누카는 '봉헌dedication'이라는 뜻을 가지고 있다. 안티오쿠스 에피파네스 4세에 의해 더럽혀진 예루살렘 성전을 기원전 164년 마카비 혁명으로 회복하고, 다시 봉헌한 사건에서 유래되었다. 성전을 다시 고치고 새롭게 했다는 점에서 수전절修殿節이라 한다. 하지만 봉헌절이라 하는 것이 더 맞다.

안티오쿠스는 제우스에게 제사를 드리게 하고, 유대인들로 우상에 절하며 돼지를 먹게 했다. 유대인들에겐 치욕이었다. 제사장 마타티아스에게 이방제사를 강요하자 그는 이를 거부하고 관리를 살해했다. 유다 마카비를 비롯한 다섯 아들과 유대인들이 힘을 합해 군대를 패퇴시켰다.

마카비는 예루살렘을 회복하고 성전을 깨끗이 한 다음 촛대에 불을 밝히고자 했다. 그러나 성전에서 사용할 정결한 감람유는 하루치 양밖에 없었다. 탈무드에 따르면 이 감람유는 놀랍게도 8일 동안 꺼지지 않았다. 기적이 일어난 것이다.

이런 이유로 하누카는 8일간의 축제가 되었고, 하누카의 촛대도 달라졌다. 유대인의 촛대는 일반 촛대와 하누카 촛대가 있다. 그 촛대는 감람나무를 형상화했다. 일반 촛대에는 7가지로 되어 있다. 중앙 가지는 안식일을 상징하고, 나머지 6가지는 좌로 3일, 우로 3일 등 6일을 상징한다. 그러나 하누카 촛대는 9가지로 구성되어 있다. 중앙 가지가 있고, 좌우로 4가지씩 8가지로 구성되어 있다. 8일은 기적 베풂의 날을 상징한다. 1일분 감람유로 8일을 밝힌 기적의 날들을 기억하며 하나님께 감사하고 찬송한다.

하누카가 시작되면 하루마다 하나씩 기도하는 심정으로 촛대의 불을 켠다. 8일째 되면 모든 촛대에 불이 붙는다. 그리고 기도문을 왼다.

"만왕의 왕이신 우리 하나님을 송축합니다. 주님께서는 주의 계명으로 우리를 성결케 하시며 […] 우리의 생명과 수한을 보존하시사 우리 눈으로 이날을 보게 하셨나이다."

안네도 이 기도문을 외웠을 것이다. 유대인들은 두려움이 생길 때마다 하나님께 기도했다. 험난한 세상은 지금도 우리 모두를 두렵게 한다. 하나님께 맡기고 기도하라. 기도가 세상을 이긴다.

한 가지 얘기가 더 있다. 유대인들이 하누카 때 아이들에게 선물을 준다는 사실이다. 유대인들이 선물을 주는 풍습은 초기 부림절에 지켜지던 풍습이었다. 그런데 동유럽에 살던 유대인들이 하누카 다섯 번째 날 가족 모임에서 하누카 겔트하누카 돈를 주기 시작했다. 그 후 기독교인들이 크리스마스 때 아이들에게 선물을 준다는 것을 알게 된 유대인들이 선물을 받지 못해 슬퍼하게 될 아이들을 생각해 돈 대신 선물을 사주기 시작했다는 것이다. 애들아, 하누카엔 선물보다 더 중요한 것이 있다는 것을 잊지 마라.

최초 문자메시지 메리 크리스마스
낮은 자리로 내려가라

크리스마스가 가까워져 오면 사람들은 모두 기쁜 낯으로 인사를 하고 싶어 한다. 거리의 징글벨 소리는 줄었지만 문자메시지는 뜨겁다.

세계 최초의 문자메시지SMS, Short Message Service, 곧 텍스트 메시지는 1992년 12월 3일 영국에서 발송된 "메리 크리스마스Merry Christmas"라는 두 단어였다. 벌써 20년 전의 일이다. 그 당시엔 휴대전화에 문자판이 없어 컴퓨터Orbitel 901 handset를 이용해서 이 메시지를 보냈다.

문자를 보낸 사람은 컴퓨터 엔지니어 닐 팹워스Neil Papworth이고, 받은 사람은 이동통신사 보다폰Vodafone 기술 부문의 간부인 리처드 자비스Richard Jarvis이다. 팹워스는 그날 사무실에 나와 성능테스트를 하던 중 자비스에게 메시지를 보내고 싶었다. 당시 그가 회사 크리스마스 파티에 참석하고 있다는 것을 알았기 때문에 '메리 크리스마스'라 한 것이다. 이 메시지는 수개월 동안 기술개발에 몰두해온 그에게 있어서 첫 성능 테스트였고, 이것이 성공을 거둠으로써 세계 최초의 문자메시지가 되었다.

첫 문자 발송에 성공한 인물은 팹워스지만 문자메시지 개념이 개발된 것은 1984년 프랑스와 독일의 합작회사인 GSM이었다. 팹워스는 개념상으로만 존재한 것을 실현시켰다. 1994년 노키아가 '노키아2010'을 내놓으면서 우리는 비로소 쉽게 문자를 보낼 수 있게 되었다.

사람들은 지금 웹이나 모바일 폰으로 문자를 보내는 데 열심이다. 전철이든 버스든 상관하지 않는다. 하루에도 수없이 문자메시지를 보내고 받는다. 문자메시지 시대가 도래한 것이다. 오늘도 기쁘게 문자를 보내고 받으시라.

첫 번째 크리스마스 때 하늘에서 이 땅에 전한 첫 메시지가 있다. "지극히 높은 곳에서는 하나님께 영광이요 땅에서는 기뻐하심을 입은 사람들 중에 평화로다(눅 2:14)." 이처럼 놀라운 메시지가 또 있을까. 텍스트보다 실감나는 음성 메시지다. 우리도 서로에게 메시지를 보낸다. "메리 크리스마스!" 문자로, 음성으로. 모두에게 하늘의 평화가 임하기를 바란다.

경제가 좋지 않아선지 크리스마스가 다가와도 조용한 편이다. 예수가 이 땅에 오신 이유를 생각하면 흥청망청한 크리스마스는 격에 맞지 않다. 이 말은 기쁜 크리스마스가 아니라는 말이 아니다. 물론 이 땅에 예수 오심이 감사하고 기쁜 일이지만 세상 죄를 지기 위해 오신 것을 생각하면 시끄러운 크리스마스보다 조용히 묵상하는 크리스마스가 더 맞다.

아일랜드 사람들은 크리스마스이브가 되면 집안 창문이 있는 곳마다 촛불을 켜놓고 창을 조금씩 열어둔다. 아기 예수를 낳기 위해 마구간을 찾아 헤매는 일이 다시는 없도록 하기 위해서란다. 이미 지난 일인데도 주님을 향한 애틋한 마음을 읽을 수 있다. 필리핀에서는 크리스마스이브에 교회의 문을 활짝 열어놓고 누구든 언제라도 와서 기도할 수 있게 한다. 교회가 문을 열어 좋다.

동방정교회는 그레고리력보다 율리우스력을 따른 관계로 크리스마스는 12월 25일이 아니라 13일이 늦은 1월 7일이다. 그러므로 러시아의 크리스마스는 조금 늦다. 그런들 어떠리. 다 예수를 향한 기쁨과 감사를 잊지 못하는 것은 마찬가지다.

올해도 산타클로스는 아이들을 찾아갈 것이다. 물론 대부분 부모들이 그 역할을 대신하겠지만 어린이에게 설렘과 기대를 갖게 하는 것도 좋다. 원래 산타클로스는 성 니콜라스 대주교의 자선행위에서 유래되었다. 그는 붉고 흰 주교복장을 했고 사슴썰매가 아니라 당나귀를 타고 다녔다고 한다. 네덜란드 사람들이 그의 이름을 Sinterklaas라 한 것이 산타클로스가 되었다. 사랑하는 사람에게 줄 선물만 생각할 것이 아니라 어려운 이웃을 생각하며 함께 나누는 크리스마스라면 더 의미가 있을 것이다.

나라마다 외치는 소리가 다르다. 스페인 사람들은 펠리쓰 나비닷Feliz Navidad, 독일 사람들은 프뢸리히 베이나크텐Frohliche Weinachten, 프랑스 사람들은 조이유 노엘Joyeux Noel이라 한다. 우리는 즐거운 크리스마스다. 세상살이가 힘들다. 하지만 인간을 생각해 낮은 자리로 내려오신 예수를 생각하면 언제나 기쁜 크리스마스다. 예수를 조금이라도 안다면 우리 모두 낮은 자리로 내려가야 한다. 그래야 세상이 기뻐한다. 나아가 온 누리에 사랑이 퍼질 때 성탄은 진정 성탄다울 것이다.

성경 속 언어
예수는 어떤 언어를 사용했을까

예수는 어떤 언어를 사용했을까? 주로 네 가지 언어를 사용했을 것으로 간주되고 있다. 모두 1세기 팔레스타인에서 사용된 언어들이다.

첫째, 헬라어Greek다. 팔레스타인이 이 언어를 사용하게 된 것은 알렉산더 대왕이 이룬 헬라제국의 영향을 받았기 때문이다. 예수 당시 이 언어는 문화, 상업, 교역의 국제용어로 교육받은 사람들이 주로 사용하였다. 신약성경이 로마시대의 통속어였던 코이네koine 헬라어로 기록된 것을 보아 이 언어의 사용이 아주 활발했음을 알 수 있다. 예수가 특히 팔레스타인 지방 밖, 곧 두로 · 시돈 · 데카폴리스 등으로 여행할 때 헬라어를 사용했을 가능성이 아주 높다.

둘째, 라틴어Latin다. 이는 로마제국의 언어로, 당시 유대를 통치했던 로마 주둔군은 이 언어를 사용했다. 데나리우스denarius, 백부장centurion, 군대legion 등이 신약에 소개된 라틴어다. 예수가 로마 관원들, 특히 빌라도와 대화하실 때 이 언어를 사용하셨을 것이다.

셋째, 히브리어Hebrew다. 이 언어는 구약의 중심 언어다. 종교적으로 중요한 언어일 뿐 아니라 문학의 언어로도 사용되었다. 예수가 나사렛 회당에서 히브리어로 된 두루마리 성경을 읽고, 히브리어로 말했을 가능성이 높다.

히브리어는 북부 중앙북서어군에 속하는 셈어이다. 페니키아어 및 모아브어와 관련이 있다. 고대에는 팔레스타인에서 사용되었고 기원전 3세기경에 아람어의 서부 언어로 대체되었다. 그러나 의식어儀式語나 문학어로는 계속 사용되었다. 히브리어는 현재 이스라엘의 공식어이다.

끝으로, 아람어Aramaic다. 이 언어는 그 땅 백성의 언어, 곧 팔레스타인 지역의 토착어로 예수와 그 제자들도 아람어를 사용했을 것으로 판단하고 있다. 예수가 사용한 아람어 보기는 다음과 같다.

- 아바abba: 아버지라는 뜻이다.
  아빠라는 미숙함보다는 성숙한 관계성이 담겨 있다.
- 달리다굼Talitha cumi: '달리다'는 어린 암양을 말하는데, 소녀를 부르는 애칭이다.
  '쿰qum'은 일어나라는 명령어다.
- 엘리 엘리 라마 사박다니Eloi Eloi lama sabachthani: 나의 하나님, 나의 하나님,
  왜 저를 버리시나이까? 예수의 가상칠언 가운데 네 번째 말씀이다.
  예수는 단절의 아픔을 겪으실 만큼 우리를 사랑하셨다.
- 에바다Ephphatha: '열려라'는 뜻이다.
  귀먹고 벙어리 된 자를 치료하실 때 이 말을 사용하셨다.

아람어는 원래 셈어 중북부 어군에 속하며 한때 페르시아의 공용어였다. 아람어는 히브리어 대신 유대인의 공용어가 되었다. 이 두 언어는 알파벳이 같고 문법 규칙도 비슷한 점이 많아서 매우 가까운 형제어다. 구약 중 다니엘서와 에스라서에서 아람어로 쓰인 부분이 있다. 아람어가 가장 큰 영향력을 가졌던 시기는 기원전 300년경~기원후 650년경이었다. 아람어는 훗날 아랍어에 밀려났다.

구약의 언어도 히브리어뿐 아니라 아람어가 사용되었다. 사해사본은 90% 이상이 히브리어이고, 9~10%는 아람어이며, 1%는 헬라어이다. 신약의 언어는 헬라어지만 아람어도 있다. 일부 학자들은 마태가 복음서를 아람어로 썼을 것으로 보고 있다. 이것은 언어에 역사와 문화가 담겨 있

고, 매우 복잡했음을 알 수 있다.

어느 시대나 지역마다 중심 언어가 있고, 주변 언어가 있다. 우리도 마찬가지다. 우리가 지금 이 땅에 태어나 한국어를 사용하고, 영어 · 일본어 · 중국어 · 독일어 · 프랑스어를 배우고 활용한다는 것이 얼마나 신기한 일인가.

14日 파스카 예식과 하가다
기억하고 감사하라

　　누가복음 22장을 보면 예수가 제자들과 함께 유월절 식사를 하는 장면이 있다. 이를 파스카 만찬 예식이라 한다. 이것은 이스라엘이 출애굽 한 사건을 기념하면서 하나님을 찬양하는 만찬 예식이다. 파스카pascha는 '넘어가다'는 뜻을 가지고 있다. 문설주에 양의 피가 발린 집에 재앙이 임하지 않고 넘어간 것과 연관이 있다.

　　이 예식은 하가다Haggadah에 따른다. 하가다는 유월절 예식의 절차와 내용에 대해 기록해놓은 책으로, 히브리어로 '이야기telling'라는 뜻을 가지고 있다. 크신 능력을 베푸신 사건을 통해 이스라엘은 종에서 자유를 얻고, 절망에서 빛을 얻었다. 유대인들은 유월절 의식을 통해 과거를 잊지 않고 하나님께 감사하도록 자손들에게 수천 년간 반복하며 교육해왔다.

　　이스라엘 백성은 파스카를 준비하는 첫 의식으로 먼저 그들의 죄를 회개하고 정화하는 의미로 집안에 누룩을 제거하는 의식을 가진다. 자기 안에 있는 묵은 누룩을 먼저 제거한다는 성찰의 의미가 크다. 그다음 인도자를 중심으로 유월절 식사 예식에 들어간다. 의식은 주로 가장이 맡는다. 순서는 이스라엘의 과거와 현재, 그리고 미래에 맞추어 진행된다.

　　인도자가 첫 번째 컵에 포도주를 따른 후 유월절을 위한 책자하가다에 적힌 축복문을 낭송하고 유월절이 온 것을 축복한다. 축복이 끝나면 각자 손을 씻는다. 성결의 의미다. 그리고 인도자는 자녀들에게 네 개의 질문을 던진다.

　　"이 밤에 우리는 왜 무교병(마짜)을 먹습니까?"

"이 밤에 우리는 왜 쓴 나물을 먹습니까?"

"이 밤에 우리는 왜 파슬리나 양상추를 소금물에 두 번 찍어 먹습니까?"

"우리는 왜 유월절 음식을 뒤로 비스듬히 기대어 먹습니까?"

인도자는 이스라엘 백성이 출애굽 할 때 급하게 누룩이 없는 빵을 먹을 수밖에 없었고, 이집트의 고된 노예 생활을 기억하기 위해 쓴 나물을 먹으며, 이집트에서 흘린 눈물을 기억하여 소금물에 파슬리를 찍어 먹고, 이제 자유의 몸이 되었다는 기쁨의 표시로 뒤로 기대어 편히 음식을 먹는다는 것을 일깨워준다. 야채는 새봄의 새로운 생명을 상징하고 소금물은 흘린 눈물을 상징한다.

인도자는 유월절 음식과 무교병을 위해 축복기도를 한다. 먼저 쓴 나물을 달콤한 하로셋 양념장에 찍어 먹는다. 쓴 나물은 과거 노예로서의 고통을, 하로셋 양념은 현재 하나님의 은혜로 행복하게 산다는 것을 의미한다.

만찬 예식에서 네 번의 잔을 마시게 되는데 첫 번째 잔을 성결sanctification 의 잔, 두 번째를 해방deliverance의 잔, 세 번째를 구속redemption의 잔, 그리고 네 번째 잔을 찬양praise의 잔이라 한다.

예수는 "내가 이제부터 하나님의 나라가 임할 때까지 포도나무에서 난 것을 다시 마시지 아니하리라" 하시며 성만찬의식을 행하셨다. 그리고 "너희가 이를 행하여 나를 기념하라" 하셨다. 유월절 만찬이 출애굽 과정에서 하나님이 이스라엘 민족에 행하신 구원 사건을 기념하는 것이라면 예수의 성만찬은 주님의 십자가 사건을 통해 인류를 구원하신 사건을 기념하기 위한 것이다. 하나님은 말씀하신다. "나는 너희의 하나님 여호와인 줄 너희가 알지라(출 6:7)." 하나님은 오늘도 자기 백성들의 삶에 적극적으로 개입하신다. 하나님이 우리에게 하신 일을 기억하고 감사하라.

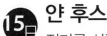

15일 얀 후스
진리를 사랑하고, 진리를 말하고, 진리를 향하라

프라하 중앙광장, 곧 종교개혁광장에 들어서면 얀 후스Jan Hus의 동상이 자리하고 있다. 이 광장의 주인이 후스임을 보여준다. 그가 단지 이 광장의 주인일 뿐이라 생각하면 잘못이다. 체코인의 가슴에 새겨진 순교자요, 진리를 사랑하는 이 땅의 모든 사람의 모범이다.

후스는 체코의 신학자이자 종교개혁자였다. 후대에 그를 추종하는 사람들이 동상을 세웠지만 화형당할 때 그의 얼굴이 그려진 모든 그림이 다 태워졌다. 따라서 동상의 얼굴은 상상의 얼굴이다. 그 동상을 받치고 있는 대에는 그가 남긴 유명한 말이 체코어로 새겨져 있다.

"진리를 사랑하고, 진리를 말하고, 진리를 향하라."

그는 진리를 지키기 위해 순교했다. 이 신념을 지키기 위하여 엄청난 대가를 치른 것이다. 그리고 우리로 하여금 이 진리에 서고, 이 진리를 지키라 외치고 있다. 이 외침은 단순한 외침이 아니다. 피맺힌 외침이다.

후스는 1372년경 남 보헤미안 후시네크 지방에서 가난한 농부의 아들로 태어났다. 그는 사제가 되고자 프라하 대학에서 철학과 신학을 연구했다. 그는 신학수업을 받는 과정에서 많은 변화를 경험했다. 특히 체코 종교개혁의 아버지 얀 밀리치 크로메리즈와 마티아스 본 야노프 영향을 받았다. 그는 열정적인 진리의 탐구자로, 신학자로 거듭났다.

후스에게 결정적으로 영향을 미친 사상가는 옥스퍼드 대학 교수 존 위클리프였다. 위클리프는 성경에 입각해 기존 교회질서에 준열한 비판을 가하고 철저하게 교회개혁을 부르짖었다. 가톨릭교회의 잘못된 점, 고쳐야 할 점들을 지적하는 글들을 많이 썼고, 그리스도의 참된 교회 모습과는 거리가 멀다고 주장했다. 그는 종교개혁의 원조라 할 수 있다.

후스도 성경을 기독교 신앙의 유일한 권위로 인정할 것을 강조하고, 당시 로마 가톨릭교회 지도자들의 부패를 비판하다가 1411년 교황 요한 23세에 의해 교회로부터 파문당했다. 그리고 콘스탄츠 공의회의 결정에 따라 1415년 7월 6일 화형에 처해졌다.

화형대에서 뜨거운 불길이 그를 삼키려 하자 그는 외쳤다.

"나는 지금 거위와 같이 불에 타 죽지만 앞으로 백조와 같은 인물이 내 뒤를 이을 것이다."

후스가 처형되자 체코인들은 일어섰다. 그해 가을 여러 귀족이 콘스탄츠 종교회의의 결정을 거부하고, 후스의 가르침에 따라 체코에서 하나님의 말씀을 끝까지 수호하겠다고 선언했다. 이것은 로마 가톨릭교회에 대한 도전이었다. 체코 대중은 이 같은 조치를 환영했고, 프라하대학 교수들도 이 대열에 합류했다. 이들은 성만찬 때 신약성경에 나오는 예수의 최후의 만찬에 근거해 빵과 포도주를 나누기 시작했다. 전에는 사제들만 포도주를 나눴다. 하지만 후스가 살아 있을 때 그의 지지자들이 후스의 허락을 받아 이를 채택하기 시작했고, 포도주를 담은 성반은 훗날 후스주의 운동의 상징이 되었다. 나아가 후스의 신학사상과 뜻을 이어받은 강력한 개신교 공동체인 보헤미안 공동체가 형성되었다. 그리고 100년 후 루터가 출현하자 사람들은 후스가 말한 백조가 나타났다고 생각했다.

후스의 사상은 한마디로 진리의 추구였다.

"그리스도인들이여, 진리를 찾으라. 진리에 귀를 기울이라. 진리를 배우라. 진리를 사랑하라. 진리를 말하고 죽음을 두려워하지 말고 진리를 사수하라. 진리는 교황의 입에 있는 것이 아니라 성경 속에 있다."

당신은 진정 진리를 사랑하고, 진리를 말하며, 진리를 향하고 있는가.

16日 스페너
말씀과 행동이 함께 가도록 하라

　　　합리주의에 바탕을 둔 계몽사상이 풍미하자 기독교계는 흔들렸다. 그러나 이 와중에도 하나님 말씀을 더 철저하게 연구하고 그 말씀에 합당한 삶을 살려고 노력한 무리들이 있었다. 그들이 바로 독일의 경건주의자들이다.

　　경건주의는 17세기와 18세기에 걸쳐 프로테스탄트 교회, 특히 루터파 교회에서 일어난 종교운동이었다. 당시 루터교회는 종교개혁의 정신과 생명력을 잃은 채 사변적이고 형식적인 기독교로 전락했다. 이때 경건주의는 기독교적 체험과 감정의 우월성을 주장하며 성도들에게 기독교적 삶을 살 것을 요구했고, 금욕의 삶도 요청했다. 물론 개혁주의 교회에서도 코케우스J. Coccejus 나 보에티우스G. Voetius 등 경건주의 인물이 나왔지만 본격적인 경건주의는 루터교 경건주의라 할 수 있다. 그 중심에 스페너P. J. Spener 가 있다.

　　스페너 하면 잊을 수 없는 세 키워드가 있다. 'Collegia Pietatis 경건모임', 'Pia Desideria 경건을 동경함', 그리고 'Collegia Biblica 성경모임'이다. Collegia Pietatis와 Collegia Biblica는 그를 중심으로 한 성경연구 모임들이고, Pia Desideria는 그가 지은 책 이름이다. 모두 독특하게 라틴어 이름을 가지고 있다.

　　'Collegia Pietatis'는 프랑크푸르트의 그의 집에서 성경연구모임을 마련하고 성경공부와 기도, 토론 등을 한 데서 나온 것이다. 1670년에 정기적으로 가진 열심 있는 성도들의 집회라 할 수 있다. 성도 개개인의 신앙성장과 삶에 집중했다. 이 모임의 이름에서 경건주의pietism라는 명칭이 나왔다. 또한 이 소그룹 모임은 성경공부 및 자발적 학생단체의 원형이 되었다. 요한 웨슬리의 신성클럽과 감리교운동의 핵심체인 '클래스' 등에 영향을 주었다.

『Pia Desideria』는 1675년에 쓴 책이다. 원래는 아른트J. Arndt 설교집 서문으로 쓴 글이었는데 교계로부터 큰 관심을 끌게 되었다. 그는 이 책에서 기도, 성경공부, 생활의 순결 등을 강조했다. 나아가 당시 프로테스탄트 교회의 삭막하고 냉랭하며 생명력이 없는 형식적인 종교에 대해 살아있는 신앙을 강조했다. 특히 교회의 부패상을 6가지로 지적하고 믿음과 행위를 강조했다. 다음은 그가 지적한 6가지 개선책이다.

- 소그룹 성경공부와 대화 있는 설교를 한다.
- 만인제사장의식을 강화해 평신도들이 적극적으로 교회생활을 하도록 한다.
- 기독교는 지식이 아닌 실천을 통해 실증되어야 한다.
- 기도와 모범으로 진리를 선포하고, 사랑으로 신앙논쟁에 임한다.
- 신학은 실천과 연결된 학문이어야 한다.
- 설교는 신앙을 길러주어야 한다.

'Collegia Biblica'는 스페너가 라이프치히에 있을 때 프랑케A. H. Francke등 여러 젊은 석학과 함께 가진 성경연구 모임을 말한다. 1690년 신학적 논쟁 결과로 이들은 라이프치히를 떠났다.

이 세 가지 활동을 통해 그의 경건주의는 지속적으로 성경을 함께 상고하고, 함께 기도하며, 순결한 삶을 실제에서 드러나도록 했음을 알 수 있다.

스페너는 할레대학의 창설에 깊이 관여해 선교운동의 초석을 놓았으며, 이 대학은 그의 주장과 교육방침을 충실히 이행했다. 그의 동역자이자 영적 계승자인 프랑케는 7개의 학교를 세워 교육의 평등권을 실현했다. 특히 가난하고 버림받은 어린이들을 위해 이른바 '누더기학교'를 세웠다. 고아와 빈민을 위한 수용소, 성경보급소 등을 세워 개인의 회심 못지않게 전도하고 선교하는 정신을 키웠다. 특히 데니쉬 할레 미션을 통해 해외선교를 시작해 전 세계에 선교사를 파송했다. 스페너와 프랑케에 이어 친첸도르프의 모라비안 선교는 해외선교의 꽃을 피우게 했다. 경건주의는 새로운 종교개혁이라는 평가를 받으면서 영국의 청교도운동, 미국의 대각성운동 등 복음주의 운동의 원천이 되었다. 나아가 청년 및 학생 선교운동의 원형이 되었다.

일반적으로 경건주의는 이론적 지성주의를 배격하고 개인의 체험적 산 신앙을 강조하고, 성경의 기본교리를 강조하며, 제도적인 교회에 속해 있는 것으로 만족하지 않고 회개하고 성령 충만한 자들이 교회 안에 따로 모임을 가진 점이 특색이다. 당시 경건주의자들은 합리주의의 계몽사조와 관념론에 맞서 열매 있는 신앙생활을 강조하고, 사회봉사도 열심이었다.

지금 교회는 말씀과 행동이 따로 가고 있어 사회로부터 지적을 받고 있다. 이제 이 두 가지가 함께 가도록 해야 한다. 그것이 오늘을 사는 우리에게 주어진 중요한 과제다. 이를 위해 경건주의에 주목할 필요가 있다. 경건주의도 여러 갈래여서 교회사에서 비판을 받기도 했다. 하지만 어느 시대든 하나님 말씀에 대한 철저한 이해와 그 말씀의 바른 실행이야말로 가장 중요하고 기본이 되는 것임엔 틀림없다.

밧세바 신드롬
선자는 넘어질까 조심하라

부다페스트 미술관은 화가 세바스티아노 리치 Sebastiano Ricci 가 1720년대에 그린 그림 〈목욕하는 밧세바〉를 소장하고 있다. 이 그림을 보면 중앙에 거의 목욕을 마친 백옥 같은 여인이 있고, 주변엔 여러 하녀가 그녀의 몸치장을 돕고 있다. 그런데 저 건너편 성곽 한쪽에서 한 남자가 그녀를 훔쳐보고 있다. 임금 다윗이다.

구스타프 아돌프 모사 Gustaf A. Mossa 는 1907년에 〈밧세바와 다윗〉이라는 그림을 그렸다. 그림 속의 밧세바는 분홍 옷에 장미를 가슴에 단 창부의 모습이다. 그 옆에는 게슴츠레한 눈빛에 욕정에 불타는 늙은 호색한이 서 있다. 다윗이다.

렘브란트가 그린 '밧세바'는 다윗의 편지를 한 손에 든 채 왕의 명령을 어떻게 받아들여야 하나 걱정하는 모습이다. 죄의식과 사랑의 갈등 속에서 번뇌하는 여인이다.

그 외에 여러 사람이 밧세바와 다윗에 관한 그림을 그렸다. 화가에 따라 표현양식은 다르지만 밧세바는 다윗에게 팜므파탈임엔 틀림없다. 문제는 밧세바가 유부녀라는 사실이다. 그녀는 헷사람 우리야 장군의 아내다. 밧세바는 '서약의 딸'이란 뜻을 가지고 있다. 이름에 서약이라는 말까지 있다면 지킬 것은 지키겠다는 것인데, 운명은 달라졌다. 다윗 때문이다.

딘 러드윅 Dean C. Ludwig 과 클린턴 롱네커 Clinton O. Longenecker 는 1993년 비즈니스 윤리저널 Journal of Business Ethics 에 논문을 실었다. 제목은 『밧세바 신드롬 The Bathsheba Syndrome』이고, '성공한 리더들의 윤리적 실패'라는 부제를

달았다. 성공했다고 생각되는 경영자들에게 왜 자주 윤리적 문제들이 발생하는가에 대한 연구다. 우리나라에서도 이런 연구가 있었다. 김태승은 2011년 가을 『한국정치학회보』에 「노무현 정부의 386정치인들의 도덕적 실패에 대한 연구」라는 논문을 발표했다. 부제는 '밧세바 신드롬과 연관해서'다. 지도자들의 윤리실패, 도덕실패를 지적한 것이다.

그러나 밧세바 신드롬은 다윗과 밧세바의 윤리적 문제와 결부되어 부적절한 남녀관계로 인한 지도자의 추락을 설명하는 데 자주 인용된다. 성공한 사람들은 대체로 성공으로 인한 자기만족, 자만, 일종의 특권 의식 같은 것에 빠지기 쉬운데, 묘하게도 여성들은 성공한 사람들을 선망의 대상으로 삼고 스캔들이 만들어지면서 함께 추락하게 된다는 것이다. 존 에드워즈 상원 의원은 외도로 아이까지 두고 있다는 사실이 드러나 추락했다. 데이비드 퍼트레이어스 CIA 국장도 자신의 전기를 쓴 작가와의 불륜으로 물러났다. 사람들은 말한다. "믿을 수 없다. 존경과 신뢰를 한 몸에 받아온 사람들이 최고의 정점에서 어떻게 그렇게 멍청한 짓을 할 수 있단 말인가?"

늘 하나님 앞에서 바로 서고자 한 다윗이 넘어졌다. 학자들은 자신의 영향력이 커지면서 지나친 자신감에 자기만은 괜찮을 것이라 오판하다 그런 것이라 했다. 이 넘어짐은 남녀관계에 한정되지 않는다. 지위를 이용한 각종 편법행위도 이에 해당된다. 나는 괜찮을까? 대학에서 기독교 윤리를 가르친 어느 교수의 말을 잊을 수 없다. "전 자신 없어요." 솔직한 고백이다. 인간은 모두 유혹에 약하다. 예외는 없다.

매사에 조심하고 또 조심할 일이다. 마틴 루터는 말한다. "당신의 머리 위로 나는 새를 잡아둘 수는 없다. 그러나 새로 하여금 네 머리에 둥지를 틀게 할 수는 있다." 다윗에게만 돌을 던지지 마라. "선줄로 생각하는 자는 넘어질까 조심하라(고전 10:12)." 신앙은 유혹과 시험을 거쳐 성장한다.

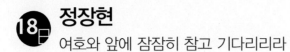

정장현
여호와 앞에 잠잠히 참고 기다리리라

정장현 장로는 매우 열정적이고 봉사가 특기라 할 만큼 교회 일에 앞장서는 분이다. 지금으로부터 15년 전이다. 당시 집사였던 그가 나에게 종이 하나를 내밀었다. 새해를 맞아 자신의 가정에 모토로 삼고자 하는 성경 구절들이 빼곡히 적혀 있었다. 하나님 앞에서 더 신실하게 살고 싶은 마음이 담겨 있었다. 하도 정성스러워 지금까지 가지고 있다가 공개한다.

글은 가정의 영적 체험, 능력체험, 그리고 행동체험을 높이기 위한 것으로 구분되어 있다. 그 첫 번째가 영적 체험을 위한 말씀이다.

- "너희는 너희가 하나님의 성전인 것과 하나님의 성령이 너희 안에 계시는 것을 알지 못하느냐(고전 3:16)."
- "네 재물과 네 소산물의 처음 익은 열매로 여호와를 공경하라 그리하면 네 창고가 가득히 차고 네 포도즙 틀에 새 포도즙이 넘치리라(잠 3:9, 10)."
- "우리가 선을 행하되 낙심하지 말지니 포기하지 아니하면 때가 이르매 거두리라(갈 6:9)."

두 번째는 능력체험을 위한 말씀이다.

- "너의 행사를 여호와께 맡기라 그리하면 네가 경영하는 것이 이루어지리라(잠 16:3)."
- "사람이 마음으로 자기의 길을 계획할지라도 그의 걸음을 인도하시는 이는 여호와시니라(잠 16:9)."
- "내게 능력 주시는 자 안에서 내가 모든 것을 할 수 있느니라(빌 4:13)."

세 번째는 행동체험을 위한 말씀이다.

- "내가 네게 명령한 것이 아니냐 강하고 담대하라 두려워하지 말며 놀라지 말라 네가 어디로 가든지 네 하나님 여호와가 너와 함께 하느니라 하시니라(수 1:9)."
- "내가 가는 길을 그가 아시나니 그가 나를 단련하신 후에는 내가 순금 같이 되어 나오리라(욥 23:10)."
- "너희 염려를 다 주께 맡기라 이는 그가 너희를 돌보심이라(벧전 5:7)."
- "좀 더 자자, 좀 더 졸자, 손을 모으고 좀 더 누워 있자 하면 네 빈궁이 강도 같이 오며 네 곤핍이 군사 같이 이르리라(잠 6:10, 11)."

끝으로, 그는 시편의 말씀을 담았다. 최선을 다하며 잠잠히 참고 기다리는 삶을 살겠다는 다짐이다.

"여호와 앞에 잠잠하고 참고 기다리라 자기 길이 형통하며 악한 꾀를 이루는 자 때문에 불평하지 말지어다 분을 그치고 노를 버리며 불평하지 말라 오히려 악을 만들 뿐이라 진실로 악을 행하는 자들은 끊어질 것이나 여호와를 소망하는 자들은 땅을 차지하리로다 잠시 후에는 악인이 없어지리니 네가 그곳을 자세히 살필지라도 없으리로다(시 37:7~10)."

신앙을 가진 사람이라면 누구나 하나님 앞에서 바로 살고자 한다. 영적으로 달라지고, 주님이 주시는 능력으로 살며, 어떤 어려움이 와도 주님이 함께하신다는 믿음으로 살고자 한다. 이것이 어찌 정 장로뿐이겠는가. 이 결심이 깨지거나 흩어지지 않고 힘 있게 세워지기를 기도한다. 이 말씀을 그와 더불어 읽으며 함께 기도했던 일이 지금도 선하다.

크리스천 직장 십계명
신앙과 직장은 별개가 아니다

신앙과 직장은 별개일까? 직장에서 신앙은 거추장스러울 수 있다. 자기에게 거는 기대가 부담스럽기 때문이다. 늘 거룩하게 생활할 수도 없는데. 하지만 신앙인이 불신자처럼 행동할 수도 없다. 딜레마다.

기업관계 전문잡지를 발간하고 있는 페리 파스카렐라는 크리스천 직장인들이 잘못 알고 지켜온 직장 십계명을 과감히 깨뜨리라 한다. 그리스도인들이 일에 방해가 된다는 이유로 신앙과 감정을 전혀 드러내지 않고 생활하는 것은 잘못이라는 말이다. 그동안 알려져 온 직장 십계명에 무엇이 문제인가 살펴보자.

제1계명, 출근할 때 자신의 신앙을 직장의 정문에 걸어놓고 들어갈지니라. 직장에서 자신의 믿음과 신앙을 이야기하기보다 업무에 관해서만 말하라는 것이다. 하지만 이제 시대가 바뀌었다. 신앙을 통해 자신의 성실성을 드러내라. 직장이 당신으로 하여금 축복의 장소가 되게 하라.

제2계명, 합리적이고 이성적으로 행동할지니라. 직장에서 자신의 감정을 노출시켜서는 안 된다는 말이다. 이제 창의력과 혁신적 사고를 강하게 요구하고 있다. 감성이 빠지면 성과도 없는 시대가 되었다.

제3계명, 감정에 동화되지 말지니라. 그저 기계처럼 일하라는 말인데, 고객에 대한 서비스를 강조하는 시대엔 사랑으로 대하지 않으면 안 된다. 고객을 애인처럼 대하라 하지 않는가.

제4계명, 나는 네 하나님 여호와니라, 나를 네 사업의 변두리에 둘지니라. 근무시간에는 하나님을 찾지 말라는 말이다. 세상에 근무시간에 쉬시는 하나님을 보았는가. 오히려 근무시간에 하나님께 지혜를 구하고, 삶에서 예수님을 드러내라. 감동이 넘치리라.

제5계명, 능력을 갖춘 자와 그렇지 못한 자가 있다는 것을 기억할지니라. 차별적·특권적 인식이다. 이것은 잘못된 생각이다. 하나님은 누구에게나 달란트, 곧 은사를 주셨다. 서로 모르고 있을 뿐이다. 서로의 가능성을 인정하며 그것을 마음껏 펼 수 있도록 해야 한다.

제6계명, 팀워크보다 개인의 책임을 위에 둘지니라. 권한과 책임을 한 개인에게 짐 지운 사고다. 그러나 현대에서 팀워크만큼 중요한 것은 없다. 일에 독불장군은 없다. 함께 가라.

제7계명, 이의를 달지 말고 자기의 일을 받아들일지니라. 사람이 무슨 기계인가. 능력을 벗어난 요구엔 솔직할 필요가 있다. 그렇다고 소극적이 되라는 말은 아니다. 자기가 할 수 있는 범위에서 도전적일 필요가 있다.

제8계명, 다수의 의견을 따를지니라. 다수가 언제나 옳은 것은 아니다. 변화가 빠르고 많은 것을 요구하는 시대에 능동적으로 대처하려면 건전한 반대도 수용되어야 한다.

제9계명, 좋은 직장인으로 보이기 위해 최선을 다할지니라. 최선을 다하는 것은 좋지만 그저 좋게 보이기 위한 것은 문제가 있다. 좋은 사람으로 보이지 않을지라도 상대가 잘못한 것을 고치도록 요구하는 모험도 해야 한다.

제10계명, 완전한 해결책을 추구할지니라. 최선을 추구하지 않는 조직은 없다. 하지만 환경이 그것을 허용하지 않고, 조직의 능력도 없는데 최선만 구하는 것은 나무에서 물고기를 구하는 것과 같다. 만족할 만한 수준의 해결책도 감사하며 차선을 추구할 수 있어야 한다.

직장 십계명 중 일부는 한국사회에서 거론되지만 일부는 생소할 수 있다. 하지만 조직과 관련해서 생각할 만한 계명들이다. 직장이라 해서 신앙생활이 중단되어서는 안 된다. 오히려 신앙으로 다져진 성실성과 감성이 효과적으로 드러나야 할 곳이다. 더 적극적으로 사람들을 포용하며 창의성과 혁신을 이뤄가야 한다. 신앙과 직장은 별개가 아니다.

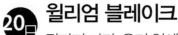

윌리엄 블레이크

20日 잠자지 마라. 우리 안에 예루살렘이 건설될 때까지

휴 허드슨이 감독한 1981년 영화 〈불의 전차Chariots Of Fire〉는 1924년 파리올림픽을 배경으로 한 영국 육상선수들의 이야기이다. 모르고 보면 지루하기 그지없지만 배경을 알고 보면 눈물겹다. 오죽하면 그해 아카데미시상식에서 작품, 각본, 음악, 의상의 4개 부문에서 오스카상을 수상했겠는가.

영화엔 두 주인공이 소개된다. 한 사람은 유대인 고리대금업자의 아들로 명문 케임브리지 대학생인 해롤드 아브라함Harold Abraham이고, 다른 한 사람은 스코틀랜드 선교사 에릭 리델Eric Liddell이다. 아브라함은 유대인이기에 당해야 했던 천대와 멸시를 이겨내기 위해 승부에 집착했다. 무사비니라는 육상계의 신화적 인물을 개인 코치로 초빙하면서까지 투지를 불태웠다. 기량이 뛰어난 리델도 피나는 노력을 했다. 선수는 그냥 되는 것이 아니다.

리델의 주종목인 100m 경기가 일요일에 열리게 되었다. 그는 주일이라 안식일을 범할 수 없다며 주종목 경기를 포기했다. 얼마나 벼른 경기인데. 그러나 신앙을 버릴 순 없었다. 선교사답다. 동료 선수의 양해를 얻은 그는 다음 날 열리는 400m 경기에 출전했다. 리델은 400m 경기에서, 아브라함은 100m에서 각각 금메달을 획득했다. 집념의 두 사람은 영웅으로 기록되었다. 그리고 반유대주의와 영국식 고전주의에 대한 상징으로 부각되었다.

아브라함은 법률가, 언론인, 영국 체육회 원로로 활동하다 1978년에 사망했다. 그리고 리델은 중국선교사로 나갔다 제2차 세계대전 말 중일전쟁 때 일본군 포로가 되어 수용소에서 영양실조로 죽었다. 죽어가면서 그는 말했다. "하나님, 끝까지 순종할 수 있어 감사합니다." 스코틀랜드 전체가 그의 죽음을 애도했다.

영화의 주제곡도 아주 인상적이다. 원제 '불의 전차'는 윌리엄 블레이크 William Blake의 시 「예루살렘 Jerusalem」에서 따온 것이다. 다음은 시 전문이다.

그리고 발들
고대 이래로 그 발들이
영국의 푸르른 산 위를 걸었단 말인가?
그리고 신성한 그 양이
영국의 즐거운 목초 위에 보였는가?

그리고 신성한 용모가
구름 낀 언덕 위로 비추어졌는가?
어두운 악마의 맷돌들 가운데
예루살렘이 여기에 세워졌던가?

이글거리는 불의 활을,
욕망의 화살을 내게 가져다주오,
나의 창(槍)을 가져다주오, 오 구름이여 펼쳐져라!
내게 불의 전차를 가져다주오!
나는 정신적 분투를 멈추지 않으리라,
나의 칼은 내 손에서 잠자지 않으리라,
우리가 예루살렘을 건설할 그날까지
영국의 푸르고 기쁜 땅 안에서

불의 전차를 나에게 다오. 결코 마음의 투쟁으로부터 물러서지 않을 것이며, 나의 검을 헛되이 잠재우지 않을 것이다. 오늘도 영국인들은 이 시를 읽고 곡을 따라 부르며 마음을 새롭게 가다듬는다. 당신도 잠자지 마라. 우리 안에 예루살렘이 건설될 때까지.

21 십자가와 사명
자기 십자가를 지고 나를 따르라

"이에 예수께서 제자들에게 이르시되 누구든지 나를 따라오려거든 자기를 부인하고 자기 십자가를 지고 나를 따를 것이니라(마 16:24)." 마태복음을 보면 이 말씀은 제자들을 대상으로 한 것이다. 하지만 누가복음 9장을 보면 무리들에게 한 것으로 기록되어 있다. 그리스도를 따르고자 한다면 자기 십자가를 져야 한다는 것이다.

기독교는 십자가의 종교다. 그래서 강단에서 목회자들은 십자가에 대해 많은 말을 한다. 그러나 정작 십자가를 지려는 사람은 별로 없다. 이것이 오늘날 교회뿐 아니라 기독교인 모두의 문제다. 당신은 지금 십자가를 지고 가는가? 그 질문에 말문이 막힐 수밖에 없다.

인사동에 있는 어느 식당에서 학회 임원 모임을 가졌다. 이 방에 여러 그림이 있었는데 그중에 나의 관심을 끈 사진이 있었다. 옛날 명동이었다. 멀리 명동성당이 우뚝 서 있었다. 마침 프랑스에서 공부한 정수복 박사가 명동성당에 관한 일화를 일러주었다.

프랑스 신부들이 명동성당을 지을 때 십자가가 왕궁을 향하도록 했다는 것이다. 그런데 고종이 십자가에 신경이 쓰였다고 한다. 아버지 대원군 때 그 많은 그리스도인을 순교의 자리로 몰고 갔으니 마음이 편할 리 없다. 아관파천을 할 때도 이 점이 고려되었다. 한편 가톨릭은 순교지들을 사들이고 그곳에 교회를 세웠다. 그리고 그리스도의 피 묻은 십자가를 세웠다. 십자가의 사랑과 용서 외에는 다른 길이 없음을 보여주고 싶었으리라.

루터의 신학을 가리켜 '십자가 신학'이라 한다. 그에 따르면 예수는 십자가에 못 박힌 날 가장 기괴하고 추악한 존재가 되었다. 전혀 죄를 모르는 분이 우리 때문에 고난을 당하였기 때문이다. 하나님이 고통당하셨다는 것은 매우 중요하다. 유대 학자 필로는 하나님은 고통당하시지 않는다고 주장한 바 있다. 그러나 하나님은 고통당하는 백성과 함께 계셨다. 그리고 십자가를 지셨다. 사랑의 아버지이시다. 엘리 니제르는 나치수용소에서 살아남은 유대인이다. 그는 "하나님은 교수대에 매달린 저 젊은이와 함께 계신다" 하였다. 지금도 우리의 고통과 함께하신다는 말이다.

하나님은 자기 아들 예수를 재물로 택하셨다. 그리고 십자가의 죽음이 아니면 우리의 죄를 속할 수 없다고 하신다. 그것은 우리의 죄가 그토록 크고, 고통스러운 것이기 때문이다. 하나님의 눈에 우리는 그만큼 지독한 존재이다. 예수의 죽음을 가볍게 여기지 마라. 십자가에 죽으신 주님을 기억하고 사랑해야 한다.

멜 깁슨이 〈패션 오브 크라이스트The Passion of Christ〉를 내놓게 된 동기는 젊었을 때 자기를 변화시킨 사건 때문이었다. 그것은 주님이 나를 위해 죽으셨다는 새로운 깨달음이었다. 그는 주의 죽으심을 선포하고 싶은 욕망을 늘 간직하고 있었다. 예수 수난의 마지막을 영화화하리라는 생각을 가지고 사복음을 바탕으로 시나리오를 만들었다. 하지만 투자자를 찾기는 어려웠다. 할리우드를 장악하고 있는 유대인들이 투자하리라는 기대는 아예 하지도 않았다. 그는 자기 집을 팔아 영화를 제작하였다. 영화를 만들었어도 메이저 영화관에도 올리지 못하고, 소규모 극장에서 상영하기 시작했다. 사람들은 그 영화로 인해 망하게 될 것이라 생각했다. 하지만 생각과는 달리 사람들이 모이자 메이저 영화관에서 그 영화에 관심을 갖기 시작했고, 손해가 아니라 흑자를 기록하였다.

예수의 십자가와 우리의 십자가는 다르다. 예수도 제자들에게 "내가 마실 잔을 너희들이 마실 수 없다" 했다. 그만큼 사명이 다르다. 그러나 주님은 우리를 향해 자기 십자가를 지라 하셨다. 주님이 지신 십자가와는 다른 사명의 십자가가 우리 각자에게 주어져 있고, 그 사명을 삶에서 이뤄내라는 말씀이다. 초기 기독교인들은 그 사명을 다하기 위해 생명을 걸었다. 예수를 믿는다는 이유로 순교를 당해야 했고, 전도하다 온갖 핍박을 당했다. 예수는 이미 그런 핍박이 있을 것을 알았다. "나로 말미암아 너희를 욕하고 박해하고 거짓으로 너희를 거슬러 모든 악한 말을 할 때에는 너희에게 복이 있나니(마 5:11)." 이 말씀은 현대를 살아가는 우리에게도 그대로 적용된다.

"그가 찔림은 우리의 허물 때문이요 그가 상함은 우리의 죄악 때문이라 그가 징계를 받으므로 우리는 평화를 누리고 그가 채찍에 맞으므로 우리는 나음을 받았도다(사 53:5)." 이 말씀 앞에 우리는 숙연하지 않을 수 없다. 아니 우리 각자에게 맡겨진 사명을 다시 한 번 확인하고 실행하지 않을 수 없다.

명동성당 사진을 자세히 보니 정면 사진이 아니라 측면 사진이다. 십자가는 궁을 향해 있어선지 건물 옆쪽 사진으론 전혀 십자가 모습이 보이지 않았다. 그러나 십자가는 그곳에만 있지 않다. 우리 마음속에도 십자가가 있다. 그 십자가를 바라보자. 그리고 그 다함없는 사랑을 오늘도 가슴에 새기며 나아가자.

22 사무엘 무어
종이나 자유인이나 그리스도 안에서 하나다

"너희는 유대인이나 헬라인이나 종이나 자유인이나 남자나 여자나 다 그리스도 예수 안에서 하나이니라(갈 3:28)." 이 말씀 중에 '그리스도 안에서'라는 키워드가 있다. 이를 실천한 선교사가 있다. 사무엘 무어Samuel F. Moore, 牟三悅다.

이기원은 구한말 백정의 아들로 조선 최초의 의사가 된 박서양朴瑞陽을 모델로 한 소설 『제중원』을 내놓았다. 이것은 2007년 MBC 의학 드라마 〈하얀거탑〉에서도 일부 소개되었다. 소설이나 드라마는 구성상 실제와 거리가 있을 수 있지만 역사는 사실이다.

박서양의 아버지는 박성춘朴成春이다. 서울 관자골관훈동에서 태어났고 대대로 백정으로 살아왔다. 당시 백정은 포졸, 광대, 고리장, 무당, 기생, 갓바치와 함께 칠천반七賤班으로 인간취급을 받지 못했다. 인구조사에서 제외되었고, 거주지도 제한되었다. 망건과 갓도 쓰지 못하게 해 어른도 아이 취급을 받았다.

박성춘은 아들만은 천직을 면해주고 싶어 사무엘 무어 선교사가 곤당골교회 안에 세운 곤당골예수교학당에 보내 공부하도록 했다. 두 딸도 엘러스가 시작한 여학교에 보냈다.

1894년 동학농민운동과 함께 청일전쟁이 일어났고, 장티푸스와 콜레라가 창궐했다. 박성춘도 병에 걸렸다. 무어 선교사는 제중원의 의사이자 선교사인 에비슨O. R. Avison, 魚丕信에게 치료를 부탁했고, 에비슨은 백정마을을 오가며 정성을 다했다. 고종 황제의 주치의로서 인간취급을 받지 못하는 자신을 신분차별 없이 치료해주었다는 사실에 너무 감격한 나머지 그는 식구들을 데리고 곤당골교회에 등록했다.

하지만 그는 곧 교인들로부터 배척의 대상이 되었다. 이유는 간단했다. 백정과 함께 예배드릴 수 없다는 것이다. 당시 교인은 20여 명으로 주로 양반들이었다. 그들은 선교사를 압박하며 박성춘을 교회에 나오지 못하게 했다. 하지만 무어 선교사는 하나님 앞에서는 모두가 평등하다며 거절했다. 결국 양반들이 나가 홍문동에 홍문섯골교회를 세웠다. 곤당골교회는 상민만 남게 되었다. 박성춘은 천민을 가리지 않고 애쓰는 무어 목사에 감동되어 전도하기 시작했고, 교인도 늘어갔다. 홍문섯골교회는 약해져 분리한 지 3년 뒤인 1898년 다시 합하게 되었고, 교회이름을 승동교회라 했다. 그러나 승동교회사에 따르면 설명이 다르다. 곤당골교회가 화재가 나서 교회가 합하게 되었다는 것이다. 1909년에 안국동에 안동교회가 개척되었는데 이것이 양반 중심의 교회로 평가되고 있다. 1911년 박성춘은 승동교회 제2대 장로가 되었다.

무어는 1895년 한학자 최 씨의 도움을 얻어 박성춘으로 하여금 당시 내각총서 유길준에게 백정 차별을 금지하는 탄원서를 제출하도록 했고, 정부는 청원을 받아들여 백정도 갓과 망건을 쓰고 다닐 수 있게 했다. 조선조 500년간 백정으로서 한 번도 쓸 수 없었던 망건과 갓을 제일 먼저 쓰게 된 그는 너무 기뻐 잠잘 때도 갓을 벗지 않았다 한다. 나아가 인구조사에서 백정도 일반인과 똑같이 계수되도록 하는 청원을 올려 허락을 받았다. 백정을 사람답게 살게 하는 데 무어의 역할이 컸다. 이것은 차별받는 교인들의 아픔을 알았기 때문이다.

박성춘은 에비슨과의 친교를 바탕으로 후에 은행 쪽으로 진출했다. 그는 독립협회 사회운동에 참여하여 종로 군중집회에서 연사로 강연을 하는 등 개화기에 두각을 드러냈다. 특히 1898년 10월에 있은 만민공동회개막연설을 했다. 만민공동회는 같은 해 3월부터 지속된 서울의 시민, 소상인, 일부 지식인층이 주도한 제국주의 침략 반대운동이었다. 이 집회에서 외국에 의존하지 말고 전제왕권을 공고히 할 것 등 헌의6조_{獻議六條}를 결의하고 정부에 강력히 요구했다. 몰지각한 백정이 아니라 사회 지도층 인사가 된 것이다.

아들 이야기로 돌아가자. 박서양은 원래 이름은 박봉출이다. 박성춘은 에비슨의 치료에 감명을 받고 자기 아들을 데려가 일을 돕도록 했다. 속으론 데려가 교육을 시켜주기 바랐을 것이다. 에비슨은 박서양에게 이런저런 일을 시키다가 그에게 공부할 자질이 있다 판단하고 1900년 정식으로 제중원 의학생으로 받아들였고, 1908년 세브란스 1기로 졸업한 뒤 조선 최초의 서양의사가 되었다. 그는 오성학교 · 중앙학교 · 휘문학교 등에서 화학을 가르쳤고, 세브란스 간호원양성소의 교수로도 활동했다. 1918년 만주 용정으로 가 구세의원을 세웠고, 교회도 세웠다. 민족교육기관인 숭신학교를 열어 학생들을 가르쳤다. 그리고 대한국민회 산하 군사령부의 군의로 활동했다. 독립군들의 의료를 도맡은 것이다. 정부는 사회적으로나 국가적으로나 모범이 되는 그를 기려 2008년 건국포장을 추서했다.

그들의 이야기를 듣다 보면 박성춘 한 사람의 변화 뒤엔 무어나 에비슨의 차별 없는 선교사역이 있었고, 그 뒤엔 잘못된 전통과 관습을 끊고자 하신 하나님의 끈질긴 역사를 볼 수 있다. 이 인생드라마, 사회변혁의 제작자는 하나님이시다. 지금도 이 드라마는 계속되고 있다. 당신이 그 가운데 하나일 수 있다. 감동은 감동을 낳는다.

이판사판

중요한 논의 자리가 이판사판이 되지 않도록 하라

불가에서 사용하는 말들이 많지만 몇 마디는 속세에도 퍼져 불가의 속살을 보게 한다. 그중에 몇 가지를 생각해본다.

맨 먼저 살부살조殺父殺祖라는 단어다. 원래는 살불살조殺佛殺祖라 한다. 부처라도 수행을 방해하면 죽이고, 조사 곧 앞서 깨달은 선생선사이라도 방해하면 그 또한 죽이라는 뜻이다. 이것은 불가에서 깨달음을 얻기 위해 얼마나 매섭게 정진하는가를 보여준다. 온전한 깨달음을 위해 부처님이든 조사든 그 어떤 것에도 얽매이지 말고 살부살조의 자세로 올곧게 답을 구하라는 것이다. 부처가 따로 있는 것이 아니니, 당신 자신이 부처임을 자각하고 정진하라는 뜻도 담겨 있다. 이것을 통해 작으나마 수행 자세의 진면목을 읽을 수 있다.

또 하나는 원친평등怨親平等이다. 이것은 "원수와 부모를 동등하게 대하라"는 말이다. 부모만 사랑할 것이 아니라 원수까지도 포용하고 사랑해야 한다는 것이다. 적과 아군으로 싸웠다 할지라도 전쟁이 끝나면 함께 친하게 지낼 수 있어야 한다는 것이다. 이런 경지에 달할 수 있도록 수행하라는 말이리라.

살부살조의 정신에다 원친평등의 정신을 구현한다면 평화가 임할 것이다. 그런데 이판사판理判事判이라는 단어를 보면 불가의 속사정도 그리 녹록지 않은 것 같다.

우리가 흔히 사용하는 이판사판이란 단어는 불가에서 나왔다. 이판사판공사판理判事判供辭判을 줄인 말이다. 승가에서는 어떤 의논을 하거나 중요한 결정을 할 때 여러 사람의 논의를 거친다. 이를 대중공사大衆公事라고 하는데 이를 줄여 공사라 한다.

조선시대 불교가 억압을 당하면서 스님들이 깊은 산중으로 들어가게 되었다. 그러다 보니 스님들이 자연스럽게 두 부류로 나뉘게 되었다. 하나는 깊은 산속에서 은거하며 참선을 하고 불경의 이치를 탐구하는 고고한 스님들이고, 다른 하나는 절 살림을 위해 땅을 일구고 마을에서 시주를 얻어 부족한 부분을 채우는 고된 스님들이다. 전자를 이판승理判僧이라 하고, 후자를 사판승事判僧이라 했다. 이판사판공사판은 이판승들과 사판승들이 한 방에 모여 서로 마주 보고 공개회의를 하는 모습을 말한다. 당시 이판승, 사판승 모두 절에서 중요한 집단이었으므로 상부상조하여 어려움을 이겨냈을 것이다.

그런데 우리는 막다른 궁지 또는 끝장을 의미하는 말로 이판사판이라는 단어를 사용한다. 뾰족한 대안이 없다는 말이다. 이 단어가 왜 부정적인 의미를 담고 있을까? 가설이기는 하지만 그것은 불교의 역사와 괘를 같이한다. 노역을 하는 사판승보다는 글을 읽는 이판승이 더 존경을 받았다. 세월이 흐르면서 사판승의 불만이 커졌다. 염불보다 잿밥에 관심이 큰 스님도 있었을 것이다. 이판승과 사판승 사이에 분열과 반목이 생기고, 분쟁이 이어졌다. 불만과 대립은 회의에서도 그대로 노출되어 결론이 잘 나지 않았다. 사람들은 이들의 모습을 보면서 무의식적으로 이판사판이라는 말을 사용하게 되었다는 것이다. 이판사판은 사실 종교에 대한 부정적 이미지를 담고 있다. 이것이 어디 불교만의 일이겠는가.

끝으로 생각해볼 단어는 야단법석野壇法席이다. 야단이란 야외에 세운 단을 말하고, 법석은 설법을 하는 자리이다. 법석은 엄숙한 자리인데 왜 사람들은 떠들썩하고 소란스러운 모습을 보며 야단법석을 떤다 할까?

그것은 광릉에 있는 사찰 봉선사와 연관이 있다. 이곳은 한명회, 구지관 등 굵직한 인물들이 맡아 건설한 사찰로 선왕의 능침을 수호하는 원찰이었다. 조선은 기본적으로 불교를 억압했지만 불교를 선대한 왕들도 있었다. 왕의 호의가 담긴 사찰이다 보니 사람들이 몰려들 수밖에 없었다. 법석은 법회석중法會席中을 줄인 말이다. 설법을 듣는 법회에 회중이 둘러앉아 불경을 읽는 법연이다. 이 자리는 매우 엄숙하다. 그런데 문제는 봉선사에 신자가 많아 법당에서 이들 모두를 수용할 수 없다는 데 있었다. 법당 밖에서 법회를 열자 주위가 산만해졌고, 여기서 야단법석이 나왔다는 말이다. 이 단어는 대형사찰의 문제점을 그대로 드러내고 있다. 그런데 우린 이 말을 사찰과는 관계없이 부정적으로 사용하고 있다. 음식을 장만하느라 야단법석을 떨고, 능장을 부리다 지금 와서 야단법석을 떤다.

살부살조나 원친평등이 불가의 태도나 사상을 표출한다면 이판사판이나 야단법석은 불가의 습속과 연관된 단어들이다. 지금은 불자가 아니어도 불가의 말을 종종 사용한다. 하지만 잊지 말아야 할 것이 있다. 종교를 가진 사람들이라면 본질을 잊어서도, 변질되어서도 안 된다는 것이다. 종교가 변질되면 사람들은 그것을 빗대어 종교를 희화할 것이다. 중요한 논의 자리가 이판사판이 되지 않도록 하라. 엄숙한 설법자리가 야단법석이 되지 않게 하라.

프란치스코

삶은 말씀을 실천할 때 빛이 난다

아르헨티나의 호르헤 마리오 베르골리오Jorge Mario Bergoglio 추기경이 제266대 교황이 되었다. 그는 자신의 교황 명을 '프란체스코 1세'라 했다. 세속의 모든 가치를 버리고 가난한 자와 함께 하며 청빈하게 살다간 성 프란체스코San Francesco를 닮고자 한 것이다. 그가 추기경으로 있으면서도 검소하고 소박하며 '가난한 이들의 아버지'로 불렸다는 점에서 많은 사람들이 그의 행보에 기대를 걸고 있다. 이것은 이미 세속화된 교회의 진정한 회복을 바라는 뜻도 담겨 있다.

성 프란체스코의 이름은 '아시시의 프란체스코Francesco d'Assisi'다. 그는 1182년 이탈리아 중부 아펜니노 산맥 동쪽 기슭에 자리한 움브리아Umbria의 작은 도시 아시시에서 피에트로 베르나르도네Pietro Bernadone의 아들로 태어났다. 아버지는 부유한 포목 상인이었다. 아버지가 출타한 틈을 이용해 어머니가 조반니, 곧 요한이란 이름으로 세례를 받게 했지만 프랑스를 좋아한 그의 아버지는 아들의 이름을 프란체스코로 바꾸었다.

부잣집 아들인 그는 세속적으로 살았다. 돈 잘 쓰고 친구와 잘 어울리는 한량이었다. 무모할 정도로 돈과 시간을 낭비하며 지내다 기사가 될 꿈을 안고 십자군 전쟁에 참가했다. 하지만 포로가 되었고, 석방된 뒤 고향에 돌아왔다.

그런 그가 어떻게 달라졌을까? 이에 대해 여러 얘기가 있다. 포로가 되었을 때 복음서 한 권을 읽으며 끔찍한 전쟁으로 인해 상처 난 자신의 영혼이 구원되는 기쁨을 얻었다는 것이다. 스폴레토Spoleto에서 환상을 보았다는 얘기도 있다. 방 안에 수많은 갑옷과 무기가 있었고 "주인을 섬기겠느냐? 종을 섬기겠느냐?"는 물음에 "주인을 섬기겠다"고 응답했다는 것이다. 아시시에 돌아온 그는 어느 날 나환자를 만나 돈을 주고 평안을 비는 키스를 했다. 걸인을 보면 도와주었다. 그만큼 달라진 것이다.

무엇보다 그의 삶에서 잊을 수 없는 것은 아시시 근처에 있는 성 다미아노San Damiano 성당 사건이다. 성당은 아주 낡고 반쯤 버려진 상태에 있었다. 그 성당의 담당신부는 너무 가난해 십자가 앞에 불을 밝힐 기름도 살 수 없었다. 그 성당에 있는 예수 성상이 "내 집이 무너지고 있으니 고쳐달라"는 환상을 보았다는 얘기도 있다. 그는 성당 수리를 위해 자기가 번 돈뿐 아니라 아버지 가게의 비싼 포목과 말까지 팔았다. 성당 신부는 교회 봉사는 허락했지만 그 돈은 정중히 사절했다.

이 사실을 알게 된 아버지는 그를 크게 나무랐고, 그에게 상속권을 주지 않겠노라 했다. 그는 사람들 앞에서 옷을 벗고, 옷과 돈과 가진 모든 것을 아버지에게 돌려주며 말했다. "지금부터 나의 아버지는 하늘에 계신 아버지이십니다." 육신적 아버지에게는 더 이상 의지하지 않겠다는 말이다. 그 후 그는 "나는 가난이라는 부인과 결혼했다"며 평생 가난한 자와 병든 자들을 위해 헌신하는 삶을 살았다.

그는 누더기 옷에 맨발로 설교를 하고 다녔다. 사제가 아닌 사람이 설교를 하는 것은 교회법에 걸리기 때문에 그는 자기를 따르는 사람들과 함께 교황을 찾아가 수도회를 만들게 해달라고 간청했다. 교황도 고민했다. 그전에 왈도Waldo가 설교할 수 있게 해달라고 한 것을 거부한 적이 있었는데, 그가 밖에 나가 교황을 적그리스도라 외치고 다녀 골치 아픈 적이 있었기 때문이다. 교황 인노켄티우스 3세Innocentius Ⅲ는 그와 그의 동료들을 인정했다. 이것이 '작은 형제회', 곧 프란체스코회가 되었다. 이것은 프란체스코가 자기를 따르는 이들을 '작은 형제들'이라 부른 데 기인한다.

예수를 따르는 진정한 형제라는 뜻이다.

그는 성녀 클라라Clara와 함께 '가난한 부인회'를 설립하기도 했고, 모슬렘에게 복음을 전하기 위해 이집트로 갔다가 포로가 되기도 했다. 술탄에게 전도할 만큼 선교에 열심이었다. 입만이 아니라 자신들의 삶의 모습을 보여주는 것도 전도라 했다.

그에 대한 일화도 있다. 그는 새들에게도 설교했다고 한다. 그가 설교하는 동안 새들도 그를 쳐다보면서 부리를 벌리고 목을 쭉 펴고 날갯짓을 하는 등 기쁘고 놀라운 모습을 보였다는 것이다. 그가 다음과 같이 동물들을 위한 기도문을 쓸 정도였으니 동물을 사랑했음은 틀림없다.

"우리의 잘못으로 우리는 당신의 모든 피조물과 가졌던 이전의 아름다운 관계를 잃어버렸나이다. 우리를 도우사 그것을 보게 하시고, 당신과 우리의 관계를 회복시키심으로, 우리가 또한 우리와 당신의 모든 피조물 사이의 관계를 회복하게 하옵소서. 당신의 피조물을 존중하며 그들을 치유하고 당신이 주신 선물로서 모든 피조물을 보는 은총을 우리에게 주옵소서. 우리는 우리의 태만한 행동으로 인해 고통받고 있는 모든 동물을 위해 기도하나이다."

나아가 성적인 욕망을 느낄 때마다 음욕을 없애달라고 기도하면서 장미 가시덤불 위에서 맨몸을 굴렸는데 그가 죽은 다음 피어난 장미들에는 가시가 없다고 한다.

1226년 죽음을 예견한 그는 수바시오 언덕에 묻어달라고 했다. 당시 아시시 사람들은 수바시오Subassio를 지옥의 언덕Colle d'inferno이라고 불렀다. 그가 그곳을 택한 이유는 골고다 언덕에서 숨을 거둔 그리스도를 본받기 위함이었다.

1228년 교황 그레고리우스 9세Gregorius IX는 그에게 성인 칭호를 부여했다. 사람들은 그를 제2의 그리스도라 했다. 우리는 오늘도 그의 기도 시, 「평화의 기도」를 애송한다.

"주여 나를 평화의 도구로 써주소서. 미움이 있는 곳에 사랑을, 다툼이 있는 곳에 용서를, 분열이 있는 곳에 일치를, 의혹이 있는 곳에 믿음을 심게 하소서. 거짓이 있는 곳에 진리를, 절망이 있는 곳에 희망을, 어둠이 있는 곳에 광명을, 슬픔이 있는 곳에 기쁨을 심게 하소서. 위로받기보다는 위로하며, 이해받기보다는 이해하며, 사랑받기보다는 사랑하며, 자기를 온전히 줌으로써 영생을 얻기 때문이니 주여, 나를 평화의 도구로 써주소서."

이 기도문을 애송만 하면 안 된다. 그것이 삶에서 실현되어야 한다. 프란체스코가 칭찬받는 이유도 실천 때문이다. 말씀은 실천할 때 빛이 난다. 실천이 없으면 언제나 기도문으로 남아 있을 뿐이다.

25F 우정
이 겨울엔 난로를 피우지 마라

나의 장인 장기동 님은 1943년 2월 25세의 나이에 부산 형무소에 구속되었다. 죄명은 기독교인으로서 신사참배를 거부했고, 동방요배를 거부했으며, 항일반전 사상을 고취했고, 조선독립 운동을 선전했으며, 영미문화 사상에 동조했다는 이유였다. 375일간 옥고를 겪었다. 갇힌 뒤 단 한 번도 일광, 통풍, 청소, 목욕, 이발, 진찰, 투약 등 위생조치를 받은 적이 없었다. 몸에 피부병이 생기고, 몸이 부으며 죽음 직전까지 가기도 했다.

1년이 넘는 구속기간 그와 아픔을 함께한 일본인 친구가 있었다. 바로 스스미다. 그의 아버지는 친구 아들이 옥에 갇혀 있다는 말을 듣자 "그가 석방될 때까지 우리 식구 모두는 그와 함께한다"며 겨울에도 난로를 피우지 않았다. 해방 후 스스미는 여러 차례 일본인들을 이끌고 제암리 교회 등을 방문하며 일제가 저지른 일에 대해 사죄하는 일을 했다. 그리고 매달 ≪진리≫라는 소식지를 만들어 기독교인으로서 어떻게 살아야 하는가를 나누기도 했다. 이런 그를 보며 나는 일본인이라고 다 나쁜 것은 아니라는 생각이 들었다.

장인은 와세다대학에서 영문학을 전공했다. 일본이 그를 취조하면서 왜 적성국가의 언어를 전공했느냐며 따졌다. 어이가 없는 일이다. 대학을 졸업한 후 그는 북해도 북해상업고등학교 영어선생으로 부임했다. 기독교 불모지인 그곳에 복음을 전하겠다는 일념이었다. 부임인사를 하는 자리에서 그는 말했다.

"나는 이 학교에 영어교사로 부임했으니 여러분에게 영어를 가르치겠습니다. 그러나 영어 이외에 하나님이 나를 이곳으로 보낸 것은 복음을 전하라 하심인 줄 알고 앞으로 나는 여러분에게 복음을 전하겠으니 그리 알고 잘 부탁합니다."

그 뒤 그는 성경강해와 기도회, 새벽기도회, 성경 읽은 후 독후감 쓰기 등을 통해 복음의 뿌리를 내리려 노력했다. 그러나 역효과가 나 일본국에 맞지 않는 기독교를 전하는 국적이라는 비난을 받았고, 전시에 적성국가인 영미의 사상과 문화를 고취·선전하는 영문학 강의는 이적행위라는 비난을 받았다. 이것이 그가 옥고로 연결된 수난의 시발점이 되었다.

그는 원래 유교 집안에서 태어났다. 대구고보에 들어간 후 일본인 교사들의 차별적 언동에 적개심을 갖게 되었고, 독립을 갈망하는 마음이 커졌다. 3·1운동 때 항일 선봉에 선 분들 가운데 기독교인이 많다는 것을 알고부터 기독교에 대한 관심이 많았다.

와세다대학에 들어간 뒤 일본 조합교회 목사 야마모다에게서 세례를 받았다. 대학에 있는 YMCA 기숙사 신애학사에 들어가 5년 동안 신앙훈련을 받았다. 사생들은 아침마다 새벽기도회에 참석해야 했고, 사생들은 윤번으로 돌아가며 성경을 강해해야 했다. 그는 강해를 잘하기 위해 여러 주석 책들을 구입해 읽기 시작했다. 처음엔 필요해서 읽었지만 점차 재미있어서 읽고, 기뻐서 읽고, 고침을 받고자 읽고, 뉘우치면서 읽고, 울면서 읽고, 한숨지으면서 읽었다. 점차 성경을 구구절절 감격과 눈물로 읽었다.

옥고를 마친 다음 결혼을 했고, 모친 박노동 집사를 도와 고향에서 양포교회를 설립했다. 경북대학교 사범대학 영어과 교수를 시작으로, 계명대학교 학감, 영남대학교 영문과 교수를 지냈다. 32세 때 대봉교회에서 장로가 되었고, 그 후 대봉제일교회를 세우며 장로로 봉직했다. 그는 42

년간 주일학교를 섬겼고, 퇴임 후 한동안 총신대학교에서도 강의했다.

장인이 소천한 지 6년이 되었다. 이따금 과거의 일을 소회하시던 일이 생각난다. 오늘 아침 그분이 쓰신 글을 새롭게 읽는다. 자신을 가두고 고통을 주었던 일본, 그러나 자신에게 신앙을 심어주고 어려울 때마다 함께했던 일본인 신앙의 동지들. 그 두 모습이 그를 만감에 빠뜨렸을 것이다. 하지만 지금은 그 모두를 안고 하늘나라로 가셨다. 오늘 그분의 신앙을 다시 한 번 생각해본다. 지금 뭐라 하실지 궁금하다. 아니 장인과 스스미 상이 만나 뭐라 하실지 궁금하다. 왠지 이렇게 말씀하실 것만 같다. "그해 겨울 몹시 추웠지. 그러나 당신이 있어 따뜻했어."

기회는 생각을
바꾸는 사람에게 온다

제5부

톰 피터스
파괴가 경영이다

톰 피터스는 '포스트모던 기업의 아버지'라 불린다. 그만큼 앞선 사고를 한다는 말이다. ≪포천Fortune≫지가 '우리는 톰 피터스의 세계에 살고 있다'고 말할 정도다. 그런 그가 현대 경영자에게 한 말이 있다. '파괴하라'는 것이다. 이른바 '파괴경영'이다. 창조는 파괴에서 나오지 않는가.

그의 논지는 확고하다. 맥킨지 조사에 따르면 1917년 미국 100대 기업 가운데 1987년까지 살아남은 기업은 39개였다. 이 가운데 다시 100대 기업으로 선정된 곳은 불과 18개뿐이고, 평균보다 높은 성장률을 보인 기업은 GE 하나뿐이다. 1957년 미국 500대 기업의 80%가 1997년 자취를 감추었다. 1955년 미국 기업의 평균 수명은 45세였지만 지금은 15세다. 25년 후에 존속할 기업은 현존기업의 30%밖에 안 된다. 기업의 생존이 그만큼 어렵다는 말이다.

왜 그럴까? 무엇보다 기술변화를 꼽는다. 전문가들은 21세기에는 20세기보다 1,000배나 많은 기술변화가 일어날 것이라 한다. 21세기에는 한 기업도 살아남기 어렵다는 것이다. 이렇게 치열한 경제 환경 속에서 살아남기 위해 필요한 것이 무엇인지를 9·11테러를 통해 말한다. 9·11테러는 FBI와 CIA, 탱크와 항공모함, 핵잠수함이 일치단결된 힘과 원활한 커뮤니케이션에도 불구하고 웹에 능통한 테러리스트들이 일사불란하게 만든 가상조직을 통해 관료주의에 빠진 거대한 적을 침몰시켰다. 기업도 마찬가지다. IBM은 마이크로소프트에, 시어즈 백화점은 할인점 월마트에 급소를 찔렸다.

이에 대한 그의 대안은 한마디로 파괴다. 그는 『경영파괴』를 통해 기존의 사고체계를 뛰어넘으라 한다. 세상은 급속히 변화하고 있다. 미친 환경이다. 모든 것을 바꿔야 할 만큼 세상이 변화하고 있는데 가만히 앉아서 어제와 같은 오늘, 오늘과 같은 내일을 꿈꾸며 하루하루를 보낸다면 그 자리에서 매몰될 만큼 위기가 온다.

시대는 달라지고 있는데 지금 기업들은 전략이라는 허상에 사로잡혀 장기계획을 세우고, 6시그마니 카이젠이니 하면서 품질향상에 매달리며, 현재 잘하고 있는 부분의 경쟁우위를 확보하는 데 집중하고 있다. 품질이 중요하지 않다는 것은 아니다. 그러나 인터넷으로 정보를 누구나 공유하는 세상에서 품질은 더 이상 자신만의 경쟁우위를 지켜주지 못한다.

새로운 경영시대에는 혁명, 광대, 기묘한, 미친, 기형적인, 괴짜, 기막힘, 열광 등 과거의 점진적 변화에 맞는 단어가 아닌 사회의 급격한 변화에 맞는 새로운 언어가 필요하다. 기업은 이제 상품만을 파는 것이 아니다. 지식을 판다. 이제는 상상력이 필요하다. 전통적인 개념들을 초월하여야 한다.

그는 학습을 넘어서도록 한다. 호기심을 자극하는 기업의 창출이 필요하다. 호기심이 강한 사람들을 고용하고, 개인의 상상력을 키우도록 휴가를 많이 주고, 색다른 일을 추구하도록 한다. 괴짜를 사랑하고, 지루함의 거대한 그림자를 제거한다. 신명 나는 업무공간을 만들고, 지식근로자와의 새로운 관계를 설정하며, 뭔가 대단한 것을 만들도록 한다.

그는 과거 기업의 생존방식was을 파괴하고, 미래의 생존방식is으로 과감히 체질을 바꾸라 한다. 안정에 안주하지 말고 불안정에 익숙하라. 지금까지 나를 키워준 것을 존중하고 보존하기보다 이를 파괴하고 팔아버린다. 몸집을 부풀리기보다 몸을 민첩하게 만든다. 영구인수를 통해 주도권을 잡으려 하지 말고 임시동맹을 통해 영향권을 넓혀나간다. 거대한 것을 인수하기보다 멋진 것을 인수한다. 배우고 기억하고 소중히 여기기보다 모조리 잊고 재창조한다. 보존보다 파괴하는 기업이 창조적이고 미래에 합당하다. 자신이 속한 기업이 지금 얼마나 파괴적인가 심각하게 물을 필요가 있다.

2日 스티브 잡스

기존 질서와 철저히 다르게 하라

≪워싱턴포스트≫는 지난 1,000년간 역사상 가장 중요한 인물로 칭기즈칸과 그의 혁신을 꼽았다. 그는 신기술 개발에 역점을 두었다. 유럽 기사단의 갑옷과 무기의 무게는 약 70kg이었지만 칭기즈칸의 군대는 7kg의 군장을 사용했다. 몸을 가볍게 하기 위해 철갑옷이 아닌 철사 스프링 갑옷을 개발하여 착용했다. 또한 보르츠, 곧 육포를 고안해내 군량의 무게를 획기적으로 줄였다. 소 한 마리분의 고기를 말린 것으로 소 방광에 넣어 운반했으며, 그 양은 병사 1명의 1년치 분량에 해당했다. 1,000년 전의 기술이기 때문에 현대기술과 비교할 수 없지만 그는 과거와 전혀 다른 기술에 승부를 걸어 제국을 이뤘다.

현대에 와서는 더욱 새로운 기술, 혁신적인 기술을 요한다. 스티브 잡스의 경영철학은 다음 네 가지로 요약된다.

- 기존질서와 철저히 다르게 경영한다. 메인 프레임 컴퓨터가 지배했던 70년대에 그는 이미 다른 컴퓨터인 개인용 PC를 구상했다.
- 잘할 수 있는 분야를 선정해 직접 발로 뛰면서 사업을 성공시킨다. 실리콘밸리에서 일궈낸 애플 컴퓨터의 기적이 좋은 예다.
- 항상 새로운 것에 주의를 기울이고 포기하지 않는다. 초기 픽스영화사는 돈 먹는 하마였다. 막대한 투자에도 불구하고 전혀 이익이 나지 않았다. 애니메이션이라는 새 장르에 관심을 갖고 끝까지 포기하지 않았던 것이 재기의 발판이 되었다.
- 기술력을 과신하기보다 소비자 눈높이에 맞춘다. 넥스트사의 실패를 거울삼아 스스로 과신하며 위압적으로 소비자들을 대하던 오만을 버리고 그들의 눈높이에 맞춘 겸손한 경영을 체득하고 실천에 옮겼다.

잡스는 경영전략에서도 디자인경영, 인사 철학, 혁신정신, 개방형 혁신, 사용자 중심의 혁신, 실패 혁신에 초점을 맞췄다. 그는 철저하게 다르게 생각하며 새로운 것을 만들어나갔다. 그 중심에는 소비자를 의식하는 마음이 빠지지 않았다. 그 작품이 애플컴퓨터, iPod, iTunes, iPad, iPhone 이다. 이 모두 지금의 애플이 그저 된 것이 아님을 보여준다.

그가 남긴 말들은 오늘도 읽는 이의 가슴을 요동치게 만든다. 아니 그의 빈자리가 너무 크게 느껴진다

- 우주를 놀라게 하자.
- 영혼을 뒤흔들 만큼 뛰어나라.
- 해군이 아니라 해적이 되라.
- 실패의 위험을 감수하라.
- 품질의 척도를 결정하라.
- 다르게 생각하라.
- 창의력은 연결하는 능력이다.
- 애플을 재창조하라.
- 일을 사랑하라.
- 항상 갈망하라, 바보처럼.

마다카스카르의 큰 대나무 원숭이는 대나무 먹이에만 집착한다. 대나무 서식환경이 줄면서 이 원숭이의 개체 수도 줄었다. 그러나 작은 대나무 원숭이는 먹이를 대나무뿐 아니라 나무 열매까지 확장해 나아갔다. 전혀 새로운 길을 간 것이다. 그 결과 개체의 확산이 높아졌다. 큰 대나무 원숭이는 먹이 한 종류에만 집착하다 그 종의 삶 전체가 위협을 받고 있지만 작은 대나무 원숭이는 대나무에 대한 집착을 버리고 대체 먹이를 찾으면서 위기를 극복해 나가고 있다.

변화하는 세계에서 생존하려면 남다르게 생각하고, 빠르게 적응할 수 있어야 한다. 새 술은 새 포대에 담아야 한다. 낡은 포대에 담으면 터진다. 코닥, 노키아 등은 낡은 포대에 집착하다 무너진 기업의 대명사가 되었다. 우리 삶도 마찬가지다. 생각부터 바꿔라. 거기에 창의가 있고, 미래의 생존이 달려 있다.

셈코와 메이난제작소

3F 경영은 사람이다

        셈코Semco는 브라질의 산업장비 제조업체이다. 이 기업이 과거와는 아주 다른 경영방식으로 큰 성과를 거두고 있어 경영에서 화두가 된 지 오래다. 리카르도 세믈러가 쓴 『셈코 이야기』는 괴짜 경영학의 모본이 되고 있다. 그는 도산위기의 중소기업을 아버지로부터 이어받았다. 그러나 그는 전혀 다른 방식을 택했다. 그리고 선박용 펌프와 식품용 가공기계, 컨설팅까지 다양한 제품 및 서비스를 제공하는 초우량 기업으로 바꾸어놓았다.

    이 회사에는 공식적 조직구조가 없다. 그 흔한 인사관리부서도 없다. 고용계약서도 없다. 경영전략도 없다. 사업계획도 없다. 결제하는 사람도 없다. 이것은 비즈니스 관행을 벗어났음을 보여준다. 한마디로 매뉴얼을 찢어버린 것이다.

    다음은 셈코가 어떤 모습인가를 잘 보여주는 대목이다.

- 통제를 포기했다. 셈코는 신뢰와 자율성을 바탕으로 종업원에게 자유를 주었다. 종업원은 더 이상 어린아이가 아니다.
- 경영철학은 하나다. 스스로 "왜?"라는 질문을 던져라. 질문을 많이 할수록 발전한다.
- 근무시간을 유연하게 하고, 임시사무실을 사용한다. 직원 스스로 선택하여 책임지고 처리한다.
- 출퇴근 시간에 MBA 과목을 수강하도록 한다rush hour MBA.
- 직무순환을 한다. 다른 일에도 관심을 갖되 그 일은 스스로 결정한다.
- 셈코의 인원충원방식은 개인의 인생목표와 셈코의 목표 사이의 조화에 있다.

- 실수를 허용한다. 실수를 바탕으로 더 큰 도약을 하도록 한다.
- 융통성 있게 급여를 올리거나 내린다 up and down pay.
- 설문조사를 통해 회사에 대한 신뢰를 측정한다. 상향평가를 하는 것이다.
- 기업은 오케스트라다. 짠맛, 신맛, 단맛, 매운맛 모두 어우르게 한다.
- 지속 가능한 성장을 꿈꾼다. 당장의 회사의 이익보다 도덕적 수준을 중시한다.
- 이직률이 1% 미만이다.
- 퇴직 후 시간을 효율적으로 사용하도록 퇴직시간을 미리 얻는다 retire a little.
- 3년 휴직 프로그램을 활용한다 work and stop.

이렇게 경영하면 과연 성공할까 하는 의문이 든다. 하지만 셈코는 이뤄 냈다. 경영자는 종업원을 신뢰했고, 종업원은 기업을 신뢰했다. 서로의 신뢰가 기적을 만든다. 경영도 역시 믿음에 달려 있다.

일본 나고야에 있는 메이난제작소는 엔지니어링 회사다. 비록 규모는 작지만 인사 관련 경영전략에서 특이한 회사로 이름나 있다. 가마다 마사루는 이 회사에 주목하고 '이상한 회사'라는 이름으로 책을 냈다.

우선 메이난만의 인재육성을 위한 교육방침이 독특하다. 중졸 이상의 학력이라면 야간학교는 필수코스다. 지원하는 것이 아니라 꼭 이수해야 한다. 연수원 성격이다. 모든 사원이 월요일 8시부터 12시까지 물리학습을 한다. 이 과정에서 관성의 법칙, 가속도법칙, 그리고 작용반작용법칙 등을 배운다. 사원들의 영어능력 향상을 위해 영어학습회도 가진다. 공부를 위한 책값은 무한 지원한다.

메이난은 초동태조직을 유지하고 있다. 상황에 따라 자유자재로 변한다. 아메바 조직 같다. 누구나 원하는 사람이 리더가 될 수 있다. 학력이 높다고 리더가 되는 것은 아니다. 차원급이라는 급료측정은 아주 특이하고 또 엄격하다.

메이난은 신입사원을 채용할 때도 까다롭다. 입사조건은 물리학습을 기초부터 한다는 것이고, 구인광고 때 우대하지 않음을 밝힌다. 면접을 할 때 논리적인 사고력을 알아본다. 물리시험을 보는데 출제문제도 10년간 똑같다. 60점 이상을 맞아야 하는데, 문제가 어려워 통과되는 사람은 몇 되지 않는다.

경영에서 주목을 받는 기업은 주로 대기업이다. 그러나 메이난의 경우 작은 기업이라도 얼마든지 주목받을 수 있다는 것을 보여준다. 경영방식이 독특하고 성공적이라면 규모가 문제되지 않는다. 메이난은 엔지니어링 회사다. 물리를 강조하는 것을 보면 얼마나 기본에 충실하고자 하는가를 보여준다. 기본이 튼튼한 기업, 종업원의 능력을 키우고 그 능력이 적극 활용되도록 하는 기업이 강한 기업이다. 경영은 사람이다.

깨진 유리창과 판단 미스
사소한 실수가 큰 것을 잃게 한다

마이클 레빈이 쓴 책으로 『깨진 유리창의 법칙』이 있다. 이 법칙은 제임스 윌슨과 조지 켈링이 1982년 3월 월간지 ≪애틀랜틱≫에서 '깨진 유리창Broken Windows'이란 단어를 사용한 데서 나온 말이다.

깨진 유리창은 아무도 관심을 갖지 않는다. 당신 마음대로 해도 좋다는 신호를 준다. 그래서 이곳저곳 깨진 유리창이 많은 뉴욕은 범죄가 많았다. 그러나 그 유리창을 새로 달고 거리를 깨끗하게 했을 때 결과는 놀라웠다. 지금 뉴욕은 더 이상 과거의 뉴욕이 아니다.

한때 맥도날드가 위기에 빠졌다. 그것은 고객과의 약속을 배신한 대가였다. 이 기업의 철학은 '세계에서 가장 빠른 서비스를 제공하는 식당이 되겠다', '모든 고객이 미소 지을 수 있는 식당이 되겠다'는 것이었다. 이것은 다른 약속에 비해 사소한 것일 수 있다. 그러나 기업이 그 약속을 무시했을 때 기업은 어려움에 처할 수밖에 없었다.

노드스트롬 백화점에 단골고객이 많은 이유가 있다. 그것은 고객에 대한 친절과 뛰어난 서비스 때문이었다. 친절과 서비스는 다른 것에 비해 작은 것일 수 있다. 그러나 그 사소한 것들로 사람을 사람답게 대할 때 기업 가치는 높아졌다. 기대를 넘어서 행동하는 기업에 고객은 늘 보답할 준비가 되어 있다.

깨끗한 화장실과 휴지는 사소한 것일 수 있다. 그러나 화장실이 생각보다 깨끗하고, 휴지가 제자리에 있을 때 고객은 안도하고, 매장을 다시 찾는다. 종업원의 미소와 친절이 더해진다면 금상첨화다.

100에서 1을 빼면 99라 한다. 그러나 깨진 유리창 법칙에서는 그것이 0이 될 수 있다고 말한다. 나아가 100에 1을 더하면 101이 아니라 200이 될 수 있다고 한다. 깨진 유리창 법칙에서 사소한 것은 더 이상 사소하지 않다.

기업이든 개인이든 늘 깨진 유리창에 주목할 때다. 물리적 환경도 중요하다. 주변에 깨진 유리창이 없는지 살펴라. 가장 치명적인 깨진 유리창은 사람이다. 고객과의 관계에서도 깨어진 창이 없는지 살펴라. 고객은 지금도 당신의 회사에 나름대로 기대한다는 것을 명심하라. 사소한 실수로 많은 것을 잃는 우를 범하지 마라. 당신의 기업 이곳저곳에 깨진 유리창들이 보인다면 당신의 기업은 이미 깨진 기업broken business이다. 그러나 그것들을 과감히 고치고 새롭게 시작했다면 곧 희망이 보일 것이다.

어찌 그뿐이랴, 한순간의 잘못된 판단이 기업을 추락하게 한다. 요즘 일본의 간판 기업 파나소닉, 소니, 샤프 등이 거액의 적자로 자금난에 빠졌다. 특히 파나소닉의 추락은 충격적이다. 2011년 10조 원이 넘는 적자에 이어 2012년에도 10조 원이 넘는 적자가 예상됨에 따라 주가가 37년 전 수준으로 폭락했고, 20년간 벌어들인 순이익을 2년 만에 날리게 돼 창사 이래 최대 위기를 맞았다. 국제신용평가사들로부터 신용등급이 하향 조정되는 수모도 겪었다. 소니도 실적 악화로 고전하고 있고, 일본 가전업체 샤프도 여섯 단계나 강등되었다.

파나소닉은 이전의 마쓰시타 전기로 '경영의 신'으로 추앙받은 마쓰시타 고노스케松下幸之助가 1918년 창업한 회사다. '마쓰시타 은행'이라 불릴 만큼 캐시 카우 역할을 했던 회사였다.

그런 파나소닉이 왜 추락하고 있을까? 그것은 한순간의 잘못된 의사결정 때문이었다. 자신의 기술력을 과신하고, 트렌드에 대한 오판이 불러온 결과다. 파나소닉은 미래 TV시장이 PDP_{Plasma Display Panel}가 될 것으로 판단하고 세계 최대 규모의 생산 공장을 만들었다. 시장의 대세가 LCD_{Liquid Crystal Display, 액정 디스플레이}로 기울어지는 것을 보면서도 PDP 투자만 계속했다. 파나소닉은 PDP 생산을 중단해야 했다. 파나소닉의 쓰가 가즈히로津賀一宏 사장은 "우리는 TV 등 본업에서 패배자가 됐다"고 했다. 참으로 쓰디쓴 선언이 아닐 수 없다.

일본 전자 기업들이 고전하게 된 데는 여러 이유가 있다. 글로벌 트렌드를 무시하고 독자 통신방식과 내수형 제품을 고집하다 안방 시장까지 내주고 말았고, 엔저 시대가 올 것이라는 생각과는 달리 엔고 현상이 지속되면서 수출경쟁력도 잃었다. 삼성·LG 등 경쟁 기업 등의 집요한 공격에다 센가쿠중국명 다오위다오 열도 관계로 중국에서 번진 일본 상품 불매운동 확산도 매출에 영향을 주었다.

파나소닉의 추락은 우리에게도 많은 교훈을 준다. 이미 전자업계의 전설이었던 노키아와 모토로라도 급변하는 트렌드에 제대로 대응하지 못하면서 한순간에 몰락했다. 삼성전자가 전례 없이 최대실적을 올리고 있지만 한 번 의사결정이 잘못되면 어느 순간 급락할 수 있다는 것을 보여준다. 기술이 있다고 절대 과신할 일도 아니고, 아무도 주목하지 않는데 '나를 따르라' 외쳐서도 안 된다. 글로벌 시장을 주목하면서 계속 기술을 혁신해나가야 한다. 국가도 변화하는 국제환경에서 기업에 도움을 주는 의사결정을 해야 한다. 기업은 병사다. 절대 긴장을 풀면 안 된다. 사소한 실수가 큰 것을 잃게 한다.

실행력

개미는 어떤 장애에도 결코 물러나지 않는다

도요타는 목표 중심보다 방침 중심의 경영을 한다. 방침 중심의 경영이란 성과주의의 강화와 함께 생성된 목표 중심의 경영과는 달리 '올해는 이런 방향으로 새로운 업무를 시작한다'는 식으로 회사나 조직이 새로운 방향으로 나아가기 위한 종합적인 시스템이다. 즉, 사장이 연초에 방침을 정하면 각 부문, 각 부서에 이르기까지 회사 전체에 방침이 내려져 모두가 최상의 업무를 수행해나가는 것이다. 이것은 스탠더드가 없는 곳에 스탠더드를 만드는 작업이다. 직장의 방침은 조직 구성원들의 철저한 논의를 거친 다음 방향이 결정된다.

도요타의 이러한 경영풍토는 보통의 목표 중심의 경영풍토와는 확연히 구별된다. 경영과정에 P_{Plan}, D_{Do}, C_{Check}, A_{Action}가 있다. 목표 중심의 경우 DCA에 중점을 두지만 도요타의 방침 중심은 P에 중점을 둔다. P에 중점을 둔다는 것은 DCA에서 보이는 성과주의 경영이 아니라 좀 더 구체적이고, 조직 구성원 모두가 납득할 수 있으며, 장래의 부가가치에 연결되는 업무를 구성하기 위한 플랜을 세우기 위해 노력한다는 말이다.

도요타는 이러한 P를 세우기 위해 치열하게 논의할 뿐 아니라 표준을 세우기 위해 많은 시간을 할애한다. 효율성이 중시되는 기업풍토에서 이러한 업무방식은 낭비로 생각될 수 있다. 하지만 결국 이런 노력들은 DCA단계에서 다른 기업과 구별되는 능력을 보여준다. '거대한 코끼리 도요타는 100미터를 9초에 달린다'는 말은 도요타의 이런 능력을 분명히 보여주는 말이다.

아인슈타인에게 기자들이 질문을 했다.

"일생 동안 얼마나 많은 아이디어를 가졌습니까?"

"두 가지입니다."

많은 숫자를 기대한 청중은 놀랐다.

"하나는, 사람은 많은 아이디어를 가질 수 있다는 것입니다. 다른 하나는 그것들을 실행하느냐에 따라 성공이 달려 있다는 것입니다."

리즈민이 쓴 책『모든 기업은 개미에게서 배워라』는 개미의 삶을 중심으로 경영자로 하여금 자기를 성찰하도록 만든다. 그 가운데 여러 교훈이 있지만 무엇보다 꼽는 것이 개미의 실행력이다. 목적을 이루기 위해 얼마나 바삐 움직이는가. 80:20의 파레토 법칙이 적용되는 사회가 바로 개미 사회다. 어느 때든 20%는 조직을 위해 헌신할 만큼 개미 조직은 아주 단단하다.

기업에서 최고경영자를 CEO라 한다. Chief Executive Officer. 가운데 글자가 바로 실행력execution을 나타낸다. 실행력이 없다면 최고경영자가 될 수 없다는 말이다.

리미진은 실행력을 다음과 같이 강조한다.

• 목표가 분명하고 계획이 잘 세워져 있어도 실행하지 않으면 아무런 소용이 없다.
• 목표가 세워지면 그 목표를 위해 끝까지 노력해야 한다.
• 실패를 두려워하지 않고 끈기 있게 행동하며 물러나지 않는 정신을 가진다.

가끔 졸업생들이 찾아와 이런 말을 한다. "이론과 실천은 다르대요." 학교에서 배운 것이 현장에서 별로 힘을 발휘하지 못한다는 말이다. 이론은 실천을 돕는다. 그래서 학교 교육이 필요하다. 그러나 명심해야 할 것이 있다. 이론 역시 실천을 통해 얻어진 것이라는 사실이다. 이론은 이론을 위해 존재하는 것이 아니라 실천을 바탕으로 구성되고, 나아가 미래의 실천을 위해 존재한다. 이것은 모두 과거부터 쌓아온 실행의 경험이다. 개미는 그것을 잘 알고 있다.

그뿐 아니다. 개미는 언제나 추운 겨울이 온다는 사실, 그리고 충분히 준비하지 않으면 모두 죽는다는 사실 또한 잘 알고 있다. 그래서 모두 일사분란하게 움직인다. 개미는 어떤 장애에도 결코 물러나지 않는다. 물러나면 개미가 아니다.

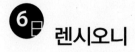

렌시오니
탁월한 조직도 함정에 빠질 수 있다

　　패트릭 렌시오니가 쓴 『탁월한 조직이 빠지기 쉬운 5가지 함정』을 보면 아무리 전문성을 가진 기업이나 완벽해 보이는 기업도 문제가 있다는 것을 알게 된다. 그는 실리콘 밸리에 있는 디시전 테크라는 회사 이야기를 통해 조직이 빠지기 쉬운 함정 5가지를 소개하였다.

　첫째는 신뢰의 결핍이다. 성장배경이나 성격이 다르기 때문에 서로를 신뢰하기 힘들 수 있다. 이를 위해 서로의 성격을 이해하고 배려해 팀을 더 단단하게 만들 필요가 있다.

　둘째는 충돌의 두려움이다. 동료의 감정을 상하지 않게 하기 위해 또는 긴장감을 막기 위해 충돌을 피한다. 좋은 게 좋은 것이라며 만장일치 쪽으로 몰아가거나 몰아준다. 만장일치란 단지 모든 사람을 인위적으로 기쁘게 해보자는 것에 불과하다. 그러나 이것은 생산적일 수 없다. 생산적 충돌은 있어야 한다. 생산적 충돌은 열띤 논쟁을 해도 감정의 앙금이 남지 않고 다음 문제를 다룰 때도 열의와 자발성을 갖게 한다.

　셋째는 헌신의 결핍이다. 회사에 가끔 '동의하지 말고 헌신하라'는 말을 한다. 이 말은 어떤 사안에 대해 찬성하지 않을 수는 있지만 일단 결정이 내려지면 거기에 혼신을 다해 전념하라는 뜻이다. 헌신이 없으면 자동차는 갈 수 없다.

　넷째는 책임의 회피이다. 동료의 행동을 문제 삼으면 대인관계가 껄끄러워질까 봐 말을 하지 않으려 한다. 그러나 말하지 않거나 회피한 결과로 인해 서로 원망하면서 오히려 모든 사람의 관계가 악화될 수 있다. 결과적으로 피해를 줄 수 있는 팀원의 행동은 개선되어야 한다.

끝으로, 결과에 대한 무관심이다. 개인이 아무리 뛰어나도 그 사람이 속한 팀이 지면 그 사람도 진다는 것을 알아야 한다. 임원들조차 자기 분야에서 책임을 다하면 끝이라 생각하고 자기 영역 외에는 관심을 두지 않는다. 그 결과 회사의 성과가 좋지 못해도 책임을 서로의 탓으로 돌리게 된다. 결과에 대한 무관심은 패배를 가져온다.

렌시오니는 이 함정들이 서로 연결되어 있다고 말한다. 신뢰의 결핍이 생길 경우 충돌의 두려움이 생긴다. 즉, 신뢰가 없는 팀은 상대방의 생각에 대해 거리낌 없이 격렬하게 논쟁을 벌일 수 없다. 충돌의 결핍은 헌신의 결핍을 가져온다. 치열하고 개방적인 충돌 속에서 의견을 조율하지 못하면 팀원들이 주어진 결정사항을 진심으로 받아들이고 매진할 수 없다. 헌신과 매진의 결핍은 팀원으로 하여금 책임의 회피를 몸에 익히게 만든다. 계획을 명확히 세우고 그것에 전념하지 않으면 아무리 추진력이 강한 사람이라도 팀의 목표수행에 차질을 가져올 팀원에게 책임을 추궁하기 꺼리게 된다. 이렇듯 서로에게 책임을 물을 수 없게 되면 결국 결과에 대한 무관심이 초래된다.

경영자라면 팀원이 이런 함정에 빠지지 않도록 독려하고, 개인과 조직의 능력이 사장되지 않도록 해야 한다. 어떤 조직이나 함정이 있다. 그러나 탁월한 조직은 그 함정들을 최소화시켜 나간다. 그것이 바로 기업의 힘이다.

사랑과 신뢰는 인간의 삶에서 아주 중요한 키워드다. 그런데 "신뢰받는 것은 사랑받는 것보다 더 큰 영광이다To be trusted is a greater compliment than to be loved"라는 명언이 있다. 사랑받는 것과 신뢰받는 것 중에 하나를 고르라면 신뢰받는 것이라는 말이다. 그만큼 인간관계에서 그 사람의 성실성이나 정직이 중요하다. 신뢰가 무너지면 사랑의 탑도 무너진다.

신뢰는 개인 간에만 중요한 것이 아니다. 조직의 성공을 위해서 중요하다. 신뢰는 조직이 더 넓은 분야에서 전략목표를 실현할 수 있도록 단체행동을 가능하게 하고, 공동의 목표 실현을 위해 구성원들이 서로 협조하여 집단의 효율을 높일 수 있도록 돕는다. 신뢰로 인한 권한의 위임은 조직원들의 창의적인 정신과 지도력을 길러낼 수 있다. 신뢰도가 높으면 대외신용도도 높아진다. 신뢰가 커지면 할 수 있는 일이 더 많아지고 성과도 커진다.

기업이 성과를 높이기 위해 자주 강조하는 것이 협동이다. 서로 간에 협동을 하지 못하는 이유는 당사자 간의 관심이 결여되어 있기 때문이기도 하지만 상대를 신뢰하지 못하는 이유도 있다. 따라서 기업의 모든 사람은 서로를 인정하고 존중하며 성실하게 대화하는 자세를 가질 필요가 있다.

경영자는 새로운 협동방식을 구축하기 위해 끊임없이 노력해야 한다. 이것은 신뢰를 높이는 일이기도 하다. 먼저 조직 안에 공통된 인식을 형성한 후 행동하고 실행한다. 공식조직뿐 아니라 비공식 협력조직인 자율적 조직도 존중한다. 럿셀 레이놀즈 어소시에이츠사는 소규모 자발적 조직들의 임시회의를 장려한다. 소모임이지만 그 모임을 통해서 서로 관심의 폭을 넓히며 서로를 알아간다. 구성원의 권한을 보장하는 것도 신뢰의 한 방법이다. 보잉사는 다양한 급의 권한을 직원들에게 위임하고 있다.

신뢰관계의 구축은 경영자의 필수작업이다. 기업의 경영자는 개개인을 신뢰할 수 있어야 한다. 개인이나 소그룹은 모집단을 신뢰할 수 있어야 한다. 개개인은 서로를 신뢰할 수 있어야 한다. 조직은 신뢰로 크는 나무다.

7 도요타
기업은 정체를 허락하지 않는다

　　도요타는 동양기업이면서도 역동적이고 우직하며 개성이 있고 평등하다는 평가를 받는다. 이 기업을 들여다보면 상당히 유기적인 조직으로, 아주 큰 생물체처럼 느껴지기도 한다.

　도요타의 특징은 조직의 수평화, 곧 수평적인 조직관계 구축에 있다. 이것은 기업이 전통적인 위계보다 성과와 실적을 중시할 때 강화된다. 도요타가 처음부터 수평적인 기업이었던 것은 아니다. 1989년부터 조직개혁 차원에서 수평화를 꾀하기 시작했다.

　하지만 그 후 1996년까지 여러 부작용이 드러났다. 실적 위주의 조직운영으로 도요타 특유의 인재육성 능력이 크게 떨어진 것이다. 경영철학과 상품 만들기에 있어서 허물없이 논의하고 충분한 협의를 거치는 것이 원래 도요타의 조직풍토였다. 그런데 실적 위주의 조직운영으로 인해 상사가 부하에게 철학이나 역사를 전하는 여유가 사라지게 된 것이다.

　도요타는 이 문제를 해결하기 위해 2007년부터 수평화 작업 이후의 인사조직개혁이라는 프로젝트를 통해 리더라는 직책을 신설하고, 소규모 활동을 통해 부하나 후배를 훈련하고 키우는 풍토를 조성했다. 보다 융통성 있는 방법을 택한 것이다. 임원이나 선배는 부하를 가르치면서 자신들도 배운다. 이것은 교육이 가져다주는 보이지 않는 효과다. 처음부터 완벽한 조직이나 리더는 없다. 진정한 조직이라면 일을 통해 서로가 배울 수 있는 풍토가 조성되어야 한다.

　현재 도요타는 선배가 후배를 철저히 단련시키고, 그 후배가 또다시 새로운 후배를 단련시키는 조직풍토를 만들어가고 있다. 여기서 단련시킨다는 것은 수평적 조직체계에서 단순히 업무를 공유하고 서로 배운다는 의미와는 다르다. 수평적 조직구조에 수직적 요소를 첨가함으로써 효율성을 극대화하고 도요타만의 독특한 풍토를 만들어내고 있는 것이다. 조직구조 자체는 수평적이지만 교육과 훈련, 철학과 역사를 전수하는 일에서는 수직적이다. 수평적 조직도 때론 수직적 교육훈련이 필요하다. 기업 나름대로 수평과 수직의 조화를 이룰 때 더욱 발전할 수 있다.

1980년대 후반, 도요타는 다가올 위기에 대비해 대대적인 개혁을 시작했다. 우선 사무직의 생산성 향상을 위해 연공서열 요소를 불식하고 프로인재를 육성했으며 새로운 관리자상을 제시했다. 도요타의 프로인재는 노동시장에서 연간 1,000만 엔 이상의 가치가 나가는 실력 있는 인재를 말한다.

기능직의 활성화를 위해 '생생위원회', '생생 액션 프로그램' 등을 추진했고, 1993년부터 BR Biz Reform 기법을 사용했다. 지원 인력의 30%를 본업에서 빼서 혁신 프로그램에 투입, 업무 혁신 방안을 마련하고 실천해 왔다.

BR은 여러 부서와의 긴밀한 협력을 통해 프로젝트를 진행해나가는 것이다. 이런 협력을 통해 기업은 미싱링크 Missing link를 줄일 수 있고, 각 부서의 수평적 관계를 조성해나갈 수 있게 된다. 닛산의 CFT Cross Functional Team 기법이 더 잘 알려졌지만 그 이전에 도요타에서 먼저 BR 기법을 통해 부서 간의 협력과 수평적 관계에 힘썼다. 부서 간의 벽을 허문 것이다. 또한 도요타는 비공식조직, 예를 들어 '직제7회' 그리고 'Hurters' 등을 통해 부서를 떠나 직원들끼리 회사에 관해 의견을 교환할 수 있는 기회를 만들어냈다.

이러한 과정을 통해 도요타는 그들만의 독자적인 네트워크를 구축할 수 있었다. 경영과 현장이 공존하는 네트워크를 만든 것이다. 조직은 정체를 허용하지 않는다. 끊임없는 변화와 혁신을 통해 전진한다.

8日 슘페터
혁신 이론도 때를 기다려야 했다

'혁신', '기업가정신', '창조적 파괴' 하면 금방 떠오르는 인물이 있다. 바로 조지프 슘페터J. Schumpeter다. 경영사가 토머스 매크로T. K. McCraw가 슘페터의 편지, 논문, 강의록, 서신 등을 조사한 뒤 『혁신의 예언자Prophet of Innovation』를 내놓았다.

그에 따르면 슘페터의 혁신 마인드는 그의 어머니 요한나의 재혼에서 얻었다. 모라비아 지방의 한 작은 마을에서 태어난 슘페터는 4살 때 아버지를 잃었다. 어머니는 그를 데리고 여러 큰 도시로 이주했다. 맹모가 따로 없다. 신분상승의 욕망이 컸던 어머니는 아들의 든든한 배경이 되어줄 아버지가 필요하다는 판단 아래 33세 연상의 남성과 정략 결혼했다. 어머니의 이런 모습은 슘페터로 하여금 기업가적 사고란 무엇인가를 일깨워주었다. 그는 어머니를 통해 자신의 정체성은 과거의 유산이 아니라 혁신에서 온다는 교훈을 얻게 되었다.

그는 28세에 『경제발전의 이론』이라는 책을 썼다. 그는 이 글에서 기업가에 대한 정의를 내렸다. 기업가는 단지 성공적인 기업의 최고경영자를 의미하는 것이 아니라 미래를 만들어가는 주인공이며 한 가업을 건설하고 싶은 꿈과 의지가 있는 인물이자 끈질기게 혁신을 좇는 사람이라 했다.

그는 자본가와 기업가를 구분했다. 이 가운데 자본주의의 미래를 짊어진 존재는 기업가이며, 기업가 정신은 자본주의 엔진의 본질에 해당한다. 자본가는 자기 확장적인 물신성에 사로잡혀 마르크스가 예견한 대로 어쩌면 결정적으로 궤멸할 수 있다. 하지만 기업가는 자본주의의 활력을 살려내 사회를 발전시킬 수 있다.

그는 『경기순환론』에서 혁신이 없으면 기업가도 없다고 주장했다. 기업가적 이윤은 기업가에게 가장 중요한 동기부여로, 혁신을 만들어내는 기업가는 또 다른 혁신과 특허, 광고 등으로 자기의 이윤을 보존하고 극대화하려는 노력을 하게 된다. 이 과정이 바로 창조적 파괴라는 것이다. 그는 위대한 혁신은 소비를 억제하는 근검절약에서 비롯된 것이 아니라 성공적 혁신 자체에서 얻어지는 자금, 곧 이윤에서 비롯된다 했다.

지금은 기업가 정신, 혁신, 창조적 파괴 등으로 각광을 받고 있지만 당대 맞수인 케인스의 명성에 가려 빛을 보지 못했다. 슘페터는 개별 기업가에 주목했고 대공황의 해결책을 제안하는 데 중점을 두지 않은 반면, 케인스는 거시경제학이라는 방법으로 대공황이 왜 일어났는지 그 원인과 대책을 제시했다. 이로 인해 당시 경제학자들은 슘페터보다 케인스에 더 주목했었다.

슘페터가 주목을 받지 못하게 된 또 다른 배경도 있다. 1948년 12월 클리블랜드에서 열린 미국경제학회 연례회의에서 슘페터는 '과학과 이데올로기'라는 제목으로 연설했다. 그는 경제학자들이 주관적 편견으로 판단이 치우친 나머지 경제를 바로 보지 못하고 있다고 비판했다. 그는 경제학자가 갖고 있는 이데올로기의 위험성을 애덤 스미스, 마르크스, 케인스 등을 들어 설명했다. 그리고 말미에 케인스와 같이 영리한, 정확한 의미로는 교활한 이론가에 의해 경제학이 심각한 피해를 입을 것이라 전망했다. 그 자리에는 케인스주의자들이 많았다.

20세기가 케인스의 시대였다면 21세기는 슘페터의 시대이다. 테일러의 과학적 관리의 명성에 페욜의 관리과정론이 주목받지 못한 것과 같다. 지금 주목받지 못한다 해도 훗날 주목받는 이론이 있다. 슘페터의 혁신이론도 때를 기다려야 했다. 혁신과 창조적 파괴에 바탕을 둔 자본주의를 주창한 그가 지금 이 시대를 깨우고 있다.

9F 창조경영
잠자는 기업에 내일은 없다

잘나가는 기업을 보면 '집중 휴식시간 제도'라는 것이 있다. 오전 10시와 오후 3시에 각각 15분간 전체적으로 휴식하면서 만남의 장을 마련하는 것이다. 커피나 차를 들면서 자연스럽게 지식을 교류하며 그동안 막혔던 문제를 풀어본다. 창조를 위한 모임에서 더 이상 아이디어가 나오지 않아 답답할 때 이 방법을 사용하면 의외로 해답을 쉽게 찾을 수도 있다. 에릭슨사는 이를 '지식 장터'라 부른다.

이 제도는 기업에 지식경영이 확산되면서 더욱 각광을 받고 있다. 이것은 단순한 커피 브레이크가 아니다. 쉬면서 소통하고 생각을 나눔으로써 기업 전체가 생각하는 기업, 더 나은 기업이 되도록 하는 것이다.

경영은 만남이다. 만남 없이 소통이 이뤄질 수 없다. 지식경영을 넘어 창조가 살아 숨 쉬는 지혜경영이 되려면 만남과 소통은 절대적이다. 이 제도는 기업에만 적용되는 것이 아니다. 어떤 조직에서든 유효하다. "모두 모여. 커피 들면서 얘기하자." 이 말을 듣는 순간 모습이 달라지고, 생각도 달라진다. 왜 이럴까? 이 시대는 창조를 요구하고 있고, 창조를 즐기도록 하고 있기 때문이다.

사람이 살면서 사랑하고 좋아하는 것은 많다. 사람이 사람을 좋아하고, 동물이나 식물을 좋아하는 것을 생명애biophilia라 한다. 나라든 고향이든 특정 장소에 대해 애착을 가지는 것을 장소애topophilia라 한다. 그리고 새로운 물건을 만들거나 조직을 혁신해가거나 이런저런 형식으로 창조를 즐겨 행하는 것을 창조애neophilia라 한다. 생명애·장소애·창조애 외에 다른 형태의 사랑도 존재한다.

역사적으로 창조에 관심을 두지 않은 때는 없다. 그러나 갈수록 창의성, 창조성에 대한 욕구가 점점 높아지고 있다. 창의적 아이디어로 사업에 성공을 거둔 인물로 리바이 스트라우스Levi Strauss가 있다. 그는 천막 주문이 취소되자 이것을 청바지로 만들어 오늘날 청바지문화의 원조가 되었다. 청바지 가게를 지날 때마다 그 생각이 난다. 순간적 아이디어가 그의 삶뿐 아니라 문화를 완전히 바꿔놓은 것이다.

3M은 원래 광산회사였다. 이 회사는 창의적 아이디어로 광산물질을 제품화하는 데 성공했다. 우리가 잘 아는 스카치테이프나 포스트잇도 있지만 반도체, 휴대폰, 자동차 시장에 이르기까지 이 회사의 창의적 제품이 고루 사용되고 있다. 3M은 지금도 구성원들에게 15% 원칙을 적용하고 있다. 근무시간의 15%를 새로운 아이디어를 내는 데 활용하도록 유도하는 것이다.

미주리 주에 있는 워싱턴대학교에서 심리학, 교육학 그리고 경영학 교수로 활약하고 있는 키스 소여R. Keith Sawyer가『그룹 지니어스Group Genius』라는 책을 내놓았다. 이 책은 '협력의 창조적 힘The Creative Power of Collaboration'이라는 부제가 붙어 있다. 창조에는 협력이 필요하다는 것인데, 창조란 혼자서 할 수 없음을 보여준다.

그에 따르면 그룹 지니어스는 다양한 사람들의 생각이 분수처럼 분출되도록 하여 핵심을 집결시키는 상태가 된 그룹을 말한다. 이 그룹을 보다 효율적으로 운영하려면 미리 계획을 세우고 중앙통제시스템을 구성해야 한다. 그러나 즉흥적으로 결성된 그룹들이 예기치 않은 변화에 가장 신속하고 효과적으로 대처해왔다는 것도 잊어서는 안 된다.

아이디어에서 절실히 필요한 통찰력insight은 어디서 오는가? 게슈탈트 학파에 따르면 통찰력은 섬광처럼 번뜩 지나간다. 이에 반해 노먼 마이어는 과거의 경험과 우리 안에 존재하고 있는 개념에 기초한 생각에서 나온 다고 주장한다. 어느 것도 놓칠 수 없다.

그럼 과연 누가 발명했는가? 소여에 따르면 발명품은 결국 기업이나 개인의 내외적인 네트워크, 즉 협력 망을 통해 발전된다. 협력 망은 협력을 통한 창의적 결과를 도출하는 데 큰 역할을 한다. 협력 망이 조직의 성패를 좌우한다는 것이다. 창의성은 개인에게서 나올 수도 있다. 그러나 여러 사람이 힘을 모아 그것을 함께 개발하고 사회에 유익을 주도록 한다면 더 큰 사회적 힘이 될 것이다. 창조를 사랑하라. 더 나은 사회를 위해 서로 협력하라.

"남의 것만 카피해선 독자성이 생겨나지 않으니 모든 것을 원점에서 보고 새로운 것을 찾아내는 창조적 경영에 나서 달라." 2006년 9월 뉴욕 사장단 회의에서 삼성 이건희 회장이 당부한 말이다. 몇 년 뒤 애플의 스티브 잡스는 삼성이 '모방쟁이copycat'라며 흥분했다. 지금 애플과 삼성은 특허와 카피 문제를 두고 지루한 법정 다툼을 하고 있다. 창의성이 얼마나 절실한가를 보여준다.

창조경영은 과거에 없었던 새로운 서비스와 제품을 만들어내는 것에 한정되어 있지 않다. 점진적으로 개선하고 혁신하는 활동까지 포함되어 있다. 창조경영은 그만큼 넓고 끝이 없다.

창조경영은 무엇보다 제품과 서비스로 승부를 건다. 제품과 서비스를 보면 그 기업이 얼마나 창의적인가를 볼 수 있다. 다음은 그 보기다.

- 만도가 김치냉장고를 내놓았을 때 주부들은 기뻐했다.
  지금 김치냉장고는 냉장고의 필수 기능으로 자리 잡고 있다.
- 구글 어스는 세계 곳곳을 들여다볼 수 있게 했다. 이름만이 아니다. 현실감이다.
- 인도의 타타는 몇 백만 원짜리 초저가 자동차다.

가난한 인도인들에게 신발을 신겨주었다.

- 두바이는 사막에 초현대 건물 도시를 만들어 국민에게 자부심을 심어주었다.
- 중국의 장이무이 감독은 소수민족과 자연을 활용한 지상최대의 뮤지컬 〈인상 프로젝트〉를 만들었다. 빠른 전개도 독보적이다.
- 송승환의 난타는 비언어 퍼포먼스로 언어 장벽을 극복하며 세계인의 가슴을 강렬하게 난타했다.
- 일본의 아사히야마 동물원은 상상을 행동으로 보여준다. 펭귄도 하늘을 난다.
- 불교의 템플스테이나 혜자 스님의 108 선사순례기는 종교행사의 새로운 모델을 제시했다.
- 중동에서는 코란을 읽어주는 TV가 등장했다.
- 자라, 유니클로 등은 패스트 패션으로 고객의 이탈을 방지하고 트렌드를 선도하고 있다.
- 3M은 오늘도 15% 규칙(근무시간 중 15%를 업무 외에 창조적 연구에 사용하기), 30% 규칙(제품 중 30%는 신제품으로 만들기), 몰래 만드는 것 눈감아주기 (bootlegging, 밀주행위에 빗댄 말)로 창의적 기업문화를 창출하고 있다.

창조기업은 오늘도 잠을 자지 않는다. 잠자는 기업에 내일은 없다.

🔟 태양의 서커스
기회는 생각을 바꾸는 사람에게 온다

혹시 〈0〉, 〈퀴담〉, 〈알레그리아〉, 〈바카레이〉 등과 같은 작품을 보고 놀란 적이 있는가. 그 모두 태양의 서커스Cirque Du Soleil 작품이다. 이 서커스는 블루 오션 시장을 개척한 대표적 사례로 꼽힌다. 이 기업의 경영전략은 아트서커스의 창조이다. 창의적인 테마로 세계인을 매료시켰다.

태양의 서커스는 1984년 기 랄리베르테Guy Laliberte가 창단했다. 그는 한때 아코디언 연주자였고, 죽마 곡예사였다. 몬트리올 길거리에서 저글링을 하고 입에서 불을 뿜어대기도 했다. 그런 그가 길거리 곡예사들을 규합해 보다 다른 차원의 서커스를 보여주면서 태양의 서커스가 시작되었다. 생각을 바꾸면 길이 보인다.

몬트리올 시도 가만있지 않았다. 한 무용가의 제안으로 쓰레기 매립장이었던 곳을 문화예술 공간으로 탈바꿈시켰고, 그곳에서 태양의 서커스가 탄생했다.

랄리베르테는 전통 서커스에 음악과 스토리, 무용을 결합한 첫 작품을 1984년에 선보였고, 1988년 캘거리 동계올림픽에서 보여준 작품이 주목을 받으면서 세계적으로 유명해지게 되었다. 역시 매스컴의 힘은 크다. 지금은 수천의 스태프와 연기자를 거느리고 있는 세계적인 엔터테인먼트 그룹으로 성장했고, 그는 《포브스》가 선정한 500대 부호의 반열에 올랐다.

이 기업은 인사전략부터 다르다. 최고의 인재풀을 겨냥해 올림픽 대표선수와 국립발레리나급 선수들을 영입한다. 인재 발굴팀이 따로 있고, 인재양성을 위해 서커스 스쿨도 운영하고 있다.

상품화 전략도 구사한다. 어린이와 성인을 동시에 겨냥한다. 연극이나 오페라, 발레 관객 등 종래 서커스와 상관이 없는 비고객조차 고객으로 확보한다. 고객맞춤 공연을 하지만 입장료는 높다. 이것도 차별화 전략이다. 그만큼 가치가 있다는 말이다.

태양의 서커스는 무엇보다 생산성 전략이 다르다. 종래 서커스는 스타 곡예사에 동물묘기를 보여주며 복합 쇼 무대로 이뤄져 있다. 그러나 태양의 서커스는 이런 구조를 과감히 탈피했다. 공연장도 독특하다. 다양한 공연을 할 수 있게 꾸며져 있고, 내부는 일반건물 못지않게 쾌적하고 아늑하다. 관람환경이 세련되어 있다. 그 가운데 테마에 따라 다양한 작품이 오른다. 스릴과 위험, 재미와 유머는 빠지지 않는다. 음악과 무용의 예술성은 기본이다.

사람들은 창조적인 작품을 좋아한다. 그리고 그것을 만들어낸 사람들에게 기립박수를 보낸다. 신은 누구에게나 창의성을 허락하지만 그 기회는 오직 생각을 바꾸는 사람에게 온다. 창조정신이 기업의 내일을 만든다. 오늘 과감하게 생각을 바꾸라. 그러면 내일이 달라질 것이다.

태양의 서커스는 창의적 서커스로 종래의 서커스 개념을 탈피했다. 그리고 세계적으로 인정을 받았다. 이에 대해 가장 긍지를 가지는 사람들이 있다. 캐나다 퀘벡 사람들이다. 이것이 몬트리올에서 시작했기 때문이다. 지금까지 1억 이상이 이 공연을 보았고, 연간 1조 원이 넘는 수익을 올렸다. 현대예술이 보여줄 수 있는 최고의 공연이라는 찬사를 받고 있다. 태양의 서커스는 지금 캐나다를 대표하는 키워드가 되었을 만큼 성장했다.

퀘벡 시티에서는 2009년부터 2014년까지 매년 여름밤 태양의 서커스 거리 무료 공연이 열린다. 캐나다에서 가장 오래된 이 도시가 2008년 탄생 400주년을 맞았기 때문이다. 아무 도시나 그 비싼 공연을 무료로 즐길 수 있는 것은 아니다. 캐나다이니까 가능하다. 아니 퀘벡이니까 가능하다. 태양의 서커스가 그만큼 자랑스럽기 때문이다. 태양의 서커스 목표는 서커스를 통해 지구와 인간의 지속 가능한 발전의 길을 모색하는 것이다. 이 꿈이 인간이 사는 지구 곳곳에서 신비롭게 이뤄지기 바란다.

혁신

11日

아이디어는 늘 소비자라는 파트너가 필요하다

비타500은 2001년 광동제약에서 출시한 국내 최초의 마시는 비타민 C이다. 종래의 정제 비타민 C가 아니라 마시는 비타민 C라는 혁신적인 아이디어로 시장에 접근했다. 발상의 전환이었다.

500이 붙은 것에는 크게 두 가지 이유가 있다. 하나는 비타민 C 500mg이 들어 있다는 것이고, 다른 하나는 가격이다. 당시 비타500의 목표는 500원짜리 제품을 500억만큼 팔자는 것이었다. 결과는 2006년 단일 상품 매출액으론 압도적인 1,500억 원 달성으로 목표의 3배나 되는 수확을 올렸다. 히트상품이 된 것이다.

매출이 증가한 것은 박카스에 함유된 카페인에 대한 거부감과 웰빙 트렌드로 건강에 대한 관심이 커졌기 때문이었다. 500원이라는 중저가의 합리적 가격대도 한몫했고, 약국뿐 아니라 편의점, 자판기 등 각종 유통 채널을 이용해 판매함으로써 접근을 쉽게 했다. 소비자들은 물에 녹인 비타500을 부담 없이 선택했다. '이왕이면 건강을 마시자.'

경영학자들은 비타500의 성공요인을 노마드 경영전략 때문이라 한다. 이것은 불모지나 다름없는 사막에서 살아남기 위해 신속하게 의사결정을 내려야 하는 유목민의 생존전략과 기업의 경영전략을 접목한 것이다. 불모지는 무한 경쟁이 벌어지고 있는 경영환경을 말하고, 유목민은 기업과 최고경영자를 말한다. CEO 최수부 회장의 시장을 보는 안목, 신속한 의사결정을 내린 판단력, 전략적으로 실행에 옮긴 추진력으로 비타500이 성공할 수 있었다는 말이다.

비타500이 불황기에도 안정적으로 수익을 내고, 기업의 이미지를 올려주는 명품 장수 브랜드가 될 것인가는 기업이 어떤 전략을 세우고, 소비자들이 어떻게 반응하느냐에 달렸다.

최근 언론이 에너지 음료의 카페인 피해를 보도하면서 비타500이 언급된 것에 대해 기업이 광고를 냈다. 비타500에는 단 한 방울의 카페인도 들어 있지 않으며, 방부제도 없고, 색소도 없는 착한 드링크라는 것이다. 기업은 발상을 전환해 착한 제품을 만들어내고 소비자의 목소리에 늘 귀를 기울여야 한다. 그래야 살 수 있다.

혁신innovation의 키워드는 라틴어로 '노부스novus', 곧 새로움에 있다. 새로움을 위해 꼭 필요한 것이 아이디어다. 그러나 아이디어가 아무리 새로워도 그것을 받아들일 수 있는 상황이 마련되지 않으면 사장되기 쉽다.

전기자동차는 1873년 영국의 데이비슨R. Davidson에 의해 최초로 발명되었다. 하지만 전기자동차는 실용화에 실패했다. 오히려 내연기관 자동차가 대중화되었다. 이유는 간단했다. 기술적으로는 전기자동차가 완벽했지만 내연기관이 당시 사람들의 욕구에 더 맞았기 때문이다. 게다가 그의 전기자동차는 최대 시속 50km에다 한 번 충전으로 갈 수 있는 주행거리가 짧았다. 몇 년 전 캘리포니아 주에서 전기자동차의 대중화를 선언했다. 그런가 싶었는데 석유상들의 로비에 밀려나고 말았다. 아직은 아니라는 말이다.

초음속 여객기 콩코드는 꿈의 여객기로 불리며 관심을 모았다. 그러나 이것도 실패사례로 기록되고 있다. 음속 돌파 여객기라는 성과를 달성했지만 속도를 내기 위해 엄청난 연료가 들었고, 기체의 균형 때문에 좌석 수는 일반 여객기보다 적었다. 이착륙 때 소음이 심한 것도 문제였다. 한동안 운행되었지만 지금은 역사가 되었다. 기막힌 아이디어도 이처럼 힘없이 쓰러진다.

이와는 달리 어설픈 아이디어인데도 폭발적으로 인기를 끈 경우도 있다. 대표적인 것이 이메일이다. 레이 톰린슨Ray Tomlinson은 1971년 두 컴퓨터 사이에서 이메일을 주고받을 수 있는 최초의 시스템을 개발했고, 이듬해에 최초의 이메일을 보낸 것이 상용화되기 시작했다. 이메일은 처음 사내 의사소통을 원활하게 하기 위해 구축한 사내통신에 불과했지만 지금은 전 세계인이 쓰는 통신수단으로 자리를 잡았다. 대학원생들의 논문정보 욕구를 충족시키기 위해 제리 양J. Yang이 만든 야후는 포털시대를 열었다. 지금은 인터넷 시대라 할 만큼 세상이 바뀌었다. 처음엔 조금 어설퍼도 소비자의 필요에 응답하는 아이디어가 산다.

혁신은 좋은 아이디어에서 출발한다. 그러나 아무리 기막힌 아이디어라 할지라도 시대상황이나 소비자의 욕망, 그리고 비용을 고려하지 않으면 환영을 받지 못한다. 리더도 마찬가지다. 개인적으로 아무리 뛰어나다 할지라도 그를 받아들일 수 있는 환경이 마련되지 않으면 리더십을 발휘할 수 없다. 그러나 서로 맞으면 동행은 시작된다. 아이디어는 늘 소비자라는 파트너가 필요하다. 아이디어맨이여, 리더여, 당신의 파트너를 잊지 마라.

하트스토밍

12日 가슴이 따뜻하면 아이디어도 뜬다

경희대학교 일본어학과 교수 한 분이 EBS를 통해 홋카이도의 겨울을 소개했다. 겨울 산을 향해 "오켕키데스카?"로 유명한 오타루 언덕과 숲, 하코다테의 온천 등을 소개하더니 삿포로 시내에 사는 은사님 댁을 방문했다. 새해엔 식구 모두 소바そば면을 먹는다고 한다. 우리는 한여름에나 먹는 것으로 생각했는데 소바에 대한 일본인들의 애정을 읽을 수 있었다.

먼저 면을 구하기 위해 집을 나가는데 상점이 아니라 어느 가정집을 방문한다. 면을 만드는 면허를 가지신 분의 집이었다. 메밀 80%와 밀가루 20%를 섞어 반죽한 것을 손으로 둥글게, 밀대로 네모지게 하더니 칼로 정교하게 썰어 면을 만들어주었다. 정성이 가득했다. 고객에 대한 예의가 보통이 아니다. 만들면서 고객과 기꺼이 소통한다. 그런데 놀란 것은 면허를 취득할 때 사회봉사를 해야 한다는 것이었다. 면을 잘 만든다고 해서 전부가 아니란 말이다. 사회적 관계에도 철저해야 한다는 것이다.

그런데 오늘따라 KBS 〈아침마당〉에서 면을 내는 장인들이 나와 경쟁을 벌였다. 시식 후 판정하는 사람들이 최고의 장인으로 일본에서 소바면을 배워온 분을 꼽았다. 소감을 말하는 장면에서 그는 자기에게 가르침을 준 일본인 스승의 말을 일깨워주었다. 스승은 제자들에게 "기술이 정성을 이길 수 없다" 했다는 것이다. 아무리 기술이 좋아도 정성이 없으면 면다운 면이 나올 수 없다는 말이다. 장인정신이 따로 없다.

우리는 흔히 "음식 맛은 어머니의 손끝에서 나온다"고 한다. 그것은 사랑으로 버무린 어머니의 정성이 담긴 음식이 최고라는 것을 말해준다. 이것이 어디 음식뿐이겠는가. 오늘 당신의 사랑과 정성이 담긴 말과 몸짓에 상대는 기뻐할 것이다. 면이라고 다 면이겠는가? 말이라고 다 말이겠는가? 혼이 담기면 감동은 따라오기 마련이다. 음식을 만들거나 말을 할 때도 다 도道가 있다.

정성이 기술을 앞선다는 것은 무엇을 의미할까? 그것은 정성 속에 사랑의 감성이 담겨 있다는 말이다. 최근 이것을 아이디어 얻는 방법에서 활용하고 있어 주목을 받고 있다. 브레인스토밍은 아이디어를 얻는 방법으로 사용되어온 고전 기법이다. 오래되었을 뿐 아니라 많은 아이디어를 얻는 방법으로 가장 각광을 받아왔다. 그런데 브레인스토밍 기법과 성격이 전혀 다른 하트스토밍heartstorming이 등장했다. 브레인스토밍이 이성 중심이라면 하트스토밍은 감성 중심이다. 중심축이 뇌에서 가슴으로 내려온 것이다. 집단으로 감성지능을 향상해 조직과 팀의 성과를 높이기 위한 조직향상 기법이다.

하트스토밍이라는 단어를 처음 사용한 사람은 미래학자 롤프 옌센Rolf Jensen이다. 조직 구성원들의 마음을 하나로 모아 한 비전으로 통합되도록 하는 것이다. 이를 위해서는 무엇보다 강력한 정서적 연대가 필요하다.

이명우는 정서적 연대를 강화하기 위해서는 무엇보다 거리감을 없애라고 주장한다. 윗사람이 먼저 마음 문을 열고 양보한다. 잠시 권위와 위계를 내려놓고 상사와 부하가 인격과 인격으로 만날 때 감정이 교류되고 대화가 가능하다. 위계의 경계가 무너지고 신뢰가 쌓이면 비로소 소통이 되고, 하나가 될 수 있다. 커뮤니케이션은 지시와 명령의 하향식보다 상향식이 바람직하다.

경영자가 비전을 제시한다고 모든 것이 잘되는 것이 아니다. 공감이 안 되면 아무리 비전이 좋아도 진척이 안 된다. 먼저 마음이 통해야 한다.

이 점에 대해 구성원들이 진솔하게 생각과 마음을 나눔으로써 공감을 형성할 필요가 있다. 충분히 공감되면 나 자신보다 우리를 먼저 생각하게 되고, 남보다 자신부터 문제가 없는지 살피게 된다. 그리고 개선 방안을 적극적으로 제시하게 된다. 이 점이 브레인스토밍과 다르다.

데이비드 카루소David R. Caruso와 피터 샐러비Peter Salovey는 『사람과 조직을 끌어당기는 하트스토밍』을 통해 감정인식능력, 감정활용능력, 감정이해능력, 감정관리능력 등 4가지 감성스킬을 높이라 한다.

하트스토밍은 한마디로 서로 공감할 수 있는 조직 문화를 만드는 것이다. 가슴이 열려야 머리도 열린다. 이성의 법칙에 근거한 브레인스토밍과 감성의 법칙에 근거한 하트스토밍은 성격이 다르다. 하지만 이성과 감성이 서로 부족한 것을 보완해 균형을 이루듯 이 두 방법도 서로에게 필요한 것을 보완해 조직과 팀이 보다 더 나은 길을 찾게 만든다. 이성은 언제나 감성의 도움이 필요하다. 브레인스토밍 이전에 하트스토밍부터 하라. 가슴이 따뜻하면 아이디어도 뛴다.

13ㅁ 로댕과 프랭클린
작은 관심이 역사를 바꾼다

"당신의 작은 관심이 큰 변화를 이끌 수 있습니다."
"여러분의 작은 관심이 저희에겐 엄청난 힘이 됩니다!"
"작은 관심으로 우리 아이가 달라져요!"
"우리 사회에 필요한 건 작은 관심입니다."
"당신의 작은 관심이 희망을 만듭니다."
"사랑은 작은 관심입니다. 그러나 그것이 세상을 바꿉니다."

이 표어 같은 문구들에 공통된 단어가 있다. 바로 '작은 관심'이다. 우리의 관심, 그것이 아무리 작다 하더라도 그것이 큰 힘을 발휘한다는 것이다. 정말 그럴까? 기업이나 사회에서도 이 말이 적용될까?

산에 올라가는 길에 큰 바위를 만났다면 당신은 무슨 생각을 할 것인가? 이것이 왜 여기에 있지, 비켜 가면 그만이지 뭐. 이런저런 생각을 하지 않을까 싶다. 기실 바위 옆으로 길이 나 있을 테고. 그러니 하등 문제가 되지 않을 것이다. 그러나 조각가 로댕은 달랐다.

그는 청년들과 함께 산에 오르면서 길을 가로막고 있는 큰 바위를 만났다. 청년들은 그 바위를 보면서 귀찮게 생각했다. "뭐, 이런 게 있어. 길을 딱 가로막고." 하지만 로댕의 눈에 그 암석은 마치 인생을 고민하는 젊은이처럼 보였다. '뭔가 큰 고민에 빠진 것에 틀림없어. 그것도 곰곰이.' 그는 거침돌을 가져다 작품으로 승화시켰다. 그렇게 해서 태어난 것이 바로 그의 위대한 작품 〈생각하는 사람〉이다.

제임스 와트는 어느 날 물이 끓는 주전자를 무심코 바라보게 되었다. 주전자에서 수증기가 뿜어 나오고 있었다. 열이 가해지면서 증기의 힘은 더 강해졌고, 뚜껑마저 밀어내려 했다. 그는 거기에서 증기기관차를 보았고, 1769년 증기기관에 대한 특허를 냈다.

사람들은 번개에 놀란다. 죽기도 하니 놀라지 않을 수 없다. 맞을까 두렵다. 그러나 벤저민 프랭클린은 그것을 통해 어둠을 밝힐 전기의 가능성을 보았다. 1752년 그는 연을 이용한 실험을 통해 번개의 전기적 성질을 증명했다. 그리고 전하의 종류를 음과 양으로 구분했다. 토머스 에디슨이 1879년 백열등을 발명하고, 1881년 뉴욕 시에 최초의 중앙발전소 및 배전체계를 건설했다. 그 후 전력은 공장과 가정에 빠른 속도로 도입되기 시작했다.

쥐를 귀엽다 생각하는 사람은 별로 없을 것이다. 그러나 징그러운 쥐를 귀여운 쥐로 바꿔놓은 사람이 있다. 바로 월트 디즈니다. 정리해고를 당한 그는 어느 날 창고에서 잠을 자다 쥐들이 노는 모습을 유심히 바라보게 되었다. 노는 모습이 귀엽고 재미가 있었다. 그는 그곳에서 본 것을 바탕으로 평화와 자유의 상징인 미키마우스를 만들었다. 세계 아이들에게 꿈과 희망을 가져다주는 오늘의 월트 디즈니 역사는 바로 그 창고에서 출발했다.

역사적으로 창의적이다 싶은 것들은 의외로 작은 것에서 시작되었다. 별것 아니라고 생각되는 것, 늘 그런 것 아니냐고 생각되는 것에 관심을 가질 때 당신이 생각하는 이상으로 위대한 발견을 할 수 있다. 조금만 생각을 바꿔보라. 지금 당신의 길을 가로막고 있는 것이 당신의 미래를 열어주고, 당신을 놀라게 하고 무섭게 하는 것이 당신이 꼭 필요한 어떤 것을 선사할지 어찌 알리. 지금 당신의 작은 관심이 역사를 바꾸리라. 이런 의미에서 지금 당신의 관심이나 호기심은, 그것이 아무리 작다 할지라도 귀하고 귀하다.

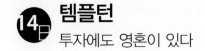

템플턴
투자에도 영혼이 있다

1992년 한경직 목사가 템플턴상Templeton Prize을 받았다. 이 상은 템플턴 재단the John Templeton Foundation이 수여하는 것으로 종교 분야의 노벨상이라 할 정도로 명성이 높다. 이 재단은 존 템플턴John M. Templeton이 1987년에 세운 것이다. 그는 왜 이 특이한 재단을 세웠을까?

우선 그의 삶의 배경이 중요하다. 그는 영국계 미국인으로 1912년 11월 테네시 주 윈체스터에서 태어났다. 예일대를 졸업한 뒤 영국 옥스퍼드대에서 공부했다. 전공은 경제학이었다.

25세에 월스트리트에 진출한 그는 저평가된 주식들만 골라내는 뛰어난 재주로 '위대한 투자가'라 불렸다. 이른바 역발상투자Contrarian 법이다. 투자회사 템플턴 그로스Templeton Growth를 설립한 그는 투자범위를 세계로 확대해 월스트리트의 살아 있는 전설로 통했다.

그는 프린스턴신학교의 이사와 학장을 역임했고, 1972년 노벨상에 종교 부문이 없는 것을 아쉬워하며 템플턴상을 제정해 매년 종교 분야에서 인류를 위해 크게 이바지한 인물을 선정해 수여했다. 상금은 약 150만 달러로 노벨상보다 약간 더 많다.

그는 1987년 필라델피아 근교에 템플턴 재단을 설립했다. 현재 2조 원을 넘는 기금을 운용하며 매년 약 900억 원 이상을 전 세계 수백 개 과학자그룹과 대학 등에 지원해오고 있다. 템플턴 종교 공헌상으로 시작된 템플턴상도 과학적 탐구 노력까지 범위를 넓혔다. 그리고 해마다 종교와 과학영역에서 진일보한 성과를 내놓은 학자와 종교지도자들에게 시상하고 있다.

템플턴재단은 재단 헌장에 '삶의 거대한 질문에 대한 발견을 지원한다'고 명시하고 있다. 이 목적에 따라 순수과학과 사회과학, 철학, 종교학 등 학문 분야를 가리지 않고 거대담론 연구에 집중 지원하고 있다. 일반재단들이 지원하기 어려운 창의적인 과학적 주제들을 지원하고 있고, 학제연구를 통해 새로운 지식을 발견하고자 한다.

재단이 지원하는 내용을 보면 아주 독특하다. '물리학과 우주론의 근본적 질문을 위한 재단FQXi'은 시간의 방향이나 다중우주multiple universe의 가능성, 양자역학 등 이론 물리학의 최첨단 분야 연구다. 용서연구캠페인은 개인이나 가족, 국가 간 용서에 대한 이해를 넓히기 위한 것이고, '무한사랑연구소'는 사랑의 효과를 분석한다. 당장의 수익보다 100년을 내다보는 투자를 하고 있는 것이다.

영국 여왕 엘리자베스 2세는 템플턴의 공로를 인정하여 기사 작위를 수여했고, 그는 '템플턴 경'이 되었다. 템플턴 수상자의 연설을 듣는 공식 행사는 매년 장소를 바꾸어가며 거행되지만 수상패와 수상금 수여식만은 언제나 영국 왕실인 버킹엄 궁전에서 이루어진다.

그동안 종교 관련 수상자도 여러 종교에 걸쳐 다양하다. 제1회 수상자는 테레사 수녀이고, 빌리 그레이엄도 1982년에 수상했다. 파키스탄의 회교지도자로 세계 무슬림 의회 사무총장이던 이나물라 칸, 티베트 불교의 지도자 달라이 라마, 종교와 평화에 관한 세계회의를 창설한 일본의 불교 지도자 니코 니와노도 수상했다. 한경직 목사는 사회복지와 복음 전파, 남북 화해 등에 기여한 공로를 인정받았다. 솔제니친은 소설가였지만 구소련에 종교를 부활토록 했다는 점을 인정받았다. 이처럼 기독교와 불교, 이슬람교 등 종교의 장벽을 넘나들며 인류정신사에 기여한 인물을 선정한다.

템플턴은 2008년 7월 95세의 나이로 소천했다. 그는 "삶이란 주는 것이다"라 했다. 또한 힌두교의 명언을 인용해 다음과 같은 말을 남겼다. "주는 사람은 모든 것을 가진 사람이다. 주지 못하고 집착하는 사람은 아무것도 갖지 못한 사람이다." 그는 '영혼의 투자자'라 불린다. 투자에도 영혼이 있다. 그는 가고 없지만 템플턴재단은 오늘도 인류의 지적 진보를 꿈꾸며 세계 최고 수준의 재단으로 성장하고 있다.

사우스웨스트 에어라인 스타일
즐겁게 일하면 세상이 달라진다

사우스웨스트 에어라인Southwest Airline은 경영성과도 좋고 외부평가도 좋다. 온라인으로 예약 시스템을 최초로 실시한 항공사로도 유명하지만 이외에도 특이한 점이 한두 가지가 아니다.

이 기업은 무엇보다 인재관리를 핵심으로 한다. 특히 직원에 대한 배려가 남다르다. 1996년 창립 25주년 기념식에서 켈러허Herbert D. Kellerher 회장은 말했다. "직원은 내부고객이고 가족이다."

이 말은 직원을 얼마나 귀하게 여기는가를 보여준다. 피그말리온적 인재관리의 전형이라는 평가도 받았다. 팀이나 부서별 집단 보상에 중점을 두며, 임원들의 보수를 상대적으로 낮춰 일반 직원들과 같이 대우한다.

이 항공사의 특징은 즐거운 조직문화에 있다. 직장에서 일은 중요하다. 하지만 너무 심각하게 생각하거나 억지로 해서는 안 된다. 일은 즐거워야 한다. 일은 놀이다. 즐겨야 한다. 일도 재미있어야 하고 직장도 재미있게 해야 한다. 그래서 그들은 펀 경영fun management을 외친다.

다음은 비행기 기장의 멘트다. 이것은 매뉴얼에 있는 것이 아니다. 자신들이 만들어서 자신뿐 아니라 승객을 즐겁게 한다.

"안녕하세요. 기장 마이클입니다. 오늘 비행기 타실 때 가슴이 두근두근하신 분 손들어보세요. 제가 그렇습니다. 왜냐하면 비행기 운전이 처음이거든요. 놀라지 마세요. 오늘 처음이라고요. 우리 항공기는 라스베이거스 위를 날아갈 예정입니다. 도박을 하고 싶은 분은 뒷문을 열어드릴 테니까 뛰어내리세요. 살아날 확률이나 도박으로 돈을 딸 확률은 똑같습니다."

이 기업은 단순히 즐거움만 강조하지 않는다. 사원들이 기쁨과 즐거움을 가지려면 기업이 앞서 사람을 중시해야 한다.

"사람은 중요하다. 한 사람이 세상을 바꿀 수 있다."

이것은 사훈이다. 벽 없는 조직을 만들어 누구나 모든 일을 하게 한다. 해고는 없다. 조직구성원에 대한 잠재능력을 높이 사고, 숨겨진 열정을 이끌어낸다. 모든 직원을 고객 대하듯 존중하고 섬긴다. 여기에서 즐거운 문화가 나올 수 있다.

켈러허 회장 또한 즐거운 경영을 경영마인드 혁신과제로 삼는다. 그는 비행 탑승권만 파는 것이 아니라 유머도 함께 팔겠다고 공언했고, 유머감각이 있는 사람을 고용하며, 창조적인 유머 사용을 권장했다. 그가 유머를 강조하게 된 것은 "마음의 즐거움은 양약이라도 심령의 근심은 뼈를 마르게 하느니라"라 한 잠언 17장 22절에 근거한 것이다. 이 항공사는 기내방송 멘트를 할 때 유머감각이 넘치는 것으로 유명하다. 비상시 행동요령도 유행가에 가사를 붙여 부른다. 승무원들이 유니폼을 착용하지 않는 것은 물론이다. 유머로 끝나지 않는다. 친절한 서비스는 기본이다.

사우스웨스트의 성공비결은 일에 대한 즐거움, 가족적 분위기, 그리고 고객뿐 아니라 직원들의 만족까지 생각하는 독특하고 자유스러운 기업문화에 있다. 문화는 외친다고 되는 것이 아니다. 서로를 긍정하고 귀하게 생각하며 매사에 즐거운 분위기를 창출할 때 일에서도 기쁨이 나온다.

지금 당신의 하는 일이 무척 단조롭고, 직장은 정말 재미가 없는가. 그것은 당신이 하기 나름이다. 사우스웨스트를 보라. 일에서도 직장에서도 얼마든지 즐거움을 창조할 수 있다. 즐겁게 일하면 세상이 달라진다.

16日 팀워크
이기적인 골잡이보다 행복한 어시스트가 돼라

　　　　일만 잘한다고 직장에서 성공하는 것이 아니다. 직장은 학교가 아니다. 공부는 혼자 하는 일이라면 직장에서는 팀을 이뤄 일을 진행하는 경우가 많아 조화를 이루지 않으면 안 된다. 1등주의에 매달리면 개인주의로 치달을 수 있고, 결국 외톨이가 될 가능성이 높다. 혼자서만 골을 넣으려 하지 말고 우리 팀이 넣는 데 집중해야 한다. 팀 플레이어 되는 연습이 중요하다.

　팀 플레이어가 되려면 무엇보다 남을 배려할 줄 알아야 한다. 주역에 "무수無咎면 길吉하리라"라는 말이 있다. 일등이라 하지 않는 사람은 언제나 행복하다는 말이다. 이 세상을 지배할 욕심을 내지 않으니 자연 전쟁을 하려 하지 않을 것이고, 나보다 남을 배려하니 평안이 올 것이다.

　1914년 12월 5일 어니스트 새클턴이 이끄는 영국의 남극대륙 횡단 탐험대가 최초로 남극대륙을 육로로 횡단하기 위해 닻을 올렸다. 얼마나 기다렸던 날인가. 하지만 이 탐험은 배가 부빙에 난파하면서 끝이 났다. 구조될 때까지 2년간 남극에서 사투를 벌여야 했다.

　2년간 그저 구조되기만 기다리는 그와 대원들을 상상해보라. 이 상황에서 새클턴이 발휘할 수 있는 리더십은 거의 없었다. 하지만 이 극한상황에서 그가 보여준 배려의 리더십은 얼음장과 같은 대원들의 마음을 녹여주었다.

　오랜 추위로 많은 대원이 죽음이라는 사선을 넘나들었다. 그때 새클턴은 우유를 끓여줌으로써 대원들의 희생을 막을 수 있었다. 퍼킨스가 쓴 글에 따르면 워슬리라는 대원이 과거를 회상하며 다음과 같이 말했다.

"우리 중 적어도 두 명은 거의 죽기 직전이었다. 새클턴은 계속해서 두 사람의 맥박을 체크했다. 대장은 그 두 사람 중 한 명이 오한이 나 몸을 심하게 떠는 것을 보면 그에게 즉시 뜨거운 우유를 끓여 모든 대원에게 제공하도록 지시하곤 했다. 새클턴은 몸 상태가 좋지 않은 그 대원이 결코 외로움을 느끼지 않도록 각별히 배려했고, 결국 가장 힘들어하는 대원에게 가장 많은 혜택이 주어졌다."

이 사건 이후 대원들은 모두 서로를 위해 우유를 끓여 먹여주는 관계로 발전했다. 새클턴은 2년 동안 자신보다는 대원들을 돌보았고, 언제나 대원들의 건강을 점검했다. 대원의 옷이 얇아 감기에 걸리면 자기의 옷을 벗어주었다. 그의 이러한 헌신과 노력은 결국 대원들을 감동시켰고, 결국 남극에서 살아남은 힘이 되었다.

경기 관점에서 볼 때 세상에는 두 가지 형의 인물이 있다. 하나는 골잡이형이고, 다른 하나는 어시스트형이다. 골잡이형은 내가 골대에 공을 넣어야 행복을 느낀다. 하지만 어시스트형은 자신이 공을 넣지 않아도 어시스트를 잘해서 골인되는 것만으로도 그저 행복하다. 내가 인정을 받고 사는 것도 중요하다. 하지만 어시스트를 잘해서 팀이 이기게 되는 것도 행복하다.

우리 주변에는 어떤 인물이 많을까. 어시스트형은 아주 드문 반면 골잡이형은 많다. 1등은 기억되지만 2등은 어디 기억이나 해주는 세상인가. 닭의 머리가 될지언정 용의 꼬리는 되기 싫다. 그렇다 보니 서로 경쟁자가 되어 협력하지 못하고 반목한다. 그래서 내부의 경쟁자가 더 무섭다.

경쟁이 나쁜 것은 아니다. 경쟁은 어떤 상황에서는 자극을 주고, 흥을 돋우고 유용하다. 경쟁은 때로 아름답게 보인다. 그러나 딘 쵸스볼드에 따르면 조직에서 그러한 상황은 자주 일어나지 않는다. 지나친 경쟁으로

부작용이 크다. 조직에서 필요한 것은 지나친 경쟁이 아니라 구성원 간의 협력이다. 아무리 뛰어난 인재도 혼자 일할 수 없다.

현대는 팀 사회이다. 조직도 팀으로 움직인다. 이때 참으로 필요한 사람은 어시스트를 잘하는 사람이다. 사람을 만나면 상대의 강점을 살리고 약점을 보완하면서 추구하는 목표를 이룰 수 있도록 돕는다. 자신보다 팀의 승리를 위해 헌신한다. 이러한 사람이 많을수록 우리 사회는 밝아진다. 리더십은 인기 경쟁이 아니다. 모두 힘을 합해 일을 기쁨으로 성취하는 데 있다. 이기적인 골잡이보다 행복한 어시스트가 돼라. 이런 사람이 많은 조직일수록 성공한다.

코칭
당신의 리더십이 조직의 미래를 좌우한다

리더십을 공부해보면 관리자가 되기보다 리더가 되라는 말을 자주 한다. 그 차이는 무엇일까? 관리자는 그저 기대된 것만을 수행하고 모험하려 하지 않는다. 봉사하고 훈련하고 위임하고 다른 사람들을 이끄는 노력을 거의 하지 않으며, 결국 조직의 성공이나 자신의 직업적 성공에도 공헌하지 못한다. 이에 반해 성장하는 조직의 리더는 위험을 감수하고 끊임없이 노력하는 사람이다. 그들은 때로 규칙을 깨고 필요할 때 거부할 줄도 알며 권한을 위임한다. 나아가 현재에 만족하지 않으며 새로운 경험, 새로운 도전, 새로운 활동의 방향을 가로막는 안락지대에서 벗어나려 한다. 리더는 그만큼 다르다는 말이다.

그런데 여러 형태의 리더십 중에서도 코칭coaching이 리더십의 현대적 유형으로 자리를 잡고 있다. 21세기 미래형 리더는 코치라는 말까지 한다. 그만큼 코칭의 인기가 높다는 말이다.

코칭은 한마디로 개인이 자아실현을 할 수 있도록 지원하는 시스템이다. 코칭은 모든 문제는 하나만의 답이 아니라 여러 개의 답이 있을 수 있으며, 개인은 자기에게 가장 만족스러운 해답을 택할 때 가장 효과적일 수 있다는 원칙을 가지고 있다. 이를 위해 코치는 개인이 지속적으로 향상하도록 파트너십을 구축하고, 양방향 커뮤니케이션을 통해 피코치자에게 긍정적인 영향을 준다.

코치coach는 원래 1500년대 헝가리 도시 코치Kocs의 네 마리 말이 끄는 마차에서 나온 것이다. 이 마차가 유럽에 퍼지면서 코치kocsi, 코트드지kotdzi라 불리다가 영국에서 코치coach라 했고 이 말이 세계화된 것이다. 역시 영어의 힘이 강하다.

영국에서 마차는 기차train와 대비된다. 마차는 승객을 출발지에서 목적지까지 안전하고 쾌적하게 데려다 주는 개별서비스이다. 하지만 기차는 많은 승객을 역에서 태우고 정해진 속도와 경로를 따라 정해진 역까지 실어 나르면 된다. 이것은 훗날 코칭과 트레이닝training, 집체훈련, 집체교육을 구분시켰다.

- 트레이닝은 상급자이자 해결사의 지시를 받지만 코칭은 파트너로 같이한다.
- 트레이닝은 상급자가 해답을 제시하지만 코칭은 피코치자가 스스로 해답을 이끌어내도록 한다.
- 트레이닝은 위계질서를 강조하지만 코칭은 개개인의 창의와 자발성을 강조한다.
- 트레이닝은 훈련체계로 구성되어 있지만 코칭은 대화체계로 구성되어 있다.
- 트레이닝은 상의하달이지만 코칭은 수평관계에서 소통한다.
- 트레이닝은 상사가 이끌어나가지만 코칭은 피코치자를 뒤에서 밀어준다.

이 구분은 코칭과 집체훈련이 어떻게 구별되는가를 보여준다. 지금 기차를 탈 것이냐 마차를 탈 것이냐 물으면 혼동이 될 것이다. 그러나 코치와 같은 인간적인 사람을 택할 것인가, 차장과 같은 기계적인 사람을 택할 것인가 물을 경우 대답은 확연히 달라진다.

다음은 좋은 상사가 되기 위한 일곱 가지 원칙이다.

- 부하를 인간으로 대하라. 기계같이 다루지 마라.
- 부하와 대화하라. 명령하는 것은 협동의 걸림돌이다. 대화는 듣는 것부터 먼저 해라.
- 부하에게 믿음을 심어줘라. 회사가 성공한다는 믿음, 회사가 잘되어야 내가 잘된다는 믿음, 회사가 보람 있는 일을 하고 있다는 믿음이다.

- 일이 재미있도록 만들어준다. 자기가 무슨 일을 할 것인가, 어떻게 언제까지 해낼 것인가에 대해 스스로 결정하게 해야 일이 재미있다.
- 부하의 선배 지도자가 돼라.
- 자신부터 성숙한 어른이 돼라. 부하의 발전을 도와주고 모범을 보여라.
- 돈으로 부하를 사려고 하지 마라. 부하에게 보상하는 방법은 금전 말고도 다른 수단이 1천 가지나 있다는 것을 명심하라.

"직장인의 이직은 회사를 떠나는 것이 아니라 직장 상사를 떠나는 것이다"라는 말이 있다. 당신의 리더십이 조직의 미래를 좌우한다.

18日 서비스마인드
가슴에 남는 서비스를 하라

　　　　허름한 복장으로 굴비판매점에 들른 사람이라고 종업원이 별로 관심 없이 대하면 어떻게 될까? 손님이 어떤 옷을 입었든, 외모가 어떠하든 그를 사랑하고 왕으로 대접하라. 상대를 인정하고, 인간미를 더하고, 헌신하며, 끝까지 예의를 지켜라. 역지사지라는 말이 있다. 남의 입장에 서보라. 그리고 생각하라. 어떻게 해야 하는지를. 상대를 외모로 판단하지 마라. 하지만 당신은 외모로 판단받는다는 것을 기억하라.

　　안양시 석수동 새마을금고의 청원경찰 한원태는 친절 하나로 300억이라는 거금을 유치한 인물이다. 금융계와 공무원조직은 한원태 식 서비스를 배우기에 바쁘다. 그 비결은 고객감동에 있다. 그는 친절의 중요성을 깨달은 후 고객의 혼까지 사로잡는 작전에 들어갔다. 먼저 매일 거울을 보면서 백 번씩 인사하는 연습을 했다. 그는 첫 발령을 받았던 은행에서 무섭다며 울음을 터뜨린 아이가 있었을 정도로 인상이 좋지 않았다. 그러나 그는 고객에 대한 공부를 게을리하지 않았다. 그에겐 낡아빠진 고객노트가 있다. 그의 비밀병기다. 그 노트에는 고객 한 명 한 명의 사소한 정보까지 기록되어 있다. 심지어 혼자 사는 독거노인들의 생활까지 기록되어 있을 정도다.

　　근로복지공단 춘천지사에 근무하는 조미림은 직원들끼리 만든 지식형 블로그 동호회에 고객만족방을 만들어 고객만족을 위한 여러 아이디어를 얻었다. 그중에서 알기 쉽고 이해가 쉬운 것을 모아 『고객 100번 기절시키기』라는 책을 내놓았다.

　　모두 3부로 되어 있는데 이것은 고객을 만족시키기 위한 3단계라 할 수 있다. 1부는 고객마음 열기로 고객 응대 시에 가져야 할 기본 에티켓 등이 실려 있다. 2부의 고객 끌어당기기에는 고객이 나를 친근하게 느끼고 자신도 모르게 이끌리는 느낌을 가질 수 있는 단계이다. 그리고 3부 고객 기절시키기는 큰 감동을 받아서 머리를 한 대 맞은 느낌을 가질 정도의 서비스에 대한 내용이다. 1단계는 기본적인 에티켓으로 고객의 마음을 열고, 2단계는 고객이 자신을 친근하게 느끼고 자신도 고객에게 이끌리게 하며, 3단계는 고객을 기절시킬 정도로 친절하게 서비스한다.

경영은 서비스다. 고객에 대한 서비스가 부족하다면 그 기업의 미래는 어둡다. 서비스의 기본은 질이다. 그것은 고객이 얼마나 감동하느냐로 나타난다. 그저 고객을 왕으로 모시는 정도가 아니라 고객을 기절시킬 정도의 서비스가 되어야 차별성이 있다. 고객에 대한 사랑과 존경, 그리고 극진한 배려는 언제나 고객의 가슴에 남는다.

선비 하면 우리는 시골의 훈장 선생님이 떠오른다. 꼬장꼬장한 모습에, 타협할 줄 모르는 정의파. 그렇지만 정신만은 살아 있어 가난해도 존경을 받는다.

이규태에 따르면 한국의 선비는 단치적 의식구조를 가지고 있다. '어느 것만이 가치가 있고 오직 그것뿐이어야 하며 삶은 그것에 이르는 과도적 준비에 불과하다.' 외골수라는 말이다. 이 단치적 사고는 최고, 일류, 완벽을 추구하고, 최고best에만 만족하게 한다. 최고는 사실 멀고도 힘들다. 그래서 종종 허울로 자기를 가린다. 또한 선비는 인격적 가치를 위해 다른 가치들, 곧 경제적 가치나 사회적 가치를 경시하는 경향이 있다. 따라서 똑같이 일류를 추구함에 있어서 경제적 가치와 조화를 이루지 못하는 특성이 있다.

한국의 선비와 비견되는 서구의 선비는 무엇일까? 영국의 신사도라면 어떨까 싶다. 이규태는 서구는 가급적 모든 일이나 사물에 가치를 부여하려는 다치적 의식구조를 가지고 있으며 최선best뿐 아니라 차선second best에도 만족하고, 또 차선 이하의 척도에서도 만족할 줄 안다. 적어도 외골수는 아니란 말이다. 포용력이 엿보인다.

영국의 신사도에 있어서 진정한 신사는 자신뿐 아니라 다른 사람들을 존중respect others하고, 외모보다 도덕적 가치moral worth를 중히 여기며, 그 사람이 물질적으로 무엇을 소유했는가 하는 것보다 그 사람이 가진 질적 속성personal qualities에 더 무게를 둔다. 이런 점에서 보면 영국의 신사도나 한국의 선비들의 가치관이 그리 달라 보이지 않는다.

그런데 놀라운 것은 매매賣買라는 한자에 '선비사士' 자가 있다는 것이다. 장사하는 사람을 선비로 생각해본 적이 없는 우리에게 적지 않은 충격을 준다. 매매에 선비라는 말이 들어 있는 것은 장사에도 도가 있음을 가르쳐준다. 이것은 사업을 주요 생활수단으로 하는 이 시대가 유념해야 할 부분이다. 사고팔 때도 선비답게 하라. 고객을 존중하며, 겉모습보다 사람의 가치를 중시하며, 성품을 다할 때 결과는 달라질 것이다. 지금 세상에 선비가 어디 따로 있겠는가? 모든 일에 지고지선을 다하면 선비가 아니겠는가.

19日 역발상 워크숍
거꾸로 생각하면 답이 보인다

근로복지공단에서 '공단이 망하는 길'이라는 주제로 역발상 워크숍을 한 적이 있었다. 이 포럼에서 고객을 열 받게 하는 방법이 제시되었다. 이렇게 하면 공단이 망하게 된다는 것이다. 그 내용을 보면 고칠 점이 한두 가지가 아니다. 다음은 그 방법들이다.

첫째, 시늉만 한다. 불친절함, 직원 부조리함 등 고객의 의견을 묻기만 하고, 수년이 다 지나도록 함조차 안 열어본다.

둘째, 위력을 과시한다. 내사 요청해서 한 사람당 평균 4시간 정도씩 진술문답을 받는다. 업무시간이 종료되면 내일 다시 오라고 한다. 궁금한 것이 있으면 그다음 날 또 오라고 한다. 끝까지 행정편의주의로 간다.

셋째, 인간관계를 돈독히 한다. 민원인, 특히 사업주에 대해 방문을 요청할 때는 오전 11시 30분경에 오도록 해서 은근히 점심식사를 그 사람이 사도록 유도한다. 상대가 아름다운 여성일 경우 다리 및 그 밖의 부분을 흘끔흘끔 쳐다보면서 응대한다. 민원인을 고객으로 보지 않고 이용대상으로 본다.

넷째, 문턱을 높인다. 공문서는 법이 개정되었는지 새로운 법이 생겼는지 알 바 없이 그냥 수신자 등 약간 수정한 다음 그대로 발송한다. 민원인이 찾아오면 자신은 자리에 앉아서 말하고 민원인은 선 채로 용건을 말하게 해서 민원인이 죄를 지은 양 느끼도록 한다. 오후 6시 땡 치면 외부전화 수신차단부터 한다. 6시 1분에 방문한 민원인은 내일 다시 오라고 한다.

다섯째, 나는 나, 너는 너! 민원인이 최대한 여러 단계를 거쳐 담당자를 찾게 한다. 상담 시에는 결코 상대와 눈을 마주치지 않는다. 고객 배려는 생각지 않는다.

여섯째, 나를 믿지 마! 근로자의 재해 주장은 주장일 뿐이니 철저히 무시하고, 사업주가 제출한 자료만 자료로 인정한다. 산재기금은 사업주가 전적으로 부담하지 않는가. 근로자의 권리에는 그냥 눈을 감는다.

일곱째, 그때그때 달라요! 법과 규정을 귀에 걸면 귀걸이, 코에 걸면 코걸이 식으로 만들어 동일 또는 유사한 사안에 대한 판정결과가 담당자별로, 결재권자별로, 지역별로, 지사별로 다 다르게 나오도록 한다. 각종 법령과 규정이 있다 해도 모호하고, 해석방법이나 시각에 따라 차이가 있지 않은가.

여덟째, 사무실을 내 집 안방처럼! 전화가 많고 짜증이 날 때는 "현재 전산시스템 장애로 확인할 수 없으니 내일 다시 전화하시죠"라며 한숨 돌린다. 진술문답을 하는 동안 메신저, 싸이월드, 빨간 전화기 등 온갖 것에 다 답변하면서 한다. 민원인이 방문하기 전날 술이 떡이 되도록 먹은 다음 알코올 향기를 풍긴다. 점심이나 간식 후 환기를 하지 않아 민원인이 우리가 무엇을 먹었는지 짐작할 수 있게 한다. 민원인이 제출한 자료를 아무 곳에나 방치하고 찾으니 없다며 해당 자료를 다시 요구한다. 대민서비스는 생각하지 않는다.

끝으로, 실적에 집중한다. 예산이 아직 있음에도 올해는 예산이 소진되어 지원해드릴 수 없으니까 내년에 오라고 한다. 채무자가 완납하기 전에는 결코 압류를 해제하지 않는다. 채무자가 완납을 하더라도 사무실에 찾아와 난리를 치거나, 식사를 대접하지 않는 이상 압류를 해제하지 않고 기다린다. 대민서비스기관으로서의 책임 따윈 잊고 실적 위주로 간다.

역발상 워크숍은 조직의 위기상황과 혁신방향을 적극적으로 인식하는 방법의 하나로 부정적인 내용을 찾아서 거꾸로 올바른 방향을 찾아가는 기법이다. 처음부터 개선방안이 무엇이냐 하면 답을 찾기 어렵다. 그러나 거꾸로 '이렇게 하면 망한다' 하면 의외로 신선한 답들이 나올 수 있다. 위에 나열된 부정적 내용을 역으로 하면 그대로 답이 되는 것과 마찬가지다. 지금도 이런 곳이 있을까? 제발 옛날 얘기였으면 한다. 고객을 열받게 하면 그 조직은 죽는다.

20日 김성오
돈보다 사람의 마음을 잡으라

　　　　고난이 인생의 좋은 스토리가 된 경우 종종 박수를 받는다. 김성오의 『육일약국 갑시다』를 예로 들 수 있다.

　그는 마산 출생으로 서울대 약대를 나와 10여 년 동안 마산에서 약국을 경영했다. 약국이라야 4.5평이었고, 그것도 600만 원 빚으로 시작했다. 그러나 13명의 약사를 둔 기업형 약국으로 성장했다. 이 책은 그 비결을 담고 있다.

　인지도가 없는 약국을 어떻게 알릴까?

　"기사님요, 육일약국 좀 가주이소."

　"야? 육일약국요? 거가 어딘데예?"

　택시만 타면 그는 '육일약국 갑시다'를 외쳤다. 3년 후, 육일약국을 모르는 택시 기사는 간첩이라 불릴 정도로 마산과 창원에서 가장 유명한 약국이 되었다.

　그것만으로 유명 약국이 될 순 없다. 마음경영을 했다. 그가 고객들에게 줄 수 있었던 것은 친절과 정성뿐이었다. 고객을 대하는 순간마다 맞선을 보는 기분으로 상대방을 기쁘게 하려고 정성을 다했다. 고객을 편하게, 고객을 기쁘게. 그리고 손님의 뒷모습을 바라보면서 항상 세 가지 생각을 했다.

- 이 손님이 오늘 나를 통해 만족했을 것인가?
- 다음에 다시 올 것인가?
- 다음에 다른 손님을 데리고 올 것인가?

이 경영은 통했다. 그는 말한다.

"경쟁자들이 습관적으로 손님을 대할 때 고객에게 줄 것을 하나라도 더 생각하고 노력하다 보면 자연히 손님은 늘어나게 되어 있다. 누구나 베풀 수 있는 정도의 친절로는 절대 상대에게 감동을 줄 수 없다. 손님이 기대하는 것보다 1.5배 이상 친절하라."

고객을 감동시키는 경영이다. 그는 이것을 마음경영이라 했다. 돈만 추구하면 돈과 사람을 모두 잃지만 마음을 잡으면 사람은 물론 그 외의 모든 것이 따라온다.

그의 경영철학은 한마디로 섬김의 비즈니스다. 그는 이윤보다 사람을 남기는 장사를 하고자 했고, 그 신념이 섬김으로 나타나 결실을 맺은 것이다. 장사란 이익보다 사람을 남기는 것이라며 직원들을 설득했고, 고객에 앞서 직원부터 감동시키는 작업을 했다. 사업은 혼자서 하는 것이 아니기 때문이다. 그의 경영철학은 온라인 중등교육기업 메가스터디 엠베스트와 직무교육기업 메가넥스트로 이어지고 있다.

사업 성공만으로 그를 칭찬할 순 없다. 그는 나눔을 목표로 하고 있다. 나누고 베풀라는 아버지의 가르침을 따라 교육기업에 뛰어들었고, 책 판매에 따른 수익의 인세를 모두 불우청소년 및 소외 계층을 위한 기금으로 사용하고 있다. 그는 말한다. "당신도 할 수 있어요." 실패를 두려워하지 말고 도전하라는 것이다. 무엇보다 작은 가치를 지켜 큰일을 이루며 나눔의 선순환이 우리 사회에 지속되기를 바란다.

드림케팅
고객은 신선한 경험과 꿈을 원한다

기업은 상품과 서비스를 판다. 그런데 톰 피터스는 앞으론 경영에서 상품과 서비스라는 단어를 완전히 없애고 경험이나 꿈이라는 단어로 바꾸라 한다. 경험과 꿈을 파는 기업이 되라는 말이다.

그는 스타벅스를 예로 들었다. 스타벅스는 단순한 커피집이 아니다. 사람들은 이 집의 커피가 특이해서가 아니라, 그 안에서 친구들을 만나 이야기를 나누고 신문이나 책을 읽고 인터넷을 즐기는 스타벅스 라이프스타일에 빠져 찾게 된다. 맛있는 커피라면 굳이 이곳이 아니어도 있다. 문화를 마시고 즐기는 것이다.

스타벅스가 성공한 이유는 기존의 마케팅 요소였던 4P Price, Product, Place, Promotion에 People을 추가했기 때문이다. 5P는 인간의 감성에 맞는 마케팅기법으로 젊은 감성세대의 취향에 맞춘 것이다. 이른바 스타벅스 감성 마케팅이다. '스타벅스, 그곳에서 커피 마시고 싶다.' 이런 생각이 젊은이들에게 부합하면서 성공을 거두었다. 젊은이들은 스타벅스가 아니더라도 사람을 생각하는 커피 하우스를 선호한다.

맥주 브랜드 기네스도 사람들이 한곳에 모여 이야기를 나눈다는 뜻을 가지고 있다. 오토바이 할리 데이비슨은 반항적인 라이프스타일을 뜻한다. 그리고 리조트 업체 클럽 메드는 자신을 발견하기 위한 또는 새로운 나를 창조하기 위한 수단으로 인식되고 있다.

그는 이제 기업이 '고객만족'이라는 헛된 구호를 버리고, 보다 멋지고 극적이며 신기한 '고객경험'을 제공하는 데 초점을 맞추라 한다. 서비스는 거래지만 경험은 이벤트다. 경험은 싸구려 즐거움이나 한 차례의 재미가 아닌, 완전히 다른 삶의 방식이다. 세상이 감성의 하이 터치를 원하는데 이성의 로우 터치만 제시하면 고객은 떠나게 되어 있다.

그는 고객에게 단순한 경험이 아닌 즐거운 상상을, 만족이 아닌 열광을 제공하는 '드림케팅dreamketing'을 하라 한다. 드림케팅은 론지노티 비토니가 자신의 책 『꿈 팔기』에서 처음 사용한 것으로 꿈과 마케팅을 합성한 단어다. 사람들은 평범한 상품에 눈을 돌리지 않는다. 꿈과 경험을 제공하는 드림제품에 열광한다.

그는 꿈과 친해지기 위해 기업이 다음과 같이 할 것을 주문했다.

- 고객의 꿈을 이루어줌으로써 부가가치를 극대화한다.
- 고객에게 가치 있는 것에만 투자하라.
- 단기 수익 때문에 장기적인 가치 브랜드를 포기하지 마라.
- 재정적인 측면과 브랜드라는 장기적인 가치를 포기하지 마라.
- 다양한 인재를 영입하라.
- 감성을 바탕으로 리드하라. 비전과 자유를 통해 열정적인 헌신을 이끌어내라.

노영호와 고수진은 『리씽킹Rethinking』을 통해 현대와 같은 풍요의 시대에는 황홀한 고객경험을 제공하는 것이 정답이라 주장한다. 시중엔 물건이 넘쳐난다. 그야말로 소비자의 눈길을 끌기 위한 무한 경쟁이 이미 시작되었다. 뛰어난 기술력만으로 승부하는 것도 아니다. 이런 시장 경쟁 상황에서 어떻게 해야 살아남을 수 있을까? 고객만족으로는 불충분하다. 고객을 감동시켜야 한다. 그저 감동이 아니다. 황홀한 경험을 하도록 해야 한다. 디자인·기능·성능 등 3요소를 완벽하게 결합시켜 황홀한 고객경험을 이끌어낸다. 애플은 고객의 근원적 욕구에 초점을 맞춰 '당신을 위한 제품only one'이라는 생각을 심어주었다. 성공하는 기업은 다르다.

22日 웨이터 십계명
당신의 일을 기뻐하고 즐기라

인간관계는 상대를 섬기는 데 있다. 낮은 자세로 섬길 때 상대는 감화를 얻는다. 당신이 높은 자리에 있음에도 불구하고 섬기려 한다면 상대는 당신을 다시 볼 것이다.

서비스는 라틴어 '세르부스servus'에서 나왔다. 주인을 위해 정성을 다해 봉사하는 노예를 상징하고 있다. 서비스는 봉사자의 느낌보다 봉사를 받는 사람의 만족이 중요하다. 그들의 필요를 채워야 한다. 상대의 필요를 채우기 위해서는 서비스할 내용을 잘 알고 있어야 한다. 따라서 봉사자는 전문성이 요구된다. 여기서 요구되는 전문성은 고도의 전문성이 아니다. 그런 전문성은 진짜 그 분야의 전문가를 소개하는 것으로 족하다. 당신에게 필요한 전문성은 어느 정도의 상식수준이다. 그것만으로도 대화가 된다.

당신의 마음을 먼저 움직여라. 서비스는 마음에서 우러나야 한다. 마음에도 없는 서비스는 기계적인 모습으로 보일 수밖에 없다. 미소도 없이 무뚝뚝한 대접을 받았을 때 상대방의 기분이 어떨지를 생각해보라. 따라서 당신의 마음을 먼저 움직일 필요가 있다. 마음이 움직여야 몸이 움직인다. 모든 것은 마음먹기에 달렸다. 서비스할 땐 눈도 웃어야 한다. 서비스업에 종사하는 직장인은 '부드럽고 환한 미소'가 생명이다. 그러나 과장되고 억지스러운 미소는 부담만 준다.

서구 식당의 웨이터는 대부분 월급을 받지 않는다. 팁으로 받는 돈이 곧 월급이다. 능력 있는 웨이터와 능력 없는 웨이터는 다르다. 너무 친절해도 손님들은 부담스러워한다. 팁을 너무 노골적으로 바라는 듯한 천박한 느낌을 주기 때문이다. 친절하지만 적당한 기품을 유지해야 한다.

마이클 린_{M. Lynn} 교수는 뛰어난 웨이터의 특징을 조사하여 다음과 같이 십계명으로 정리했다.

1) 옷을 다르게 입어라. 단순히 옷에 액세서리만 달리해도 팁이 평균 17% 올랐다. 나만의 트레이드마크가 있어야 한다는 말이다. 단순한 식당 종업원이 아니라 독립된 인격체임을 드러내라.

2) 자기 이름을 소개하라. 비즈니스 관계라 해도 사람과 사람의 만남이 있어야 한다.

3) 무조건 많이 팔아라. 오늘 무슨 요리가 좋다, 이런 음식에는 이런 음료가 좋다는 등. 먹은 음식의 총량에 따라 팁이 달라진다.

4) 식탁 옆에서는 무릎을 꿇어라. 눈길을 맞춰라. 돈을 내는 손님이 웨이터를 올려보며 이야기할 수는 없는 일이다. 고객을 인격체로 대하라.

5) 손님을 만져라. 손님의 어깨나 팔을 살짝 건드리는 행동만으로도 팁은 16%나 더 올랐다. 만지는 것은 의사소통의 가장 중요한 영역이다.

6) 손님의 주문 내용을 따라 말하라. 상대방의 이야기를 주의 깊게 듣는다는 인상을 줘라. 비언어적 표현도 중요하다. 고개를 끄덕이는 것, 시선의 방향, 맞장구쳐주는 것 등.

7) 신용카드사의 로고가 적힌 계산서를 사용하라. 이유는 확실하지 않지만 신뢰감을 줄 것이다.

8) 입을 가능한 한 크게 벌려 웃는 표정으로 이야기하라. 웃으면서 서비스했을 때와 무표정으로 서비스할 때는 판이하다.

9) 좋은 날씨를 예보하라. "내일은 날씨가 참 좋다고 하네요. 데이트하시기 좋을 것 같아요." 이 같은 단순한 이야기만으로도 사람들은 기뻐한다.

10) 손님에게 초콜릿을 선물하라. 손님에게 계산서를 내밀 때 초콜릿을 함께 내미는 것만으로도 팁은 오른다.

이 모두를 한마디로 하면 무엇일까? '내가 하는 일을 기뻐하고 즐기라. 일하면서 즐거워하는 사람을 만나면 행복해진다.' 뭐래도 직업에 합당한 예의와 친절을 빼놓을 수 없다.

  "친절은 맹인도 볼 수 있고 귀머거리도 들을 수 있다." 마크 트웨인의 말이다. 미국품질관리학회에 따르면 거래 중단된 사유 가운데 68%는 직원의 태도 때문이었다. 부정적인 연결고리negative chain를 긍정적인 연결고리positive chain로 바꿔라. 따뜻한 말로 대하고, 필요한 것은 없는지 물어보며, 불편해하지 않는지 살펴라. 친절하고, 따뜻한 말 한마디로 상대의 마음을 녹여라.

23 존슨앤드존슨
존경받는 기업이 돼라

존슨앤드존슨Johnson & Johnson은 60여 개 나라에 230여 개의 자회사를 운영하는 세계 최대의 건강 관련 제품 생산 기업이다. 대표 브랜드로 밴드에이드Band-Aid, 타이레놀Tylenol, 존슨즈베이비Johnson's Baby, 뉴트로지나Neutrogena, 클린앤드클리어Clean & Clear, 아큐브Acuvue 등이 있다.

존슨앤드존슨이라 한 것은 로버트 존슨Robert W. Johnson, 제임스 존슨James W. Johnson, 에드워드 존슨Edward M. Johnson 세 형제가 1885년에 외과용 붕대와 거즈를 생산하는 공장을 세우고 사업을 시작한 데서 비롯되었다.

이 회사가 2008년 ≪포천≫지가 선정한 존경받는 기업에서 단연 1위를 차지했다. 그만큼 사회적으로 인정을 받고 있다는 말이다. 이 기업은 무엇보다 '윤리경영'이라는 단어를 처음 만들고 1943년 미국 최초로 기업사명 선언서인 '우리의 신조Our Credo'를 발표했다. 이 신조는 지금으로 봐서도 아주 손색이 없다. 신조는 크게 고객에 대한 책임, 직원에 대한 책임, 사회에 대한 책임, 그리고 주주에 대한 책임으로 나뉘어 있다. 이것을 요약해 보면 다음과 같다.

의사, 간호사, 병원, 어머니들, 그리고 우리의 제품을 이용하는 모든 이에 대해 우리는 최우선적으로 책임을 진다. 우리는 항상 최고 품질의 제품을 만든다. 우리는 항상 제품의 원가를 낮추기 위해서 노력한다.

우리의 두 번째 책임은 우리와 함께 일하는 공장과 사무실의 직원들에게 있다. 그들은 안정된 직업을 보장받아야 한다. 정당하고 적정한 수준의 임금을 받도록 배려한다. 종업원들은 공정한 경영, 합리적 근로시간, 깨끗하고 질서 정연한 작업환경과 제안과 고충 처리를 위한 조직 체계를 가져야 한다.

우리의 세 번째 책임은 경영층에게 있다. 경영진은 재능, 교육, 경험과 능력을 갖춘 사람이어야 한다. 경영진은 상식과 사리 분별력을 지니고 있어야 한다.

우리의 네 번째 책임은 우리가 살아가는 사회에 있다. 우리는 열심히 일하고 자비로우며 정당한 세금을 부담하는 선량한 시민이어야 한다.

우리의 다섯 번째이자 마지막 책임은 주주에게 있다. 기업은 정당한 이윤을 내야 한다. 적립금을 만들어야 하고 연구 개발이 이루어져야 한다. 모험적 프로그램이 개발되어야 하며 실패가 보상받아야 한다. 이러한 것들이 성취될 때 주주들은 정당한 이익을 얻을 것이다.

우리가 최선을 다해 이러한 규정을 완수할 수 있도록 언제나 신의 가호가 함께할 것이다.

윤리경영의 대표적 사례로 타이레놀 사건이 있다. 1982년 9월 캡슐에 누군가 청산가리를 넣어 사람을 죽게 한 사건이 발생한 것이다. 회사는 이 제품을 모두 수거해 폐기했다. 많은 손해에도 불구하고 회사는 소비자의 안전을 위해 최선을 다했다. 회사는 이 과정을 거치면서 소비자의 신뢰를 한층 높여주었다. 훗날 타이레놀은 죽지 않고 알약으로 다시 태어나 소비자의 사랑을 받고 있다. 또한 '퓨리티'라는 스킨케어 제품에서 유리 조각이 발견되자 이를 전량 회수하고, 이 브랜드를 폐기했다.

존슨앤드존슨은 사회적 책임 프로그램도 실시하고 있다. 의료혜택을 받지 못하는 사람들을 위해 건강관리 프로그램을 개발하는 기관을 지원하고, 어린이 건강 관련 교육이나 연구를 통해서 아동과 그들 가족의 삶의 질을 높이며, 자연재해를 입은 지역에 의약품을 지원해 신속하게 복구되도록 한다.

많은 기업이 지탄을 받고 있지만 존슨앤드존슨처럼 여러모로 사회에 도움을 주는 기업도 있다. 좋은 기업, 착한 기업이 많아질수록 살맛 나는 사회가 될 것이다. 존경받는 기업이 돼라.

24 브리태니커 백과사전
과거의 성공에 도취되지 마라

웅진그룹 윤석금 회장은 젊었을 때 브리태니커 백과사전 영업사원이었다. 그곳에서 사업능력을 키운 그는 웅진출판을 세우고 출판 및 학습교재 사업을 시작했다. 그리고 건강식품, 화장품, 정수기, 가전 등으로 사업 영역을 넓혀나갔다. 그는 늘 세일즈의 힘을 강조했다. 그 힘은 브리태니커 백과사전 세일즈 경험에서 비롯되었다. 그때만 해도 이 백과사전은 세계 최고 수준이었다.

그 최고의 백과사전이 지금은 자취를 감추었다. 그래선지 회사가 망했다는 소문도 돌았다. 사람들은 종이 백과사전 시대는 끝났다고 했다. 지금은 종이 백과사전보다 위키디피아에 친숙해졌다. 지금 종이 백과사전은 어떻게 되었을까? 물론 발행이 중단되었다. 늦기는 했지만 브리태니커는 종이옷보다 디지털이라는 새 옷으로 갈아입고 재기하고 있다.

브리태니커 백과사전 초판은 1768년에 나왔다. 당시 스코틀랜드의 왕립아카데미 회원들이 집필을 담당했을 만큼 권위가 있었다. 이 회사는 1920년에 미국의 시어스로벅사, 1943년에는 시카고대학 소유로 넘어갔다. 영국이 아니라 시카고 본사 시대를 연 것이다. 백과사전의 대중화로 종이 백과사전의 판매는 날개를 달았다. 하지만 전자매체가 활성화되면서 종이 백과사전의 판매는 급격하게 줄었다. 부진한 영업으로 1996년엔 결국 스위스 출신 사업가 자키 사프라에게 넘어갔다. 그리고 2012년에는 결국 종이 백과사전의 발행이 중단되었다.

마이크로소프트MS가 CD롬 백과사전을 내고, 인터넷에 위키디피아가 등장할 때 브리태니커는 아무 조치도 하지 않았단 말인가? 그렇지 않다. 1978년에 이미 디지털 작업에 착수했고, 마이크로소프트보다 4년 앞선 1989년에 CD롬 백과사전을 제작했다. 위키피디아보다 7년이나 앞서 세계 최초의 온라인 백과사전을 만들었다. 1997년엔 구글과 유사한 지식검색 포털 '이블래스트E-Blast'를 만들기도 했다.

그럼에도 불구하고 왜 이 시장에서 이름값을 하지 못하게 되었을까? 그것은 한마디로 최고경영진의 잘못된 의사결정 때문이었다. 브리태니커의 온라인 기술진은 시대에 맞게 사업을 온라인으로 전환해야 한다고 생각했고, 여러 부분에서 다른 기업에 앞서 자체 개발도 했다. 그러나 의사결정은 최고경영층이지 그들이 아니었다. 의사결정의 중심부에 있던 최고경영층은 시대의 흐름에 맞지 않게 옛 방식을 고집했다. 이것은 혁신이 얼마나 어려운가를 보여준다. 브리태니커는 결국 사양길에 접어들고 말았다.

그러면 지금 브리태니커는 존재하지 않는가? 그렇지 않다. 244년 전통의 백과사전 발간이 중단되기는 했지만 맞춤형 온라인 교재 시장을 개척해왔고, 온라인 백과사전도 개발해 구독료를 받고 있다. 뒤늦게 온라인 시장에 뛰어든 것이다. 그나마 다행이다.

브리태니커 경영진은 잘못된 상황판단이 얼마나 큰 희생을 치르지 않으면 안 되는가를 실감해야만 했다. 첨단 기술과 능력을 갖고서도 혁신을 이루지 못한 죗값은 의외로 컸다. 아래서 아무리 새로운 시대를 선도할 실험을 한다 해도 경영층이 그것을 수용하지 못한다면 아무 소용이 없다. 과거의 성공에 사로잡혀 있었기 때문이다. 과거의 성공은 마약과 같다. 다른 것으로의 대체를 완강히 거부한다. 그것에 너무 익숙해 있기 때문이다.

하지만 시장은 항상 냉엄하다. 소비자는 브리태니커라도 봐주지 않는다. 종이 브리태니커는 결국 중단되었고, 늦게나마 온라인으로 새 옷을 갈아입지 않으면 안 되었다. 그러나 그 앞날은 아무도 장담할 수 없다.

브리태니커는 말할 것이다. "새 시대엔 그에 맞는 옷을 입어라. 타이밍도 중요하고, 새로운 기술로 꾸준히 소비자의 신뢰를 쌓아가는 것도 중요하다. 바보 같은 의사결정으로 회사의 시계 바늘을 거꾸로 돌려놓지 마라." 지식인들 사이에 경전과 같았던 32권의 백과사전은 지금 전설이 되었다. 경영자들이여, 과거의 성공에 도취되지 마라. 언젠가 그것이 독이 되어 당신을 쓰러뜨릴 것이다. 늘 새로운 눈을 갖고 미래를 직시하라.

25日 트랜슈머
움직이는 고객을 잡아라

소비자는 변한다. 행동뿐 아니라 패턴도 달라진다. 디지털 기기가 발달하면서 요즘 소비자들이 트랜슈머transumer로 변하고 있다고 말한다. 트랜슈머는 한마디로 움직이는 소비자, 이동하는 소비자를 말한다. '넘어서 이동하는, 잠시'라는 뜻을 가진 트랜스trans와 소비자를 뜻하는 컨슈머consumer를 합한 조어다. 요즘 소비자의 특성을 드러내는 신조어다.

이 단어는 다국적 디자인 컨설팅업체인 '피치Fitch'사가 처음 사용한 것으로 여행 중인 소비자가 공항의 대기시간을 쪼개 면세점 등에서 쇼핑하거나 비행기 안 또는 숙박하는 호텔에서 쇼핑을 하는 사람을 가리킨다. 이들은 지역에 거주하는 일반소비자와는 다른 소비 형태를 지닐 수밖에 없어 마케팅 전략도 달라야 한다는 것이 피치사의 생각이다.

지금은 인터넷의 발달로 그 의미가 여행자에 국한되지 않고 이동 중에도 장소에 상관없이 노트북이나 아이패드 또는 스마트폰을 이용하여 자유롭게 쇼핑하는 소비자로 확대되었다. 모바일로 주문하고 결제하는 것이다. 이들은 인터넷과 스마트폰을 이용해 전철이든 카페든 때와 장소를 가리지 않고 제품과 서비스를 구입한다. 언제 어디서든 인터넷이 가능한 유비쿼터스ubiquitous 사회가 되면서 트랜슈머의 시장은 날로 확장되고 있다. 이로 인해 기업은 트랜슈머의 특성을 이해하고, 이에 대한 전략이 절실한 시점이 되었다.

트랜슈머의 특징은 무엇보다 글자 그대로 이동족이다. 한곳에 머무르지 않는다. 이동하면서도 자신의 필요에 따라 영화, 게임, 쇼핑, 독서, 교육 등 각종 정보를 활용하고 제품을 구입한다. 이 일이 출퇴근 시간에 전철에서, 출장 중에, 또는 여행하는 시간에 잠시 이뤄진다. 토막 시간을 이렇듯 유용하게 사용할 수 있는 것은 유비쿼터스 환경 때문이다.

트랜슈머의 특징은 소유보다 사용을 중시한다는 것이다. 돈을 많이 들여 물건을 사고, 그것을 소유하면서 만족하는 것이 아니라 일시적으로 빌려 씀으로서 기쁨을 얻는다. 소유욕이 적은 젊은 층에 트랜슈머가 많은 이유가 있다. 물론 연령층은 확대되어가고 있다. 소유에 대한 집착에서 벗어나려 한다는 점에서 과거의 소비자와 다르다.

트랜슈머 중에는 환경의식이 높은 사람들이 있다. 사람들이 소유에만 관심을 두면 이를 충족시키기 위해 계속 새 제품을 만들어내야 하는데, 이렇게 되면 엄청난 양의 자원이 소모돼 환경파괴로 이어질 수밖에 없다는 것이다. 그래서 물건을 서로 나누면 많은 것을 절약할 수 있다는 것이다. 에코eco 트랜슈머다.

트랜슈머가 늘어가는 것은 온라인 활동이 커진 때문이다. 그러나 어떤 이는 경기불황이 길어지기 때문이라는 주장도 한다. 경제적 여유가 없어 소유보다 온라인 활동으로 만족한다는 것이다. 하지만 스마트폰, 아이패드 등이 대중화되면 될수록 트랜슈머는 많아질 수밖에 없다. 대세란 말이다. 이것은 우리가 전철에서나 버스, 카페, 심지어 유원지 등에서 사람들이 무엇을 보며 즐기고 있는가를 보면 금방 알 수 있다. 삶의 패턴이 달라진 것이다.

기업에서는 트랜슈머에 맞는 서비스, 곧 트랜비스tranvice를 구상한다. 트랜비스는 트랜스trans에 서비스service를 합한 조어다. 이동족에게는 그들에 맞는 서비스가 필요하다는 말이다. 온라인 쇼핑, 온라인 영화, 온라인 교육, 앱, 대여시장 개발 등 그 영역도 광범위하다. 이동 중에 즐길 수 있는 다양한 콘텐츠 개발은 필수다. 트랜슈머가 소비주체로 계속 부상하고 있기 때문이다.

트랜슈머 현상은 기업에만 적용되는 것이 아니다. 최윤식 목사는 『2020-2040 한국교회 미래지도』에서 '트랜스챤Transtian'을 언급하고 있다. 트랜슈머를 트랜스챤으로 바꾼 것이다. 수많은 교인들이 온라인을 통해 성경을 읽고 설교를 듣는다. 기업이 트랜슈머에 관심을 두듯 교회도 이동하는 교인, 곧 온라인 교인들에게 관심을 둘 필요가 있다. 트랜스챤의 수도 급격하게 늘어나고 있기 때문이다.

기술이 사회를 변화시키고 있는가? 소비자의 욕구가 기술뿐 아니라 사회를 달라지게 하는가? 둘 다 맞다. 서로 영향을 주고받기 때문이다. 앞으로 소비자들이 어떤 욕구를 새롭게 표출할지, 그래서 어떤 기술이 우리 사회를 점령할지 아무도 모른다. 하지만 지금 소비자는 이동하고 있다. 움직이는 고객을 잡아라. 현대 경영자들에게 새로운 책무가 주어졌다.

양창삼 ———————————————

서울대학교에서 정치학 석사, 경영학 박사 학위를 받고, 웨스턴일리노이대학교 · 펜실베이니아
주립대학교에서 MBA 과정을 수료했다.

한국사회이론학회와 한국인문사회과학회 회장, 연변과학기술대학교 상경대학과 한양대학교
경상대학 학장을 역임하였으며, 한양대학교 산업경영대학원 원장을 지냈다.

현재는 한양대학교 경상대학 경영학부 명예교수로서 이 시대를 살아가는 청년들에 대한 끊임
없는 관심과 열정으로 청년리더십과 청년의식 함양을 위해 힘쓰고 있다.

저서로는 『생각의 교양학』(2012), 『조직혁신과 경영혁신』(2005), 『열린사회를 위한 성찰과 조직
담론』(2003), 『리더십과 기업경영』(2002), 『창의성과 기업경영』(2002) 등 다수가 있다.

一日一思

생각의 힘을 키워
　　살아가는 힘을 기른다

초판인쇄　2013년 8월 9일
초판발행　2013년 8월 9일

지은이　양창삼
펴낸이　채종준
기 획　조현수
편 집　한지은
디자인　홍은표
마케팅　송대호 · 김보미

펴낸곳　한국학술정보(주)
주 소　경기도 파주시 문발동 파주출판문화정보산업단지 513-5
전 화　031) 908-3181(대표)
팩 스　031) 908-3189
홈페이지　http://ebook.kstudy.com
E-mail　출판사업부　publish@kstudy.com
등 록　제일산-115호(2000.6.19)

ISBN　978-89-268-4390-1 03370 (Paper Book)
　　　978-89-268-4391-8 05370 (e-Book)

이담
Books 는 한국학술정보(주)의 지식실용서 브랜드입니다.